国学经典

中华优秀传统文明的精华

中华上下五千年

林之满/编著

辽海出版社

【第六卷】

《中华上下五千年》编委会

编者的话

在祖国源远流长的传统文化中，中国历史是祖国文化重要的组成部分。中华民族五千年来创造的奇迹有如夏夜的繁星，数不胜数，向世界展示了东方智慧的无穷魅力。丰厚的文化遗产不仅是炎黄子孙的骄傲，也是我们民族得以凝聚并且繁衍不息的源泉。

历史是一面镜子，任何一个国家和民族都注重用自己的历史教育和鼓励人民，特别是青少年。历史本来是很生动的，现代汉语中有不少词语。特别是成语典故，多半出自各种历史典籍。而现在的孩子很容易被表现形式丰富的西方现代文明"格式化"，对历史知识却产生抵触情绪，这不能不让关注子女成长、渴望孩子成为栋梁之材的家长们为之担忧。在高科技发展的今天，了解和继承本民族优秀的文化传统，对于中国青少年树立民族自尊心、自信心仍是非常必要的。

让广大读者拥有一本有益于心灵成长的历史读物，以便有效、快捷地传播祖国文化，是我们每个人的责任。编者在参考了一定量权威性的历史典籍基础上，取其所长，编写了这套《中华上下五千年》。本书力求全面客观地展示中国历史发展进程中的社会进化、政治演变、经济文化发展和国土开辟等方面的状况。

尊重历史就是尊重我们自己，历史不能割断也不能凭着个人的喜好加以修改。在编写本书的过程中，笔者注重历史读物的真实性，针对历史事件中的存疑之处，反复查找资料，以避免虚构。这样做的目的是让读者在了解历史、开启智慧、培养美德的同时，为读者提供更多、更确凿的历史知识。

本书按历史发展顺序编写，以历史事件、历史人物为主线，所选取的内容上自远古时代，近到中华人民共和国成立。其范围涵盖政治、文化、科学、军事、民族关系等历代重大事件，对少数民族的历史也有相当篇幅进行介绍。

相对于浩瀚的五千年中华文明史，本书所反映的内容是远远不够的。但编者尽己所能，争取在有限的篇幅中集中、准确地描述与之相关的史实。限于笔者的历史知识和文字水平，难免有疏漏之处，敬请专家、学者和广大读者批评指教，同时，我们真诚地希望本书能够得到广大读者的喜爱。

目 录

中国现代

翼王智破曾国藩

北伐的同时，洪秀全又命春官正丞相胡以晃、夏官丞相赖汉英西征。

西征军一路杀敌，很快就攻占了安庆、湖口和九江等沿江重镇。长江两岸到处都有西征军活动。可是和曾国藩交手以后，西征军遭到了接连的失败。曾国藩是清朝的礼部侍郎，因为母亲死了而在湖南老家守丧。由于正好赶上西征军攻打湖南，他就组织起一支地主武装来对抗太平军。他的这支武装就叫湘军。曾国藩镇压太平军非常凶残，被太平军称为"曾剃头"。他率湘军拼命攻下了武昌，向西征军疯狂反扑。在这危急关头，洪秀全和杨秀清派来了石达开指挥西征。石达开赶到湖口，立刻乘船去观察湘军的水营。

小船驶出鄱阳湖，来到长江水面上。在赖汉英的指点下，石达开远远望去。只见江面上，一望无际的大小战船依次排列，阵容整齐。看着湘军的水营，石达开心中暗想：曾国藩治军有方，看来要打败湘军不能硬攻，只能智取。

"曾国藩把他的水军战船宽形的叫快蟹，较长的叫长龙，"赖汉英一边指点一边向石达开介绍，"那些快蟹、长龙等大型战船摆在阵势中间，指挥作战。那些轻便的舢板快船穿插其中，直接执行守卫和攻击的任务。"

"曾剃头这家伙真是挖空了心思啊！"石达开笑着说，"不过，我们太平军也不是傻子。他有他的办法，我们有我们的主意！"说完，他伏在赖汉英耳边讲了自己的破敌设想。

"妙计！妙计！"赖汉英听了非常兴奋，"这回看他曾剃头还怎么猖狂。"

石达开回到湖口，下令让将士好好休息。然后，他又让赖汉英领人守住长江和鄱阳湖交汇的水面，防备湘军突然进攻。

曾国藩布置好了水军阵势，准备与石达开决一死战。可是一连等了10多天，也不见太平军有什么动静。曾国藩沉不住气了，命令人去攻打湖口，结果吃了个败仗。曾国藩只好再做准备，打算再次进攻太平军。

一天晚上，天空阴云密布，整个湘军大营也是一片死静。这时候，10余条太平军的小船飞速驶来，渐渐地向湘军靠近。随着突然间一阵战鼓，太平军呐喊着把无数支火箭射向湘军。湘军士兵从梦中惊醒，只见一团团火球滚动在江面和夜空。

"太平军进攻了——"湘军们在一片叫喊中慌忙应战。当他们手持刀枪准备拼杀时，四周突然一片寂静。黑暗中哪有什么太平军的影子。湘军们又紧张地等了好长时间，见还没有什么动静，便一个个大骂着回去睡觉了。就这样一连一个月，湘军们每天晚上都要被折腾个够。曾国藩见手下人被搞得筋疲力尽，气得大骂太平军。他几次派兵挑战，石达开只是坚守阵地，就不肯出来应战。曾国藩就放松了警惕。在他看来，石达开只能搞一些夜间骚扰，根本就没什么可怕的。

一天，有个湘军来报告石达开撤兵了。曾国藩听后即刻命令全体将士，追击石达开。这时，曾国藩的门生左宗棠连忙拦住了他，劝他慎重一些，曾国藩哪肯失去这次机会。

就这样，曾国藩率领大军直奔湖口杀来。他见湖口城头果然已没了太平军，便命令湘军大小舰船向鄱阳湖进击。那些舢板战船轻便灵活，都争着冲到了前面，驶进鄱阳湖。长龙和快蟹速度慢，渐渐被甩在了后面。一见敌人已经中了圈套，石达开立刻命令埋伏在湖口两岸的太平军迅速封锁湖口。随着一声令下，几十门大炮齐声开火，把湖口水面死死地封住。这样，湘军的战船就分成了两半，舢板快船在鄱阳湖内，长龙和快蟹都被留在湖外的江面上。

湖口内外，炮声轰轰，太平军全军出动，与湘军展开激战。湖口内，湘军的小船由于失去了长龙、快蟹的指挥，乱作一团。在太平军的猛烈进攻下，湘军的舰船翻船、着火，几乎全军覆没。在湖口外，太平军的小艇飞速驶向那些湘军大船。没有舢板的配合，快蟹、长龙行动迟缓，完全被动挨打。

曾国藩见大势已去，自己的指挥船也陷入了太平军的重围之中，急得拼命跺脚。一个湘军头目劝他快上小船逃走。他一边咬牙咒骂石达开，一边跳上一艘小艇朝江中退去。

天色渐渐黑了，太平军将士越战越勇，湘军最后彻底被击溃。当月亮挂上天空时，江面的硝烟已经散去。太平军早已得胜收兵，江面上只剩下了湘军的几条残船。曾国藩看看黯淡的天空，又看看滔滔的江水，顿时泪流满面。"我耗尽心血，苦苦操练，没想到今天竟遭到这样惨败，还有什么脸面去见皇上。"说完，就要跳江自尽。旁边的将领们连忙把他拉住，劝他"胜败乃兵家常事"。曾国藩这才安定下来，率领残兵败将逃了回去。

曾国藩败走后，石达开乘胜进军，夺回武汉三镇，又攻克了大半个江西。正当他想要将躲在南昌的曾国藩残部一举铲尽时，洪秀全突然命令他马上率兵回救天京。原来清王朝派大兵在天京周围建立了江南、江北两座大营，直接威胁了天京的安全。石达开接到命令后立刻率兵打回了天京，一举将两座清军大营摧垮。清兵统帅向荣被迫上吊自杀。太平军的这一系列胜利使太平天国达到了全盛，各地也纷纷响应起义。

林凤祥孤军北伐

太平天国在定都南京后，过高地估计自己，对形势做出了错误的判断，因而在政治上和军事上采取了不合时宜的措施，在骄傲轻敌的思想下，决定采取固守天京，同时进行北伐与西征的战略。

天官副丞相林凤祥、地官正丞相李开芳、春官副丞相吉文元，受命率师北伐。他们3人站在队伍前面，林凤祥向全体将士们说："弟兄们，我们奉天王之命，今日就要北伐，直扫幽燕，除妖孽，拨妖雾，重整江山。让我们都来记住天王的嘱咐：'师行间道，直捣清妖京城，万无贪攻城略地，靡费时光'。"

北伐军以闪电般的速度，一举攻下滁州、凤阳、亳州，直向河南进发。一个月后，大军逼近开封，与清军激战两天，没有攻下。李开芳对林凤祥说："我们孤军作战，无后援部队，不易久留一地。"林凤祥说："那就渡河攻怀庆！"

这时正好吉文元找来几位当地煤工，用运煤船神不知鬼不觉地越过天险黄河，大军直逼怀庆府。消息传到北京，咸丰帝大惊，命僧格林沁为参赞大臣，惠亲王绵愉为大将军，会同钦差大臣胜保，率兵围堵北伐之太平军，授直隶总督讷尔经额为钦差大臣，会同尚书恩华，急赴河南解怀庆之围。并传谕："各军务必奋勇杀敌，如有闪失，严惩不贷。"

围攻怀庆府的太平军，攻城多次，未能攻克。又得知讷尔经额率兵前来解围，林凤祥、李开芳、吉文元3人合计，先给清军一猛烈打击，然后就向西突围，进兵山西。

次日，清将讷尔经额、恩华、托明阿、胜保合成半包围圈，向太平军杀来。太平军个个如同猛虎般迎了上去，一阵猛杀，清兵死亡不少。讷尔经额命令用炮轰击太平军。林凤祥一见，立即命令急速向西突围。吉文元在掩护突围时，不幸受重伤。

太平军顺利突围，直入山西。山西巡抚毫无准备，被太平军连克平阳、洪洞等县。这时洪秀全命曾立昌、许宗扬率兵两万已进入山东，林凤祥得知后，决定智取临洺关，挥兵东进。

临洺关在邯郸县北，是东进必由之路，也是兵家必争之地。讷尔经额击走太平军后，驻守此关。李开芳命先头部队一律换上清军衣服，高举清军旗帜，浩浩荡荡地向临洺关开去。讷尔经额误以为是胜保之军，毫无防备，命开关迎接。不料此军一进城，立即大砍大杀。随后蜂拥而上的竟是太平军。纳尔经额方知中计，无力挽回，只好夺路逃走。

太平军夺下临洺关，于十月二十七日攻占沧州，二十九日夺取静海，然后挥师拿下张登镇，此地离保定仅有60里，京城立即慌乱不安，达官显贵纷纷准备逃亡。咸丰皇帝坐卧不安，但仍强作镇定地下谕旨："命僧格林沁、胜保速速堵截长毛，如若京城有失，朕决不饶你们！"

此时太平军因孤军作战，军需物品已供应不上，特别是粮食，李开芳说："北京一时难以攻下，不如乘天津空虚，先夺下天津，补充上粮食，再回师猛攻北京，可一举拿下。"林凤祥很赞同。二人商定后，迅速率兵直扑天津，顺利地占领了天津郊区的杨柳青，吓得天津知县谢子澄不知如何是好。然而，天不灭清，虽说是秋季，却连下3天大雨，河水猛涨，天津城外一片汪洋，林凤祥、李开芳只好退出杨柳青，退兵静海县和独流镇休整。

雨过后，天气又转凉，朔风骤起，太平军都是两广一带的人，衣服单薄，焉能承受这样的气候，而军粮又未补充足，处境十分困难，但士气却很高昂。这时吉文元伤势已好，3位将军看到士兵在冷风中，心如刀割。他们盼望着援军早日到来。

然而这时天津太守谢子澄向胜保求助，拨了4门大炮。谢子澄想乘天气对太平军不利之机，抢个头功，带着4门大炮前来攻打太平军。

林凤祥等3人得到消息后，到前沿一看，只见谢子澄正在指手画脚地指挥开炮。大炮轰鸣，立即有不少房屋被轰塌，浓烟滚滚。林凤祥立即命一部士兵隐蔽在村边的树林里；炮烟散去，只见太平军纷纷向后撤去，谢子澄一见大喜，命令士兵立即冲进村去。没料到清军全部进村后，突然背面杀声震天，清军正惶惶然不知所措时，后撤的太平军又杀回，谢子澄的军队被全部消灭，谢子澄也在乱军中被太平军砍死。

太平军在静海、独流镇坚持3个月。进兵北京困难重重，驻守待援，而援兵又杳无音信。最后决定突围入山东与援军会合。咸丰四年一月八日（公元1854年2月5日）林凤祥、李开芳、吉文元挥军突围，大军在攻占阜城后，吉文元不幸中箭身亡。

攻下阜城后，太平军进占东光县连镇，林凤祥与李开芳商议，由林凤祥坚守连镇，李开芳前往临潼迎接援军。

林凤祥在连镇坚守一年，内无粮草，外无救兵，最后在僧格林沁大军的围剿下，全军覆灭。林凤祥被俘，于咸丰五年一月二十七日（公元1855年3月18日）在北京就义。

李开芳到达高唐州时，方知援军已被清军击退。李开芳只好驻守高唐州，与清军周旋。军力毕竟相差悬殊，李开芳几次突围，均未成功。最后想了一条诈降计，想以此法突围，结果又被僧格林沁识破，被俘押入北京后不久被害。

从咸丰三年四月开始到咸丰五年，在近两年的时间里，北伐军从南到北，从西到东，转战数千里，所向披靡，攻必克，战必胜，然而始终是孤军奋战，部队得不到休整，而军需物品又补充不上，最后导致全军覆灭。这不仅失去了夺取北京的大好时机，也给太平天国带来了无可挽回的损失。

英法联军火烧圆明园

英法侵略者为扩大侵华权益占有中国市场，寻机挑衅是轻而易举的事，"马神甫案"和"亚罗号事件"就是英法政府为发动侵华战争所寻找的借口。

1856年，一个叫马赖的法国天主教神父，不顾中国政府的有关禁令，偷偷从广州到了广西西林县，招收了一批地痞流氓当教徒，以传教为名，抢劫财物，奸淫妇女，无恶不作。他们的行径严重地触犯了中国的法律。广西西林县知县张鸣凤下令逮捕了马赖和他的教徒，随后将他和两个民愤极大的教徒斩首示众。

法国政府得知消息后，马上以此为借口，要派远征军来中国。英国政府心领神会，也在寻找向中国挑衅的借口。

一个叫萧成的贩卖私盐的盐商，有一艘叫做"亚罗"号的商船，为便于

向香港当局领取通航证，所以顾用了一个爱尔兰人当船长，水手全是中国人。在这批水手中，有曾经当过海盗的李明太和梁建富。广东水师发现后，便将李明太、梁建富及嫌疑犯 12 人逮捕，押在水师巡逻艇上。

英国领事巴夏礼听说后，便以"亚罗"号是英国船只，中国人擅自上英国船逮人，侵犯英国主权为名，控告中国破坏条约，并向两广总督叶名琛提出最后通牒，限 24 小时内释放被捕人员并拿出书面道歉，否则，英国海军就要攻打广州。叶名琛吓得赶紧派人把 12 人送回，并送上书面道歉。但成心找碴的巴夏礼以所派人官职太小，对英国不礼貌为由，拒不接受。

紧接着英国海军便以此为由进攻广州沿江炮台；那边法国赶紧积极响应。第二次鸦片战争从此爆发。

两广总督叶名琛"不战、不和、不守"，广州很快沦陷。为了扩大侵略，迫使清政府就范，英法联军决定北上进犯大沽口，夺取天津，以天津作为向清政府要挟的筹码。

英法侵略军向大沽口发动进攻时，美俄的舰艇也赶来助威。英法轻易拿下大沽炮台后，便直扑天津城郊，摆开了对天津的攻势。清朝政府束手无策，急忙派大学士桂良、吏部尚书花沙纳为全权大臣向侵略者求和，表示投降。

1858 年 6 月 26、27 两日，两名全权大臣代表朝廷分别与英、法、俄、美签订了《天津条约》，定于 1 年后在北京批准换约。这项条约规定：除了赔款以外；还答应外国公使驻北京；增开南京、汉口、烟台、营口等 10 处口岸；允许外国人到中国内地通商、传教等等。外国在中国的权利明显增大。

可是，这个激起中国人民强烈不满的不平等条约，英法政府还感到不满足。他们觉得所得到的利益太少，于是决定再次使用武力逼清政府退让。

1859 年 6 月，英法侵略者以护送代表到北京交换条约为名，派军舰运载 2000 名军人蛮横冲进大沽口，一举拿下天津，直逼北京。咸丰皇帝惊恐万状，带着后妃、亲王、侍郎等大臣，仓皇逃往热河。留下他的弟弟恭亲王奕䜣在北京，与英法侵略者谈判。

整个京城毫无抵抗，联军绕过北京城的安定门和德胜门，占领海淀地区，向圆明园进兵。圆明园位于北京西郊海淀附近，始建于明朝，以后又经清朝雍正、乾隆等历代皇帝征集全国能工巧匠，耗用无数金银，重又加以扩修，精心经营 150 年，成了世界上最美丽、最宏伟的皇家园林。

闯进园内的侵略军没有找到皇帝，但发现了数不清的珍贵文物和金银珠宝。侵略者一见到这些璀璨珍品顿时红了眼。他们扑上前去，大把地往袋里装，往腰里塞，装不下就用抢来的绸缎和刺绣品作包袱，将文物珠宝尽量往里装。东西多的实在装不下，只好见到金子就丢掉银子，见到珠宝又将金子扔掉。无价的瓷器和珐琅瓶因为太大，无法拿动，干脆打碎；楠木器具、铜器、象牙雕刻也肆意用枪托毁坏。

每一个法国兵都从圆明园抢到价值约三四万法郎的珍贵物品。一名法国军团指挥官抢掠的奇珍异宝和金刚石，价值竟达 80 万法郎以上。当时的法军军营堆满了各种各样的钟表，五光十色的绫罗绸缎和数不尽的珍贵文物，价值达 3000 万法郎。沈源、唐岱所画的《圆明园四十景图》也被他们抢去，收藏在法国巴黎国家图书馆。

在这期间，英国侵略军头子格兰特竟公然下令，准许军官分批到圆明园抢掠；几天以后，又下令全军可以"自由劫掠"。几天来，凡是园里能搬动的金银珠宝和珍贵文物都被抢走。单是英国陆军二等军官赫利斯一人抢到的黄金就值22000英镑，赃物中1英尺高的黄金树和7英尺高的黄金塔等艺术品，都不在其内。晋朝大画家顾恺之的《女史箴图》也落入敌手，现在还藏在伦敦大英博物馆中。

对圆明园进行了野蛮的掠夺和破坏以后，为了掩盖罪行，也为了让清政府见识一下他们的厉害，英国全权公使额尔金又下令将圆明园全部焚毁。

10月18、19那天，三四千名英国骑兵一齐出动，在圆明园四处放火。霎时间浓烟滚滚，火光冲天。黑烟结成烟团，在天空中向东南流动，长达百余里，日月无光，难辨白昼。

万恶的侵略军接着又抢劫了畅春园和海淀镇，把圆明园的附属园万寿山的大报恩延寿寺（今颐和园）、静明园（今玉泉山）的16景、静宜园（香山）的28景和81间铜殿，也洗劫一空，然后放火烧毁。

世界上最美丽、最宏伟的皇家大花园，最大的珍藏馆，世界级的奇景异观，几世几代中国人的心血，随着浓烟的飘散，从此化为灰烬，不再存在。

英法联军烧毁圆明园以后，又在地坛一带修筑工事和炮台，做出攻打北京的架势。清朝政府惊恐万状，立即下令打开安定门，让英法联军进城。英法联军一进城，立即将安定门重兵把守，把大炮设在城楼上，然后向留守在北京的恭亲王奕䜣发出最后通牒，声称如果不接受他们提出的全部条件，就要像火烧圆明园那样烧毁北京城内的所有皇宫。俄国公使伊格那提耶夫也出面帮助英法侵略者说话，逼迫清政府投降。奕䜣在英法两国武力的恫吓和俄国的诱逼下，接受侵略者提出的全部条件，分别与英、法两国签订了更加屈辱的《北京条约》。

《北京条约》除了承认《天津条约》完全有效外，还增加了新的条款：开放北京的门户——华北最大的海港天津港为通商口岸；割让九龙给英国。英法侵略军得到利益后，第二次鸦片战争结束。

天京事变

太平军进入南京后，太平天国作为一个农民政权，不可避免地同时具有封建的属性，而且这种封建性随着形势的发展，而愈益浓厚。这时进入天王府的洪秀全，每天沉溺于声色犬马之中，与皇后及 100 多位妃子厮混，从不出宫，能见到他的仅几位王爷，这正如他一入天王府写的告示：大小众臣工，到此止行踪，有诏方可进，否则云雪中。这告示就是失败的预兆。

本来，天王洪秀全是太平天国的最高领袖，洪秀全深居简出，指挥大权就落在了杨秀清肩上，结义六兄弟，进入南京前牺牲了冯云山、萧朝贵。进入南京后，石达开和韦昌辉又率兵征战，太平天国的大权已落到杨秀清手中。进入南京后，他制定了等级森严的礼制，修建了东王府，被称为九千岁。他的权力到底有多大？供他使用的官员多达两万余人，他的助手的权力都超过北王韦昌辉、翼王石达开。每想到这些他心里好不得意，这是一人之下，万人之上。而实际上又是他坐镇南京指挥各路军马，不由得又想起金田村起义前，洪秀全、冯云山外出时，教徒信心不稳，是他假托天父附身，教训了教徒，稳定了局势，才有了今天这个局面。而进入南京时，他又曾假托天父附身，教训过洪秀全。这使杨秀清很是得意，然而却激起洪秀全的不满，结义兄弟由此产生了矛盾。

太平军西征胜利，杨秀清在东王府举行庆祝，张灯结彩，十分隆重，突然，杨秀清面色发紫，说天父附在身上，要和二兄讲话。洪秀全得信后，赶紧过府，跪在杨秀清面前听训。"天父"说："你和东王都是我的儿子，你称万岁，为什么东王只能称九千岁？其实，东王的智慧和功劳都比你天王高，你必须封东王为万岁。这是天意，不得违抗！"

这更使洪秀全气愤，杨秀清想要和我争位，若不除掉他，后患无穷。什么手足情，同患难共富贵，在二人间早已无影无踪了。

不久，洪秀全写诏书，秘密派人分别送给武昌的石达开、江西的韦昌辉和丹阳的秦日纲。

北王韦昌辉虽是结义弟兄，但为人十分奸诈，他对杨秀清早已不满，但表面装得十分亲热。论功劳，讲贡献，他都不比杨秀清差。他也想专权。因此，得到天王旨意，日夜兼程赶回天京，正好秦日纲也到。二人商量于八月三日（公元 1856 年 9 月 1 日）午夜动手。

韦昌辉和秦日纲派亲信秘密封锁了通往东王府的街道。半夜派 3000 名战士将东王府团团围住。初四凌晨，韦昌辉以迅雷不及掩耳之势，冲进东王府，将睡梦中的杨秀清杀死。祸及家属、侍从、文武官员、杂役上千人。次日又用计诱杀杨秀清亲属、部下 5000 余人。乱杀无辜不仅激起了太平军的不满，也使洪秀全大为吃惊。

石达开赶回南京，闻讯大惊，他目睹天京的惨象，好不可悲，指责韦昌辉杀了杨秀清也就算了，怎能乱杀无辜呢！对此，韦昌辉怀恨在心，同时也觉得将来与他争权的，也就是石达开，遂产生杀害石达开之心。石达开也有所察觉，趁夜悄悄溜走，而韦昌辉竟将石达开全家杀死，并派人追杀石达开。

石达开逃到安庆，集合自己部下 4 万人，声讨韦昌辉。韦昌辉在天京彻底暴露了自己的真面目，率军围攻天王府，使其成为孤家寡人，最后被捉，天王将其斩首，并将韦昌辉人头送给石达开，同时将秦日纲也处以死刑。

天国异姓六兄弟，战死两人，内讧自相残杀两人，只剩下洪秀全、石达开二人。

处死韦昌辉，一场风波平息了，石达开返回北京，洪秀全加封石达开的官职，让他处理朝政。然而洪秀全对这唯一的异性兄弟也不放心，竟封文不能治国、武不能安邦、爱财如命的两个哥哥为王，洪仁发为安王，洪仁达为福王，并暗中命这两个成事不足败事有余的小人监视石达开。这就引起了石达开的戒心，怀疑洪秀全有杀害自己之心。为此，竟率兵26万出走。石达开沿途张贴布告，表白自己一片忠心却遭受迫害，不得不飘然远行的苦衷。

石达开出走后，洪秀全因京内无人主持军政，后悔不迭，百般派人迎回石达开，其情词惨迫，但仍未能召回石达开。

英、忠二王屡胜顽敌

在北伐遭受挫折、清兵日益猖獗的形势下，太平天国革命者进行了艰苦卓绝的斗争。洪秀全提拔了与清军血战多年的青年将领陈玉成、李秀成、李世贤等为各军主将，让他们领导太平军奋力战斗，力挽危局。

同时，清政府加紧了对太平天国的封锁，曾国藩派他的虎将浙江布政使李续宾，率精兵围攻三河镇。三河镇乃太平军屯粮和存放武器的重要军事基地，一旦被敌人攻破，将严重地威胁天京的安危。因此，天王洪秀全命英王陈玉成率兵前去解围。

李续宾得知年仅21岁的陈玉成前来解围，根本没有放在心上。李续宾在清军中确实算得上虎将，他曾率清兵夺取被太平军占领的武昌、九江等地。

陈玉成也的确年轻，是太平军最年轻的一位王爷，但勇略过人，14岁参加金田村起义，17岁率500人出奇兵袭取武昌城，后又参加破江南大营，迫使提督张国栋落水而死。陈玉成又组织了一个小儿队，年龄都在十三四到17岁之间，分红、黄、白、黑、青五旗营，作战勇猛，屡建奇功。

陈玉成大军到后，安营扎寨，他独自坐在一块大石头上默想对策。忽然看到一群群的蚂蚁匆匆忙忙从石缝中爬过，钻进湿漉漉的一片青苔中，马上意识到明日早有大雾。立即传五旗营首领前来议事。陈玉成命令说："无论今晚，或是明晨，你等要加强戒备。若有清妖袭营，红旗营伪装败走，将妖兵引到此大石头处，其他四营在此埋伏，待敌过后，从背后杀出。"

第二天，果然大雾弥漫，李续宾率领大军分3路杀来，红旗营立即上前迎战，拼杀几个回合后，就纷纷败了下来。李续宾一见，精神抖擞，命令士兵立即追杀，并传令：活捉陈玉成。清兵3路会成一路追杀下去。霎时间太平军无影无踪，弥天大雾，难辨东西，李续宾赶到，站在大石头上，正在观望，忽听背后杀声骤起，无数太平军从天而降，挥刀向清兵杀去。李续宾正在指挥迎战，却不料败下去的太平军，又冲杀回来。此时，方知中计，慌忙中左冲右突，好不容易才逃回大营。

李续宾败回后，心中十分恼火，想不到会败得如此之惨。原是他包围三河镇，如今，反被陈玉成包围，成了战败之军。正在这时，副将跌跌撞撞地跑进来说："李秀成大军也到了，我们全部被包围了。"李续宾刚说："知道了。"再一看脚下，大水不断上涨。副将说："陈玉成挖断镇外河堤，大水漫我军营，我背大人速走。"李续宾挥挥手说："你先去吧！"

副将走后，李续宾越想越恼，身经百战的一员猛将，竟败在一个娃娃手上，羞愧地吊死在一棵柳树上。

三河镇一仗歼灭清兵6000多人，仅大小官员就有400多。

不久安庆失陷，洪秀全的哥哥洪仁达进谗说，陈玉成援军不到，竟将责任全推到陈玉成身上。洪秀全下诏革去英王之职，戴罪立功，此时陈玉成悲愤交集，孤军坚守庐州。又误中叛将苗沛霖的奸计，被胜保所俘，于同治元年四月十五日（公元1862年6月4日）被害，年仅26岁。

陈玉成死后，天国重担落在忠王李秀成身上。慈禧命李鸿章为江苏巡抚。李鸿章效仿老师曾国藩，组织起拥有7000多人的淮军。又与洋人华尔狼狈为奸，组织了一个洋枪队。不久攻下松江，又挥师进攻青浦。

1862年9月，华尔仗着武器优良，又有着海盗的贼胆，率领洋枪队攻打青浦，结果死伤无数，败了下来。但他并不死心，组织第二次进攻，正在指挥进攻时，司令白齐文慌慌张张跑来告诉华尔，说李秀成援军杀来。话音刚落，

"杀鬼子，杀清妖！"太平军的呼声响彻四面八方，喊声刚过，城里的太平军与援军如同潮水般冲杀过来，杀得洋枪队呼爹叫娘没命地逃跑。华尔身中两弹，吓得声嘶力竭地叫喊："快救我！撤，快！快！"

不见阎王不死心的华尔又收买了中国人的败类、地痞、流氓组成了有4000人的洋枪队，又向太平军的驻地奉贤南桥镇攻来。南桥镇城外一片开阔地，易攻难守。李秀成与谭绍光想起了诸葛亮的空城计。

华尔与白齐文这时更为嚣张，挥军直逼城下，一看城门紧闭，城头几个老弱残兵巡逻。二人一商量，决定先攻破城池再说。华尔命30门大炮齐轰，很快将城墙轰塌，也不见太平军还击。洋枪队在华尔的指挥下，毫无顾忌地向城中冲去。突然炮声大震，杀声骤起，四面八方都是太平军。炮声一停，双方展开了激烈的肉搏战，久经沙场的太平军，杀得洋枪队死的死伤的伤，纷纷后退。法国海军司令卜罗德在乱军中毙命。

奉贤南桥镇没有攻下，反而损兵折将。恼羞成怒的华尔，于秋季指挥洋枪队又攻打慈溪，这一次华尔站在城外一个高高的土台上，正指挥得洋洋得意时，突然一颗子弹不偏不斜，正好击中这个海盗的脑壳，当场毙命。

1862年年初，李秀成率部在绍兴屡败反动联军，先后打死"常捷军"统领勒伯勒东及其继任者塔提夫。但这些局部战斗的胜利，不能弥补整个战场的被动局面。

辛酉政变

咸丰十一年七月十七日（公元1861年8月22日）咸丰皇帝病逝，年仅31岁，宏图未展，大志未成。咸丰帝临终前，他口授遗嘱，宣布由6岁儿子载淳继位，并指定载垣、端华、肃顺、穆荫、景寿、匡源、杜翰等8个亲信为赞襄政务王大臣，辅佐载淳，总摄国政。6岁的载淳继位，改年号为祺祥。然而，事情没有按咸丰皇帝的意愿发展。他死后不久，朝廷发生政变，国家大权落到小皇帝的生母叶赫那拉氏手里。

那拉氏出身于满洲贵族家庭，小名兰儿。1851年咸丰帝登基后，17岁的那拉氏应选入宫为"秀女"。别具一番风韵的兰儿被咸丰帝一眼看中，得到宠幸。皇后钮祜禄氏幽娴静淑，咸丰帝对她只有敬没有爱。而这位兰儿，芙蓉面，杨柳眉，性情乖巧，兼通满汉两文，识经晓史，能书能画，故深得咸丰帝宠爱。她很快就被封为贵人，接着又被封为懿嫔。过了一年，兰儿又为咸丰帝生了他一生中唯一的儿子载淳。母以子贵，很快又升一级，封为懿妃，第二年又升为懿贵妃，地位仅次于皇后。

咸丰帝身体虚弱，懒理政务，不时要那拉氏代笔批条。那拉氏由此对朝廷军政大事和人际关系有所了解。久而久之，那拉氏开始向咸丰帝举荐人才，进而干预政事。

载淳继位后，钮祜禄氏被尊为"母后皇太后"，那拉氏被尊为"圣母皇太后"，一个住东边的钟粹宫，又称为"东太后"。一个住西边的长寿宫称为"西太后"。八大臣辅佐朝政，改年号"祺祥"。但那拉氏权欲熏心，并不满足。她要夺取清王朝大权。咸丰帝的死，正好给她提供了机会。这时清廷内部，分为两大派。一派以八大臣为首，把持朝廷军政大权，主张原封不动地维持现存秩序，对外国侵略者抱着疑惧和仇视态度。另一派以咸丰帝的异母弟弟恭亲王奕䜣为首，极力主张和外国侵略者妥协。咸丰帝逃往热河，将他留在北京与英法联军议和。奕䜣在北京与英法签订了丧权辱国的《北京条约》，得到列强的赏识。

西太后深知奕䜣和八大臣有很深的矛盾，为了实现自己的篡权计划，她决定争取奕䜣的支持。咸丰帝在热河一死，她立即以报丧为名，派亲信赶回北京，密召奕䜣速来热河，单独召见，商定"回銮"北京，立即除掉八大臣，实施两宫垂帘听政计划。她最关心的是洋人对两宫太后垂帘听政的态度。奕诉保证说："各国对太后听政绝无异议，如有误会，我尽可解释，若有不妥，惟奴才是问。"

奕䜣回到北京，召集党羽，拉拢八大臣的反对派，紧锣密鼓地为皇太后垂帘听政做舆论准备。他们编了一本《临朝备改录》，收集了历史上皇太后垂帘听政的先例，为西太后上台找依据。与此同时，西太后在热河也加紧行动。她首先找东太后列陈八大臣不除的种种危害。东太后是个没有主见的人，加上平时受八大臣对自己的限制也微有不满，被西太后这么一说，便支持了她的政变计划。随后，西太后又授意在热河和北京的党羽，为她的上台大造舆论。

西太后知道，没有兵权就不可能政变成功，以后也不可能真正掌权。在和奕䜣密议后，她们拉拢了掌握兵权的蒙古亲王僧格林沁和兵部侍郎胜保，完全控制了北京周围的部队。

1861年10月26日，咸丰帝的灵柩从热河运往北京。那拉氏怕八大臣中途闹事，便有意将他们分开。让肃顺单独负责护送灵柩沿大路走，而叫载垣、端华等人跟随她走小路。但肃顺也并非庸碌之辈，他知道那拉氏凶残无比，如不尽早除去，后患不堪设想。所以事先安排侍卫兵准备在队伍行至古北口时将她刺死。谁知那拉氏早有防备，她的亲信侍卫荣禄日夜守卫，毫不懈怠，直到北京，肃顺派的刺客都无从下手。

11月1日，西太后那拉氏在胜保所派亲兵的接应下，提早一天回到北京，当天便和奕䜣会晤。奕䜣在北京已做好一切准备，并转达了英法使馆的态度：只要朝廷不在北京，只要端华、肃顺等继续掌权，我们无法确认中国已确实承认了条约。那拉氏见有洋人撑腰，便更有恃无恐。

次日黎明，载垣、端华刚踏进宫门，就被事先埋伏在两旁的侍卫就地逮捕，并宣读早已拟好的谕旨，将八大臣解职并审判定罪。那拉氏一见事情顺利，又命令睿亲王仁寿、醇亲王奕譞急速去捉拿肃顺。这时，行至密云的肃顺还蒙在鼓里，对京中的变乱毫无知觉。两亲王赶到密云驿站，以迎接先王灵柩为名，乘肃顺路上就寝时，突然带兵闯入，在梦中把他捆了起来。

那拉氏逮捕了八大臣之后，便在王公大臣面前痛诉肃顺等人的罪状，并说先帝并没有让他们辅佐朝政，完全是他们趁国难之机独揽大权。钮祜禄氏也在一旁帮着那拉氏说话。6 岁的小皇帝看到两位母亲的悲痛之状，便按照那氏预先教好的话说："肃顺等人忘恩负义，着实可恶，该杀头！"

圣旨一下，八大臣就要人头落地。那拉氏深知打击面太大，会对自己今后不利，于是采取了区别对待的策略：将军机处的景寿、穆荫等 5 人革职，发配新疆效力赎罪；肃顺、载垣、端华被列出 10 大罪状，判处死刑；载垣、端华赐令自尽；肃顺，本应凌迟处死，但念其是先帝重臣，加恩改为斩决。

第二天两宫太后就开始垂帘听政。慈安太后没野心，也没能力，一切听任那拉氏自作主张，独断专行。26 岁的那拉氏从此走上政治舞台。篡夺了清朝大权。在以后 40 多年的时间里，她一直是清朝的最高统治者。这一年，因为是旧历辛酉年，故这一历史事件被称"辛酉政变"。

辛酉政变后，清政府在内政外交两个方面走向新的轨道，清政府勾结英法等列强的势力，大大增强了平息民变的能力。

小刀会激战上海

咸丰年间，清政府对外割地赔款，对内残酷镇压，贪官恶吏的暴虐，激起百姓的反抗。太平天国定都天京后，各地反清组织深受鼓舞，纷纷揭竿而起。1850 年，福建华侨陈庆真在厦门成立小刀会。不久，小刀会发展到上海，上海小刀会也在这时高举起起义大旗。

小刀会最初是一个民间秘密团体，它是白莲教系统和天地会的一个支派。会员大多是农民、手工业工人、水手、失业劳动者等。上海小刀会的活动范围一般在上海附近的宝山、嘉定、青浦一带。

最初的小刀会基本是各自为战，独立活动，而且活动规模和范围都很小，并没有引起人们太大的关注。太平天国运动的兴起，大大鼓舞了各地人民的斗争。小刀会也在这种形势鼓舞下开始了大规模的反压迫斗争。

这种斗争最早是从青浦县开始的。这一年，青浦县闹水灾，青浦县知县余龙光却突然逼着农民限期交出粮食银钱。小刀会首领周立春带人去和他说理，余龙光下令逮捕了周立春，将他投进监狱。消息传开，青浦县20多个村庄的村民集合起来，活捉了余龙光，树起了起义的大旗。苏州知府钟殿选率领1000多名清兵前来镇压，被周立春和他的女儿周秀英率领的起义农民在塘湾一带打得狼狈而逃。

塘湾斗争的胜利，鼓舞了群众抗粮抗税的斗争。附近各地互相串联，都拒绝缴纳钱粮。南翔县的徐耀也发动了农民武装起义，赶走了知县冯翰，并与周立春联合起来，占领了嘉定城。他们宣布免除百姓的钱粮赋税；打击贪官污吏和土豪劣绅，反抗清朝的残暴统治。

上海道台吴健彰害怕小刀会在驻有外国人的上海也发动起义，就将上海小刀会的会员吸收到他负责办理的团练中，企图控制小刀会，以平息起义。小刀会的首领刘丽川等人将计就计，利用参加团练的机会，进一步扩大自己的组织，并约定中秋节乘清朝当局不备，夺取吴健彰搜刮的40万两白银，发动起义。

咸丰三年八月初五日（公元 1853 年 9 月 7 日），上海城的孔庙里红烛高燃，衣冠楚楚的官僚绅士们都聚集在这里，等候吴健彰和上海知县袁祖德到来，举行祭孔典礼。这时候，小刀会会员已在城外三连塘秘密集合齐备，从北门和小东门分两路冲进上海县城。一路人马冲进县衙门杀死了袁祖德；一路人马攻入道台衙门活捉了吴健彰。

小刀会起义后，根据天地会"反清复明"的宗旨，在上海建立了"大明国"政权。群众一致推举刘丽川为大元帅，陈阿林为左元帅，潘起亮为飞虎将军。

起义的第二天，周立春和徐耀又带领 4000 多人加入上海的起义队伍，声势更加壮大。起义群众头裹红巾，身披红带，手执红旗，上海顿时变成了一个红色的城市。起义军接着又攻下宝山、南汇、川沙、青浦等地。

小刀会占领上海，使驻上海的外国侵略者十分惊慌。他们为了自身的利益，表面采取中立，暗地里却帮助清政府建筑炮台，训练军队。清政府有了洋人壮胆，便向小刀会发动进攻。他们利用内奸，杀害了周立春，先后占领了嘉定等地。接着，包围了上海城。他们偷偷地在城外挖了一条通向城墙的地道，在地道里装上炸药，企图把城墙炸开一个缺口。这个阴谋被起义军发现，也在城里挖起地道来。当两边的地道接通后，他们把河水灌了进去。清军的火药全被浇湿。清军的这一次阴谋就此破产。

几天以后，清军终于在北城边炸开了一处四五丈宽的缺口，2000 多清军蜂拥往里冲。起义军一边点燃火药袋，在缺口处形成一堵火墙，一边把砖头、石块、火药罐雨点般地抛向敌人。清军处于一片火海中，正当清军被烧得焦头烂额的时候，飞虎将军潘起亮率领起义军，手执盾牌和利剑，从缺口杀出，杀得清军尸横遍野，血染街头。接着女战士们手拿挠钩，冲出城来，将那些侥幸活着狼狈逃窜的清军一个个钩住，全部活捉。

外国侵略者起初以为清军人多势众，能镇压住小刀会。不料清兵连战连败。于是他们撕去了中立的伪装，明确表示了和起义军的对立。法国驻上海领事通知起义军说："你们反击清军的子弹，有可能打中我们的房屋。今后不准你们架炮袭击清军，并立即拆除炮台！"小刀会没有理会这种无理要求，他们就亲自去拆毁炮台，并打死起义军战士。见起义军鸣空枪警告，他们就污蔑起义军向他们开枪。不久，法国侵略者便在中国的土地上向小刀会"宣战"，说是保卫他们的领地。同时英、美也与法国密切配合，在上海城和租界之间，筑造围墙，以切断小刀会的给养。接着他们便派人去进行劝降。

诱降不成，法国又进行武力威胁。1855 年 1 月初的一天，辣厄尔从舰艇上搬来两门山炮，对准上海城连连开火。不多时，城墙被炸开一段。埋伏在法国领事馆后面的法军官兵敢死队，在海军大尉杜伦的率领下，从缺口登上北城。他们故意地高声呼叫，还把法国旗插到城墙的最高处。就在他得意忘形之时，城里枪声大作，从街道两旁的高大建筑物后面，冲出无数小刀会战士。起义军的枪炮都对准了城墙缺口处，一齐轰击。敢死队官兵接连倒地，剩下的不顾一切往城外冲。这场战斗，打死法军 13 人，打伤 30 余人，大尉杜伦也当场毙命。带领小刀会员打下这场胜仗的，正是飞虎将军潘起亮。

起义军被围困了一年多，击退了清军无数次的进攻。虽然屡次获得胜利，但由于和城外农民的联系被切断，粮食弹药都接济不上，小刀会的处境很困难，清军趁此机会，引诱起义军投降。小刀会杀死了前来诱降的奸细，毫不妥协。在此之前，刘丽川曾派人向太平天国报告起义经过，并表示愿接受太平军的领导，请求太平军的支援，但由于书信被清军截获，小刀会没能与太平军取得联系。小刀会只有继续孤军奋战。

在粮食颗粒皆无的生死关头，起义军决定突围，赶赴镇江与太平天国的义军会合。1855 年 2 月 17 日，他们开始突围。刘丽川、徐耀、周秀英等在激战中壮烈牺牲。

小刀会起义军在极其艰苦的条件下，坚持艰苦卓绝的斗争一年半。陈阿林在当地农民的帮助下化装脱险，最后辗转到了新加坡。小刀会的余部在潘起亮、潘念珠的率领下，杀出重围，辗转到达天京，参加了太平军，继续坚持斗争。

石达开饮恨大渡河

1857 年 10 月，石达开率部自安庆经建德入江西。石达开驻军江西抚州时，洪秀全又数次派人到抚州请援，石达开依然对洪秀全耿耿于怀，置太平天国的前途于不顾，坚决不应诏回援。接着，石达开又决定放弃江西根据地，全力进取浙江。

石达开在咸丰七年（公元 1857 年）离开天京愤然出走后，仍坚持反对清朝统治。转战安徽、江西、浙江、湖南、广西、湖北、云南、贵州等省。虽然多次歼灭、击溃过清王朝的军队，但没有固定的根据地，四处飘荡，站不住脚，部队得不到休整与军需品的补充。咸丰十一年（公元 1861 年）石达开部下朱衣点和彭大顺等人又率亲第一军、第二军离开石达开，返回天京。这不仅削弱了石达开的兵力，也影响了官兵的情绪。

石达开无奈，将剩余的军队编为前、后、中、左、右 5 个军。实际只有 5 万人。石达开从四川石柱转战到云南昭通，沿途又招收了一些人马。同治二年一月（公元 1863 年 2 月），石达开考虑，昭通不是久留之地，想效仿孔明进驻四川休整、奋战，再图中原。他知道，现在的四川总督是原长沙巡抚骆秉章，此人有勇有谋，想取四川，但不能硬拼，为此，特派大将李复猷率兵 3 万，由贵州入川，派前军宰辅赖裕新率军 2 万绕入宁远府，想吸引骆秉章出来堵击，从而牵制骆秉章，然后石达开亲率 7 万大军出昭通越过金沙口，直入四川。并命二部随时保持联系，务于五月二十日前会师合攻成都。

谁知，赖裕新率 3 万大军入川，在中洲坝遇到骆秉章袭击，全军覆灭，赖裕新在激战中身负重伤，壮烈牺牲。而李复猷的 3 万大军，一路不断受到骆秉章大军的堵截，连连失败，前进无望，又与石达开联系不上，只好退师云南。

这两军都已失败，石达开丝毫不知。送走两军，3天后，石达开率军到达四川宁远府。而守城的清将正是骆秉章，石达开命令攻城，连攻连败，伤亡惨重，毫无进展。而其他几路清兵，也纷纷向宁远府集结，石达开发现自己已处于清兵的包围之中，立即命令退兵，当队伍退到猛虎岗时，又中了骆秉章的埋伏。粮食辎重损失过半。石达开命将士选敌人薄弱处突围，结果到了安顺场，前面是波涛汹涌的大渡河，后面是追击的清兵，而在此地又不断遭到当地土司的袭击，太平军仅剩6000余人。又缺粮又疲惫，军队已无战斗力，此时，天又降大雨，战马已吃完，眼见此情此景，石达开心如刀绞。他果断地决定以自己的生命去给众军士换条生路。第二天，石达开带着自己6岁的儿子，在黄再忠、曾仕和、韦善成3位将军的陪同下，前往骆秉章大营投降。

石达开以为骆秉章是天王洪秀全的同乡、同学，一定好于其他朝廷官吏，能给太平军将士一条生路。实际上，骆秉章虽文武全才，但为人却十分奸诈。见石达开投降，尚有疑虑和恐惧，所以分外谨慎。因为石达开骁勇善战，足智多谋，曾使清朝官兵闻风丧胆。当石达开将金印交给骆秉章时，他即刻就想出一条毒计。

骆秉章接过金印，笑脸相迎："请进大营说话。"

石达开说："我石达开前来，一不为名，二不为利，只求大人网开一面，确保我6000弟兄的生命安全。"

骆秉章说："那当然，那当然！"

当石达开等人进入大营后，立即从营内、营外冲出数十名伏兵，将他们5人全部捆绑起来。此时石达开追悔莫及。

同治二年五月二日（公元1863年6月14日）石达开等5人被押入成都。同一天，骆秉章派出5万清兵开赴安顺场，以接管为名，骗取6000名太平军放下武器，然后将他们全部杀死。

五月十三日石达开等5人，在成都全部遇害。石达开临行之际，神色怡然，语气不卑不亢。石达开遇害，致使太平天国遭受无法估量的损失。

骆秉章连一个 6 岁的孩子都不放过，可见其残忍之心。他用太平军将士的血，染红了自己的顶戴，不久被擢升为太子太保。然而好景不长，4 年后，骆秉章病死在四川。

捻军击败僧格林沁

太平天国起义的同时，全国各地都掀起了农民起义的高潮。在这如火如荼的农民起义中，规模最大、对清朝统治者打击最重的首举活跃在山东、河南、安徽等省的捻军。

"捻"是早在嘉庆年间就存在于农村的一种秘密组织。人们认为它是起义失败的白莲教的遗党。当地农民中迎神赛会时要搓纸燃油，所以"捻"即由此得名。

然而这不起眼的民间组织，在咸丰三年太平军抵达长江流域，特别是它的北上远征军横越淮北地区时，成为一支轰轰烈烈的武装力量。一股一股的"捻"，越搓越粗，组织形式也从秘密变为公开。参加"捻"的人都被称为"捻党"。

太平天国建都天京，捻党受到极大鼓舞，纷纷树旗，群起响应，组成了捻军。后来，捻军的首领张乐行被太平天国封为征北主将和沃王，捻军大多数首领也都接受了洪秀全授予的封号。队伍严格按太平军的纪律行事，经常和太平军联合作战，成为太平军在北方的友军。

咸丰十一年（1861 年）后，由于太平军在安庆保卫战中失败，捻军从此失去了联合作战的伙伴。

公元 1862 年是捻军的斗争极为艰苦的一年。清政府派蒙古亲王僧格林沁率领蒙古骑兵镇压捻军。第二年 3 月（同治二年二月）捻军的根据地雉河集被清军占领，捻军的领袖张乐行被僧格林沁杀害。捻军虽然失去了友军，失去了领袖，失去了根据地，但他们的斗志毫不衰退。张乐行的侄子张宗禹出任领袖后，带领部队冲回雉河集，一举夺回失地。尔后部队不断扩大，越战越勇，成为清廷的大敌。

同治三年春，洪秀全命赖文光回师援救天京。回师途中遇到被僧格林沁击败的捻军余部，在张宗禹的率领下，撤到此地，两军合在一处，由赖文光统一指挥。

赖文光，广西人。24岁参加金田村起义，初任文职，曾随英王陈玉成转战安徽、湖北。咸丰十一年封为遵王。同治二年奉命远征西北，进抵汉中。

赖文光自从与张宗禹兵合一起，军威大震。赖文光又选出部分精兵，组成骑兵。在与清军多次交锋中，力挫清军，击毙清军副都统格绷额、徐州总兵滕加兴等数名将官。朝廷震怒，慈禧将僧格林沁严厉训斥，并责令他必须消灭这股太平军。

僧格林沁被赖文光拖着到处打转转，而只有挨打，却没有打人之机。所以千方百计想要找到赖文光决战。有一天，副将匆匆来报，说州城外有一支打着"太平天国遵王赖"大旗的部队向南开去。僧格林沁异常兴奋，即刻下令追击。

僧格林沁兵分三路，左路由总兵陈国瑞率领，右路由副都统常兴阿率领。僧格林沁与内阁大学士全顺、总兵何建鳌率领中军。左右两路先到高楼寨村外的三岔路口，看到两条小路上扔下许多衣服、散碎银两等物。陈国瑞说："看来这是捻子仓促逃命扔下的，我分两路包抄过去，一举歼灭！"常兴阿说："总兵说得有理，我们赶快追上去，打他个措手不及！"二将命士兵迅速包抄过去，当两军会合时，那有什么太平军，正在犹豫，突然杀声四起，这两支清军很快就被歼灭了。

当僧格林沁赶到高楼寨时，没有见到两军的一个人影，急派人去联系，正在这时，探子来报说，林子深处有长毛捻子，躺的躺，卧的卧，正在休息。僧格林沁从望远镜中也看到远处的山道上好像有马队刚走过的迹象。于是他命令："杀过去！活捉赖文光、张宗禹者，有重赏！"

僧格林沁的部队冲进林子深处，根本没有看到太平军，僧格林沁正想举望远镜观察时，猛然间林子四周战鼓齐鸣，炮声骤响，从林子四面八方杀出无数太平军，迎面一杆大旗上写着"太平天国遵王赖"；东面竖起一杆"太平天国鲁王任"的大旗；西面也竖起一杆"太平天国梁王张"的大旗。僧格林沁倒也不慌，他即令迎战。面对已铺天盖地冲杀过来的太平军，他手下的亲兵、护卫都冲上去了，而他却处在几个太平军将士的包围之中，互相拼命厮杀。这时冲上来一位骑马的年青小将，喝退众人，举刀向僧格林沁砍去。此人叫张皮绠，是张宗禹的部将，英勇无比，手脚灵活。他与僧格林沁交战在一起，僧格林沁的战袍不小心被挑破，肩头挑开一条伤口，鲜血直流，痛得僧格林沁双眉紧锁，倒吸了一口凉气。正在危急中，冲来几十名亲兵，保护着他，边战边退，退到林边一高岗处，亲兵给他包扎伤口，僧格林沁向山下望去，遍地都是清兵的尸体，心不禁一阵战栗，左右只剩几十名亲兵，内阁大学士全顺、总兵何建鳌相继战死。不可一世的僧格林沁，此时也感到末日将要来临。

天渐渐地黑下来，僧格林沁想绝不能束手待毙，应赶紧趁黑夜逃走。他对亲兵说："你们好好休息，我去探探路，明日突围。"说完，牵着马向火光少的东北方向走去。大约走了半里路，忽听后面有马蹄声，他悄悄下马躲在一个浅沟里。来人正是小将张皮绠，他发现影影绰绰这个人好像是僧格林沁，就一路跟了过来。追到跟前一看，这人蹲在浅沟里。张皮绠装着没看见，悄悄拾起一块巨石，猛地向黑影砸去，只听咕咚一声，那人被巨石击倒，张皮绠跳下一看，正是僧格林沁。张皮绠大喊一声："沃王盟主，今日我为你报仇！"说完，举起手中大刀，将亲王僧格林沁的头砍了下来。

捻军胜利回师之后，增援的清军总兵陈国瑞经仔细查找后，找到一具无首的死尸，正是清军正在找的亲王僧格林沁。

左宗棠收复新疆

在新疆西边有个叫浩罕的小国，一直依附于清朝的领导。后来俄国侵占了浩罕国的许多领土，引起了浩罕国首领阿古柏的不满。于是俄国就鼓动他去占领中国的新疆，来补偿失去的领土。在俄国人的支持下，阿古柏率兵占领了新疆的南部。接着，他又向北疆扩张，占领了乌鲁木齐。后来，阿古柏宣布在新疆成立一个哲德沙尔国，由他当国王。这就是公开要把新疆从中国领土上分裂出去。俄国也早就想夺取我国的新疆地区，于是趁机出兵，占领了新疆西部的伊犁地区。

阿古柏和俄国侵略新疆，在清政府的官员们中间，引起了争论。曾国藩和李鸿章害怕沙俄，慈禧太后对新疆问题也不放在心上，当时由于同治帝不久前病逝了，慈禧正急于想找一个听她话的皇上。后来她就选中了醇亲王奕譞（音 yuān）的儿子载湉。载湉的父亲是咸丰帝的弟弟，母亲是慈禧的妹妹。慈禧把4岁的载湉送上皇帝宝座后，自己又重新开始垂帘听政。载湉即光绪帝。

阿古柏占领了新疆，身在兰州的陕西总督左宗棠心里非常着急。他听说朝廷对这件事一点儿也不关心，他更是又急又怒。左宗棠立刻写奏折批驳李鸿章等人。在奏折里，他气愤地说：“对于外国人的侵略势头，我们决不能助长。放弃了新疆，他们就会占领整个西北。放弃整个西北，他们就会占领整个中国。别人能够容忍阿古柏的侵略，我不能。如果朝廷同意我的意见，我愿意带兵出征，收复整个新疆。”

左宗棠的奏折写得很有气势，使朝廷中的许多大官非常佩服。他们纷纷向慈禧保举左宗棠，希望能早日收复新疆。慈禧太后也觉得丢失领土不太光彩，既然有人愿意出征，那就试试吧。于是，左宗棠被任命为钦差大臣，领兵去收复新疆。

1876 年的春天，左宗棠率领军队离开兰州，经过河西走廊，来到了肃州（今酒泉）。一路上可以看到行行杨柳，绿叶繁茂，这些杨柳是左宗棠来西北，为保持水土，命令军士栽种的。左宗棠把军队的将领们召集在一起，制定了进军新疆的具体战略。他说："新疆地广人少。中间是天山，把新疆分为南北两部分。北方地势平坦，交通方便。我们就先攻打北疆。立稳脚跟以后，我们再进军南疆，收复全部领土。"刘锦棠等众位将领都点头说这个办法很好。左宗棠一见大家同意，便开始布置任务说："刘锦棠和金顺两位将军率领主力攻打乌鲁木齐。徐占彪和张曜把守哈密。其余部队保卫敦煌、安门和玉门等地，防止敌人入侵内地。"各位将军接到命令后刚要分头行动，左宗棠又嘱咐大家说："新疆民族很多，都是我们的姐妹兄弟。你们要尊重他们，绝对不允许杀人放火，有犯者严惩不贷。"

刘锦棠率领主力部队离开酒泉后，直向乌鲁木齐杀去。驻守乌鲁木齐的是阿古柏的大将军白彦虎。白彦虎是中国人。他听说左宗棠大将军杀来了，一面给阿古柏送信，一面派大兵死死守在城外的古牧场。刘锦棠一到乌鲁木齐，就下令向古牧场发动进攻。阿古柏的军队拼命抵抗了一整天。其实，清军并没有真正猛烈地进攻。刘锦棠只是让部队远远地开枪放炮，大声呐喊，而并不往前冲。天黑以后，清军就收兵了。

仗打了一天，白彦虎累得浑身没劲。他觉得清军白天已经发动进攻了，晚上就可以安心地睡觉了。可就在睡得正香的时候，外面的枪声把他惊醒了。清军突然的进攻使阿古柏的军队来不及准备，就被消灭了。白彦虎拼命逃回乌鲁木齐城里后，带着家眷连夜逃跑了。刘锦棠率兵攻下古牧场，又很快占领了乌鲁木齐。

第二天，阿古柏派来的援军赶到了。刘锦棠早就在城外设下了一个包围圈。敌人刚一进到里面，埋伏在四周的清兵就枪炮齐发。阿古柏的军队被打得死伤无数。

阿古柏本来以为有俄国人的支持，中国不敢派兵来打他。现在左宗棠的军队接连胜利，他就有些吃不消了。但阿古柏不死心，要和中国军队顽抗到底。他命令自己的儿子海克拉去守托克逊，大总管爱伊德尔呼里达守达坂城，白彦虎守吐鲁番，准备与左宗棠决一死战。然而，他的计划最终没有得逞。这样，南疆地区也被收复了。阿古柏节节败退，带领的一点儿兵力向西逃窜。半路上，他就被手下人杀死，得到了应有的下场。不久，白彦虎和海克拉逃到了俄国。各路大军，在吐鲁番胜利会师。这样，除去伊犁以外，清军收复了全部的疆土。

左宗棠见俄国人还赖在伊犁不想走，便决定亲自到新疆，指挥清军收复伊犁。临行前，他命人带上一口棺材。手下人不明白这是怎么回事，左宗棠就激动地说："我已经65岁了，为了收复国家的领土，我情愿搭上我的这条老命。"将士们一见统帅这么坚决，顿时深受感动，也都纷纷表示："不赶走俄国人，我们决不活着回来。"

左宗棠离开肃州，向西走了不远，突然接到了慈禧太后的命令。慈禧让他停止进军伊犁。左宗棠非常痛心，望着西北方向一望无际的戈壁滩，连声哀叹。但是没办法，他只好命令部队停止进军。原来，慈禧害怕左宗棠收复伊犁会引起麻烦。她就和李鸿章商量，决定派曾国藩的儿子曾纪泽去跟俄国人谈判。后来，曾纪泽和俄国签订了《伊犁条约》。虽然要回了伊犁，却把霍尔果斯河以西的大片领土让给了俄国。

洋务自强运动

第二次鸦片战争后，清朝统治阶级内部出现两个互相对立的政治派别，即洋务派与顽固派。这两个派别在对内镇压人民、维护封建统治方面是一致的。但在如何对待西方资本主义列强及西方的先进科技等方面有着严重的分歧。由此而产生的矛盾和斗争在相当大的程度上影响了中国近代历史的进程。

"洋务"一词是由"夷务"演化而来的。在此之前，清廷把与西方各国发生的所有往来事务，统称为"夷务"。第二次鸦片战争后，列强拒绝清政府再以"夷"字相加，清政府只好变通一下，以"洋务"一词逐渐代替"夷务"，成为朝野公私文牍的通用语。

洋务派在中央的代表是恭亲王奕䜣、桂良和文祥等人。这些人在对外谈判中，目睹洋人"船坚炮利"，非"天朝"所能抵挡，因此主张掌握西方先进武器，加强防卫力量。洋务派在地方上的代表是曾国藩、李鸿章、左宗棠、沈葆桢、张之洞等人，其中李鸿章在"洋务运动"中贡献最大。1861 年 1 月 11 日至 24 日，奕䜣、桂良和文祥在不到半个月的时间内先后两次奏折探讨以"自强"为治国总纲的基本国策，力图以此"振兴"清王朝。在这个基本国策指引下，中国历史进入了长达 35 年的自强运动时期。

自强运动的前期，清政府兴办了一系列近代军用工业。

1861 年，在镇压太平天国时，为增强湘军的作战能力，曾国藩设立安庆

内军械所。这是洋务派兴办军火工业的最初尝试。

1862 年，李鸿章任用英国人马格里在松江创办上海洋炮局。1863 年，他把该厂迁到苏州，改称苏州洋炮局，购入一些西式机械设备，制造武器弹药供给淮军，用于对太平军作战。1864 年，马格里在李鸿章的支持下，买下英国"阿思本舰队"所带的修造枪炮用的机器，提高了该厂的生产能力，每周可生产炮弹 1500 至 2000 发。

1865 年，李鸿章购买了上海虹口美商旗记铁厂。将这所铁厂与丁日昌和韩殿甲主持的设在苏州的两个炮局合并在一起，加上容闳从美国购来的机器，成立江南制造总局。这所兵工厂最初计划以造船为主，后来改为制造枪炮、弹药、水雷等武器为主，同时也造船和简单机器等。该局所产军火主要供给南北洋军队，也调拨给各地军队，雇佣工人约 2000 人，聘用英国技师。同其他军火工厂相比，江南制造总局经费充裕，技术力量雄厚，是近代中国第一个大型兵工厂。

1865 年，李鸿章把马格里主持的苏州洋炮局迁到南京，加以扩充，成为金陵机器局。该局的厂址设在雨花台附近，专造枪炮弹药，规模小于江南制造总局。

金陵机器局的产品大都供应淮军及北洋，一小部分拨给南洋和沿江各省。该局在英国人马格里的主持下，所造大炮质量低劣。1875 年 1 月 5 日，大沽炮台试放该局制造的两门 68 磅重炮弹的大炮时，发生爆炸，当场炸死士兵 5人，重伤 13 人。主持人马格里却拒绝承担责任，要求重新演放，结果仍旧炸裂。李鸿章将马格里撤职，此后改由中国人监办。

1866 年，左宗棠任用法国洋枪队头目德克碑和宁波海关税务司法国人日意格承办，厂址设于福州马尾。该局主要制造和修理船舶，有工人 1700—2000 人，是近代中国最大的专业船舶制造厂。该局原计划在 5 年内用 300 万两白银造船 16 艘，结果用了 6 年多时间，开支 530 余万两，造了大小 15 艘轮船，均是木壳船，质量不高。

1867 年，清政府令满洲贵族崇厚在北方筹办天津机器局。崇厚雇聘美国驻天津领事英国人密妥士为总管，办了三四年，毫无成效。只好于 1870 年交给李鸿章经办。李鸿章派中国人进行全面整顿扩建，成立东西两局。东局设在城东贾家沽，主要制造火药、铜帽、洋枪、洋炮、火雷和各式子弹；西局设在城南海光寺，主要制造开花子弹和军用器具等。东西两局共有工人约 2500 人。规模仅次于江南制造总局，成为当时的"洋军火总汇"。该局所产军火除供应直隶淮练各军、北洋舰队外，其他如吉林、奉天、察哈尔、热河及江南分防水陆淮军也均按时拨济，连河南等省需用火药、铜帽也向津局索取。

除以上四大局之外，各省督抚为增强地方统治势力，也相继兴办了一些军用工业。其中有：1869 年，左宗棠创办的西安机器局，后迁往兰州，改称兰州机器局；1869 年，英桂在福州创办的福建机器局；1874 年，瑞麟在广州设立的广州机器局；1875 年，刘坤一在广州设立的广州火药局；丁宝桢在济南建立的山东机器局；王文韶在长沙设立的湖南机器局；1877 年，丁宝桢在成都建立的四川机器局；1881 年，吴大澂在吉林建立的吉林机器局；刘坤一在南京建立的金陵火药局；1884 年，岑毓英在昆明设立的云南机器局；张之洞在太原设立的山西机器局；1885 年，张之洞在广州成立的广东机器局；刘铭传在台北成立的台湾机器局。

1890 年，张之洞把在广州筹建的枪炮厂迁往汉阳，称为湖北枪炮厂，增购机器，建筑厂房，至 1895 年正式投产。该厂下设炮厂、枪厂、炮架、炮弹、枪弹五所，后来又添设炼钢厂和无烟火药厂，成为清政府在自强运动后期兴办起来的全国最大的枪炮厂。

清政府兴办的新式军用工业完全采取官办方式，禁止私人资本向军火工业投资，以保证清政府对军火工业的垄断权。军用工业的建立和发展要求有与之相适应的原材料、燃料、交通运输以及巨额资金的保障。于是，近代民用工业应运而生。

19世纪60年代到90年代，清政府先后兴办了约40个民用企业。主要有航运业、煤矿业、金属矿业、电讯业、炼铁业和纺织业。这些企业的主要创办者是李鸿章、张之洞、左宗棠等洋务派官僚。如1872年，李鸿章派朱其昂、李振玉等官员在上海设局招商，购买了三艘外国轮船，成立了轮船招商局，以"官督商办"方式经营；1879年，李鸿章在大沽到天津之间设置电报，这是中国创办最早的电报等。这些民用企业多数是围绕军事工业而建立的。在经营管理方面，由于清政府的腐败统治，这些民用企业基本上和军事工业一样表现为衙门化，经营管理权把持在官僚手中。商人虽然入股，但对企业经营情况无权过问。

尽管洋务自强运动有其历史的局限性，但其出现是进步的。近代军事工业与民用企业的建设促进了近代文化教育事业的兴起，由此，对中国社会的发展产生了深远的影响。

镇南关大捷

法国人很早就想占领越南。17世纪初，法国天主教传教士开始到越南活动，充当侵略的先锋。1858年，法国联合西班牙，借口保护传教，正式进攻越南，先后占领了广安、西贡。1867年，法国把越南南部完全吞并，建立起法属交趾的殖民统治。

越南位于中国的西南面，史称安南国，为清廷的属国。法国人侵占越南的目的，就是要进一步入侵中国。果不其然，法国很快把侵略锋芒指向了越南北部和中国西南边境省份。

1883年春，以海军军官李维业为司令的法国军队北上攻陷了河内，继而占领宁平、南定等地。为了抵抗法国的侵略，越南政府忙向驻扎于中越边境保胜（今老街）一带的刘永福黑旗军请求援助。

刘永福以前是广东天地会的首领，太平天国起义时，他也起来响应。他的队伍用七星黑旗作战旗，被称为黑旗军。起义失败后，他带领黑旗军占据了保胜。黑旗军在这一带开山种粮，力量逐渐壮大起来。面对法军的侵略气焰，他们以抗法卫边为己任，慷慨赴援，冒死冲锋。在刘永福的指挥下，黑旗军多次打败法军，使侵略者无法继续向北进犯。

一天，几个法国人突然来到保胜地带，他们没有带任何武器，却用马车拉来了几个装着白银沉甸甸的大箱子。他们是来找黑旗军的，准备把几箱子银元送给刘永福。他们找到了刘永福，刘永福看了看这几个大箱子，就明白了法国人的目的。刘永福怎会收他们送的银子呢？法国人讨了个没趣儿，只好带着他们的银子，灰溜溜地滚了回去。

法国人走后，刘永福立刻带领黑旗军南下，包围了河内。

在河内的法国司令李维业早就听说过黑旗军的厉害，现在黑旗军把他给包围了，他觉得不能在这儿待下去了，必须马上离开，而且越快越好。天刚蒙蒙亮，李维业就领着法国兵，悄悄溜出了河内。他们一连跑了几十里路，等到了纸桥，天已经大亮了。李维业累得满头大汗，和士兵们一起倒在树底下休息。在他看来，这次逃跑神不知鬼不觉，现在已经没有危险了。他哪知道，黑旗军早就在这儿埋伏好了，李维业还没躺稳，黑旗军就发动了猛攻。跑了这么远，法国兵累得已无力作战了，不一会儿，他们的死尸就倒成一片。李维业见情况不妙，便挣扎着爬起来，用尽最后一点劲朝路边的稻田跑去。没跑多远，就被黑旗军一枪打倒。这时候，一个黑旗军战士飞快地冲过去，砍下了他的脑袋。经过3个多钟头的激烈战斗，黑旗军取得了重大胜利。

接连失败的法国人为了挽回面子，向中国发动了全面进攻。清政府也下令向法国宣战。双方在台湾和福建分别展开了激战。台湾军民在巡抚刘铭传的指挥下，击退了敌人的进攻。而福建海军却在马尾海战中失败。7艘军舰全部被击沉，死伤达1000多人。不久，法国又向中越边境大举进攻。中国的守军不战而逃，法国人占领了中越边境的重镇镇南关（今友谊关）。

镇南关是中国西南边境的大门。占领镇南关后，法军统帅尼格里非常狂妄。他命人在镇南关的城墙上写了一行大字："广西的门户，已不复存在了。"当地的中国人民非常气愤，便也在城墙上写了一行更大的字："我们要用法国人的头颅，重筑我们的门户。"然后，他们纷纷来到清军老将冯子材的大营里，要求加入部队赶走侵略军。当地人民的反法热情一下子就高涨起来。这一切使尼格里非常害怕。于是他放火烧毁了镇南关，带领法军退到了文渊城。

冯子材来到被烧毁的关前，气愤地说："洋鬼子竟敢烧了我们的家门。这个仇一定要报！"他立刻命令部队在关前东西两座山岭上修筑炮台，并垒起一条3里的长墙，把东岭和西岭连接起来。长墙的对面，还挖了一条壕沟。

一天早晨，下起了大雾。冯子材得到报告说："尼格里趁着大雾来攻城了。"冯子材立刻找来了苏元春、王德榜和王孝祺等将领。他讲了一下自己的作战计划，然后命令各位将领马上分头行动。

尼格里从文渊城杀出后，把队伍分成了两路。一路攻打东岭，一路攻打长墙。他们在大炮的掩护下，依靠先进的武器，很快就登上了东岭。洋鬼子们一冲进炮台，便把炮口转向长墙开起火来。炮弹雨点一样落在长墙上，炸得石头砖块乱飞。正面的敌人也端着枪，"哇哇"怪叫着冲了上来。冯子材一面指挥清兵奋勇还击，一面大声鼓励说："弟兄们，为国报效的时候到了。千万不能让洋鬼子冲过长墙。不然我们还有什么脸去见两广的父老！"这时候，王孝祺领人绕到法军后面发动了猛攻。苏元春冒着猛烈的炮火，冲上了东岭。双方用大炮展开对攻，东岭上炮声隆隆，喊杀声响成了一片。可是，凶猛的洋鬼子并没有被打退。

就在这关键时刻，法国兵突然乱了起来。原来是有人向尼格里报告，说王德榜率兵袭击了文渊城。往前线送食品弹药的运输队几次都被王德榜打了回去。

冯子材看机会来了，就大吼一声："弟兄们，杀呀！"然后，他第一个跳出了长墙，挥舞着大刀朝洋鬼子冲了过去。战士们一见70多岁的老将军带头往上冲，也都奋不顾身地杀向敌人。洋鬼子在大刀长矛面前，吓得四散奔逃，尼格里也跟着往后逃跑。打退长墙前的敌人后，冯子材又指挥士兵向东岭冲去。正在东岭上与敌人进行炮击的清军见到这种情况后更加英勇顽强了。在苏元春的带领下，一个个像小老虎似地扑向敌人。法军前后都挨打，只好从东岭上逃了下来。

尼格里把两路败兵集中在一起，还想进行疯狂的反击。忽然，山谷四周传来了一片呐喊声，这声音震得尼格里和法国兵心惊肉跳。他们抬眼一看，只见无数人像潮水一样从四面八方涌了过来。原来是这周围的中越两国老百姓支援冯子材来了。他们手里拿着各种武器，有刀枪，有棍棒，还有干农活用的锄头和铁耙子。尽管武器落后，但他们没有一个怕死的，都不顾一切地朝洋鬼子冲去。老百姓像汹涌的大海，把敌人淹没了。冯子材不给敌人喘气的机会，率领清军穷追猛打。接连收复了文渊、谅山、北宁等地。在战场上中国军队取得了全面的胜利。

就在这时候，奇怪的事情发生了，明明是中国人胜了，慈禧却派李鸿章同法国人交涉，协商和谈条件。后来，中法两国在天津签订了《中法会订越南条约》。对于中国人来讲，这个条约又是一个耻辱。清政府不仅承认法国为越南的"保护国"、两国另派员勘定边界等有损中国利益的条款，甚至答应今后修铁路也要跟法国人商量。这样，中国人在战场上打赢了，在谈判桌上却失败了。

镇南关大捷是鸦片战争以来中国对外战争中最大的胜利。战后，晚清政府同法国签订的条约第一次做到了对外战争不赔款，但法国达到了完全占有越南的目的。

中日甲午战争

1894 年，即中国旧历甲午年，日本发动了侵略中国的战争，史称中日甲午战争。

日本明治维新后，资本主义迅速发展，吞并朝鲜并西侵中国的野心日益膨胀。为了寻找入侵中国的借口，日本帝国主义颇费了一番苦心。1894 年 1 月，朝鲜国内爆发了东学党起义，6 月，朝鲜国王请求清政府派兵镇压。此刻，日本政府一方面劝诱中国"何不速代韩戡乱"；另一方面又以保护使馆和侨民为理由，大量出兵汉城。7 月中旬，入朝日军达到 18000 多人，大大超过了赴朝清军。这时，日本政府便训令驻朝公使，"促成中日之冲突。"7 月 25 日，日军在牙山口外丰岛海面不宣而战，对中国船队发动了海盗式的偷袭。战火在"渡满洲的桥梁"上烧起来了。清政府被迫于 8 月 1 日对日宣战。

在此以前，清政府虽然已经建立了舰队，修筑了沿海防御工事，但整个军事政治机构已经腐朽。为筹建海军而设立的海军衙门成了支付修葺颐和园经费和官员们中饱私囊的机构。而掌握最高权力的慈禧，除了尽情享乐外，此时还正煞费苦心地筹备过 60 大寿。交战双方，一方蓄谋已久，准备充分；一方处处回避，仓促上阵。孰胜孰败，不言自明。

9 月 15 日凌晨，日军 4 路重兵向平壤城内的清军发起猛攻。清军统帅叶志超，昏庸无能，贪生怕死，在大敌当前的关键时刻，不但不组织军队凭险抵抗，固守待援，反而率军逃跑，"一夕狂驰三百里"，在平壤保卫战中，虽出现了左宝贵等英勇抵抗的爱国将领，但终于无法挽回败局，丢掉了平壤城，战火很快就烧过了鸭绿江边。

军情万分危机，在国内主战将领的呼吁下，李鸿章决定雇用英国的 5 艘商船，运送陆军 8 个营增援在朝鲜的清军，由北洋水师提督丁汝昌亲率大小船只 18 艘护送。不料，这个重要的军事机密，被李鸿章的外甥在日本特务重金贿赂下给出卖了。

9 月 17 日，日本舰队又在黄海向北洋舰队挑起一场海战。这是整个甲午战争中最悲壮的一幕。当时双方参战的，有日舰吉野、松岛等 12 艘，中舰有定远、致远等 10 艘。战幕一拉开，北洋舰队虽险情丛生，但广大爱国将士莫不同仇敌忾，英勇奋战。在战斗中，表现突出的有"定远""致远""经远" 3 舰。

旗舰定远号是敌舰攻击的主要目标，战斗一开始，便中弹数发，船上桅杆被打断，船桥被震塌。正在指挥的北洋海军提督身受重伤，但拒绝入仓，坚持坐在甲板上督战。"致远"舰管带邓世昌，在鏖战中见旗舰"定远"号上的帅旗被打落，立即命令升起帅旗，毅然担当起指挥舰队的任务。他见敌舰"吉野"甚为猖狂，认为"苟沉此舰，定以夺其气而成事"，便当机立断，集中火力猛击"吉野"号。炮手们发炮准确，一排排炮弹发着尖厉的呼啸声直朝着"吉野"飞去，打得"吉野"舰火光四起，掉头逃跑。邓世昌下令尾随追击。由于舰上配备的弹药很少，不多时，炮弹便打完了。"吉野"发现这一情况，便又反扑过来。在广大爱国士兵誓与敌人血战到底的精神的鼓舞下，邓世昌毅然决定开足马力，撞沉"吉野"。视死如归的官兵们的怒吼声在黄海上空回荡。"吉野"号上的日本官兵被中国水兵的英勇行为吓呆了，惊恐万分，纷纷跳水逃命，就在"致远"号逼近"吉野"的时候，它不幸撞上了敌舰攻击"定远"号的鱼雷，锅炉爆炸了，舰上燃起了大火，船体缓缓下沉。但舰上的 200 余位中国官兵，无一人跳水离舰，他们在高呼杀敌的喊声中，随自己的军舰，随着舰旗沉没在黄海的怒涛中。

当"致远""经远"被敌人炮火分隔开后，"经远"号也在激战中受了伤。管带林永升指挥受伤的"经远"舰独立作战，力图把敌舰吸引过来，让"致远"狠揍"吉野"。在混战中，一敌舰受重伤企图逃跑，"经远"立即开足马力追击，准备给以致命打击，不幸也中了鱼雷。林永升大呼"为国杀敌，死而后已！"全舰官兵同仇敌忾，在舰身逐渐下沉的情况下，继续向敌舰猛烈射击。最后，全舰 270 人除 16 人获救外，全部为国殉难，表现出崇高的爱国气节。

"热血染黄海，丹心映碧波。""致远""经远"将士的英雄壮举，激励了舰队众多官兵的斗志。战斗持续了 5 个小时，在北洋舰队的严厉打击下，敌舰大伤元气；旗舰"松岛"受创极重，官兵死亡 100 余人，完全瘫痪；"比睿"后舰起火，逃出重围；"西京丸"中弹累累，运转失灵；"吉野"也丧失了战斗力。此时，敌人感到再打下去已力不从心，于是先行退出战场。北洋舰队也返回旅顺。

黄海海战后，北洋舰队尚存的军舰，停泊在山东半岛的威海卫军港内，日本侵略者知道，要使清政府屈服，就必须歼灭北洋海军。为了达到这一目的，日本海军对中国发起了新的进攻。11 月中旬，旅顺局势危急，丁汝昌亲往天津，请求率舰前往救援，身为北洋大臣的李鸿章，不但不支持丁汝昌的爱国行动，反而大加训斥。不仅如此，他还革去了丁的尚书衔，摘去顶戴，以示惩戒。由于没有援军，旅顺很快就失守了。日军在占领大连、旅顺之后，接着就发动了对威海卫军港的袭击。

在日军海陆两路的夹击下，威海卫南、北炮台很快失守，日军封锁了威海东西港口，并从南、北炮台和停泊在港口外的军舰上一起发炮，轰击港湾，使北洋舰队陷入困境。此时，日本联合舰队司令写信诱降丁汝昌。丁汝昌严词予以拒绝。随着威海卫形势的日益危险，窃踞北洋舰队海军副都督的英国人马格禄等人，勾结营务处道员牛昶炳和一些贪生怕死的将领胁逼丁汝昌投降，丁汝昌十分悲愤。2 月 11 日，刘公岛告急，在内无弹药、外无援军的情况下，丁汝昌召集诸将开会，提出"与其在刘公岛坐以待毙，不如冒险突围，与日军作最后的较量。"然而却无人响应他的建议。会后，牛昶炳等人又指使一些贪生怕死的人，用尖刀威逼丁汝昌率队投降。丁汝昌不愿卖国求荣，但又无力挽救危局，遂怀恨自杀以身许国。丁汝昌死后，马格禄等人又盗用丁汝昌的名义，向日本侵略者缴械投降，北洋海军就这样"一朝瓦解成劫灭"，不久，牛庄、田庄台、营口相继失陷。中日甲午战争以侵略者的胜利而告终。1895 年 3 月 14 日，清政府按侵略者的旨意，派李鸿章赴日本"议和"。4 月 17 日，李鸿章按日本侵略者的要求，代表清政府签订了割让台湾给日本等丧权辱国的《中日马关条约》。

消息传开，全国各界群情激愤。台湾人民的愤怒，更是达到了极点。台湾军民武装保卫台湾，历时 4 个多月，浴血奋战，前后歼敌 4000 余名，虽然台湾终于被占领，但台湾人民并未屈服，反日斗争此起彼伏，使侵略者手忙脚乱，写下了中国近代史上的光辉一页。

保卫台湾

"誓死保卫台湾！""处死卖国贼李鸿章！"无数台北市民呼喊着口号，涌进了巡抚衙门。签订《马关条约》的消息一传到台湾，气愤的群众就自动聚集在这里，举行示威抗议。在激动的呐喊声中，巡抚唐景崧只好硬着头皮表示："我一定会死守台湾，决不后退。"

说是这样说，日本军队刚从基隆登陆，唐景崧就坐船逃回了大陆。日军很快就占领了台北，朝台中、台南方向杀来。和官府对敌态度相反，台湾各族人民立刻组织起了抗日队伍。其中规模最大的是徐骧、吴汤兴和姜绍祖率领的民团。各路起义军推举刘永福为抗日的统帅。刘永福就是当年援越抗法的黑旗军首领，后来他的队伍被清政府收编。他当时正驻防台南。

日本把进攻台中地区的兵力分成东西两路。东路军攻打台中的门户新竹，西路军直扑大湖口。徐骧也把义军分开，分头阻击侵略军。

东路日本军由于一开始没遇到什么抵抗，便放松了警惕。正当他们大摇大摆地往前走时，徐骧带领几个民团战士突然出来挡住了他们的去路。还没等日本鬼子们反应过来，徐骧等人连开几枪，把前面的两个给打倒了。日本鬼子大惊失色，慌忙趴在地上，举起枪胡乱地开了火。打了一会儿，他们才发现徐骧他们早已经没了影子。鬼子们气得骂了一通，又继续往前走。走了没多远，徐骧又领人冲出来打了几枪。鬼子们反击了一会儿，又不见了徐骧他们。接连几次都这样，鬼子可就急了。最后一次他们瞧见徐骧跑进了一片竹林，就都发疯似地追进去。

这片竹子长得非常茂盛，又密又粗。碧绿的竹叶连成一片，把阳光都给遮住了。鬼子一进来就发了蒙。黑压压的哪里有徐骧的影子呀。他们每走一步就要跌一下跟头，不是被竹子绊倒，就是撞在别人的身上。鬼子们东奔西窜，怎么也走不出这片竹林子，衣服和脸都被划出了一道道口子。正当他们像被关进笼子的老虎一样发怒时，义军的枪炮响了起来。鬼子们死的死、伤的伤。为了逃命，他们在林子里到处瞎跑，撞得头破血流。有的鬼子刚蹿出竹林，就被等在外边的义军打碎了脑袋。

这场战斗，差不多把东路日军全部收拾掉了。同时，西路日军在大湖口也遭到了吴汤兴的痛打。徐骧率领义军把日本兵拖在台中一带两个多月。最后日军出动大规模的兵力包围了义军。经过激烈的战斗，姜绍祖被俘牺牲。徐骧、吴汤兴率义军退守彰化。在彰化城东的八封山，义军被敌人包围了。

一天早晨，义军被山谷里的枪声惊醒了。徐骧登上山头一看，军营周围已经布满了密密麻麻的敌人。再朝山下望去，无数蚂蚁一样的敌人还在向上爬。原来，起义军虽然封死了山口，可是日军在汉奸的帮助下，顺着一条山后的小路偷偷地爬了上来。想冲出去是不可能了，现在只能和敌人拼命。徐骧挥舞战刀迎着敌人冲了上去。义军战士们和爬上来的敌人展开了肉搏战。满山遍野到处都是刀光闪闪，喊杀声连成一片。就在战斗进行到最激烈的时候，山下又来了一支队伍。原来是刘永福派彭松年带领黑旗军支援义军来了。

日军少将山根信成看见自己的队伍前后都挨打，心里有些发慌。他刚要提醒日本兵注意，一名义军战士就把长矛刺进了他的胸膛。在义军和黑旗军的英勇奋战中，1000多名敌人被击毙。同时，几百名义军和黑旗军战士献出了生命。吴汤兴和彭松年都牺牲了。战斗结束后，随徐骧突围到台南的只有20多人了。

徐骧到达台南后，又召集了700多名高山族兄弟参加了义军。刘永福派王德彪率军把守嘉义，杨泗洪率军帮助徐骧反攻彰化。台湾人民心情振奋，一连打了几个大胜仗。日军吓得躲在彰化不敢继续南犯。可就在这时候，义军的粮食和弹药已经差不多用光了。

正当台湾人民迫切需要大陆人民援助的时候，慈禧和李鸿章等人却下令封锁海口，切断了大陆与台湾的联系，因为他们害怕台湾人民的反抗斗争会得罪日本人。这样，无数爱国志士只能站在海峡这一边，眼睁睁地看着日本侵略者在台湾胡作非为。

几万名日军轮流向义军的阵地发动猛攻。不论白天还是黑夜，敌人的炮火从不间断。各族义军战士奋起还击，直到打完最后一粒子弹。徐骧看着一座座营垒在爆炸中塌裂，一个个兄弟在炮火中倒下，心里的怒火化成了最后的呐喊："大丈夫为国战斗，死了也不遗憾！"说完，他就举着大刀冲向了敌人。义军战士也冒着敌人的炮火，奋不顾身地杀出阵地。在和敌人的搏斗中，徐骧英勇牺牲了。

接着日本侵略军直扑台南。刘永福弹尽粮绝，只好渡海退回大陆。日军从此霸占了宝岛台湾。

戊戌变法

中日甲午战争以后，帝国主义列强疯狂侵略中国，在中国开设通商口岸和划分势力范围，清政府在甲午战争中丧权辱国，屈膝投降，导致了严重的民族危机，激起了全国人民的共愤，以康有为为代表的资产阶级改良派，在民族危机日益严重的情况下，发动了具有爱国救亡意义的维新运动，幻想在不触动封建主义的经济基础和上层建筑的前提下，通过自上而下的改良，使中国走上资本主义道路。

当时在朝廷中，以慈禧太后那拉氏为首的一派，形成后党，以光绪皇帝为首的一派形成帝党，帝、后两党争权激烈。光绪皇帝登基之时还年幼，只有5岁，现在光绪帝已长大，慈禧不得已才撤帘归政，由光绪帝亲政。此后的10年间，慈禧经常住在为供她"颐养冲和"而修饰一新的颐和园，表面上不过问国事，成天寄情于湖光山色之间，但实际上依然大权在握，光绪帝只不过是由她摆弄的傀儡，最后的裁夺，还须请示慈禧太后。

朝廷上大批掌握军政实权的贵族官僚都依附于慈禧太后，他们构成"后党"。站在光绪帝这一边的，只有他的师傅翁同龢，他官位较高，多年任尚书，两度任军机大臣，但实权不大。维新运动兴起后，资产阶级改良派幻想依靠皇帝及其亲信大臣的力量推行他们的变法主张。光绪皇帝及其"帝党"则企图利用资产阶级改良派这股新兴的社会力量，通过变法维新，摆脱慈禧太后的束缚，从而掌握实权，来挽救摇摇欲坠的清朝统治。于是，帝党与改良派便在互相利用的基础上联合起来。

光绪二十四年（公元1896年），光绪皇帝决定变法，他召见康有为商量变法步骤，任命他为总理衙门章京，许他专司奏事。康有为又举荐主张变法的同志数人，如内阁候补侍郎杨锐、刑部候补主事刘光第、内阁候补中书林旭、江苏候补知府谭嗣同，光绪皇帝便各赏四品卿衔，让他们担任军机章京，协助主持变法事务。从6月21日到9月11日，改良派通过光绪皇帝接连颁发了许多除旧布新的变法法令。主要内容有：废除八股，改革科举制度；设立学堂，学习西学；奖励新著作、新发明；奖励创办报刊，提倡上书议事；保护和奖励农工商业，修筑铁路，开采矿产；用新法训练海陆军，改革官僚机构，裁减不必要的官员等。公元1898年是戊戌年，因此称这次变法为"戊

戌变法"。

　　在变法之前，光绪皇帝曾到颐和园请示慈禧太后，慈禧并未加以阻挠，并且说："变法也不是要紧的事，但不要违背了祖宗的规章制度，不要损害我们满洲人的权势，否则，不可施行。"又说道："翁同龢这个人不可靠，应尽早将他罢免。"光绪皇帝不得已撤销了翁同龢的军机大臣等一切职务。翁同龢是光绪皇帝的唯一亲信大臣，帝党首领，是皇帝与维新派之间起桥梁作用的人物，他的被罢黜，使光绪帝失掉了重要支柱，所以，当光绪帝见到太后的谕旨时，战栗变色。

　　变法以后，慈禧也显示出一副改良派的样子，不加阻挠，而且当守旧官僚请她阻止变法时，她连笑带骂地说："你管这么多闲事干什么？"当光绪帝觉得慈禧高高在上，事事感到掣肘时，慈禧还托人转告光绪帝："太后不禁止皇上办事。"其实，慈禧玩弄的是一套"欲取故予"的手法，她的目的是要等到变法激怒一切腐朽的社会势力之后，一举扑灭维新运动，连同光绪帝一起搞掉。这一用心，在她的亲信荣禄的一段话中讲得十分清楚："我们一直想要将皇上废掉，只是找不到一个罪名，不如听任他反复改革，使天下人共愤，然后一举将皇上连同帝党除掉。"

事实上的确如此。首先是礼部，因为变法时期所有改革事宜，多需礼部核议，弄得礼部人员目不暇接。礼部尚书怀塔布是慈禧太后的表亲，另一大臣许应骙（音 kuí），也是慈禧平日信任的红人，两人素来守旧，见了这些烦琐的手续，愤懑已极，恨不得将维新党人立刻撵逐。因此将一切需通过礼部衙门的新政，都暗中搁置。光绪皇帝知道翁同龢革职一事，与怀塔布、许应骙日夕进谗言有关，就将他们及其礼部四个侍郎一律免职。守旧党人见了这道圣旨，吓得神魂颠倒，陆续跑到颐和园，钻营运动，求太后重新执政。大太监李莲英也向慈禧太后磕头泣诉，因为维新党人若行新政，必定先斥太监，光绪帝深恨李莲英，正想拿他开刀。慈禧认识到时机已经成熟，于是与李莲英密议，她以光绪帝名义宣布于 10 月 19 日往天津阅兵，打算利用荣禄的军队发动政变，胁逼光绪帝退位。光绪帝此时已得知讯息，但他手中无兵权，直隶总督荣禄大权在握，除非得一胆大心细之人，先夺荣禄兵权，否则万事难成。光绪帝先后召见杨锐和林旭，交付密谕，要他们与康有为、谭嗣同等人商议相救，几人商量后，决定由谭嗣同去游说袁世凯。

袁世凯是镇压捻军的大军阀袁甲三的侄孙，早年投入淮军，以奸诈机变的才干得到李鸿章的赏识。甲午战争后，他又巴结军机大臣荣禄，得到在天津附近的小站督练新建陆军的差事，建立起一支装备较好的军队，共 7000 人。同时他还参加了由帝党人士组成并有改良派参加的强学会，脚踏两只船。谭嗣同正是由于为袁世凯的实力所吸引并被他伪装所迷惑而去向他游说的，指望他在天津阅兵时凭借自己的兵力发动反政变，诛荣禄等后党，恢复帝党的权力。9 月 18 日深夜，谭嗣同来到袁世凯的住所，说明来意。袁世凯当即答应："只要是朝廷的命令，我尽死而为。"还正色厉声说："杀荣禄如同杀一条狗！"可是只隔了一天，他就赶返天津，去向荣禄告密。荣禄得报，星夜进京来见慈禧。9月21日凌晨，慈禧由颐和园回到宫廷，发动政变，将光绪帝幽禁在瀛台。瀛台是西苍湖中的一个小岛，环岛皆水，光绪帝到了此间，料知没有好结果，不禁泪下。李莲英厉声道："太后即来，皇后亦至，难道万岁爷还怕寂寞么？"言毕自去，留内监守卫。过了不多时，慈禧太后驾到，光绪帝急忙跪接。慈禧怒目而视，指着他骂道："你入宫时，年仅5岁，立你为帝，抚养成人，已近20年，不是我全力保护，哪里还有你的今日荣耀？你要变法维新，我也不阻挠你，你为什么听人唆使，忘了我对你的大恩大德，还要设计害我？你试想一想，应该不应该？"光绪帝跪在地上，战栗不能出声。慈禧又叹息道："我想你的命薄，没有福气做皇帝，现在亲贵重臣，都请我训政，没有一人向着你。即使是汉族大臣，又有几个助你为恶？你认为是好人的，其实都是奸臣，我一定要惩处他们。"

慈禧回到宫中，以光绪帝的名义发了一道上谕，宣布光绪帝自己不能胜任艰难的国事，"因念国家为重，再三吁请老太后训政，仰蒙太后答允，这实在是臣民之福。"又令步军统领逮捕维新党人，当时拿住杨深秀、谭嗣同、杨锐、林旭、刘光第、康广仁等6人，下刑部狱中，不久将他们6人处死，史称"戊戌六君子"。那些支持维新变法的官员也被革职、监禁或充军，废止了全部维新法令，并恢复了所有被废除的旧制。至此，轰轰烈烈的维新变法仅仅100天即遭失败。

义和团勇战八国联军

戊戌变法失败后，光绪皇帝被慈禧太后软禁在颐和园。慈禧立端王的儿子溥儁为大阿哥（就是皇帝的继承人），来取代光绪。没想到各国公使拒绝入宫庆贺，表示不承认这位"大阿哥"。慈禧可气坏了，很有些怨恨洋人，于是她就想报复洋人一下。这时协办大学士刚毅早就看透了她的心思。

刚毅平日巡察各地时，亲眼见到教会任意欺压中国百姓的情况，而且教会也经常不把他这个协办大学士放在眼里。这时各地正在闹义和团，刚毅得知义和团烧教堂，杀洋人，勇敢无敌，洋人们都惧怕他们几分，这次见到慈禧，上奏道："老佛爷有所不知，如今义和团活动相当广泛，山东、直隶一带，遍地都是。义和团个个武艺高强，如果我们派兵镇压，要花费很大力量，得不偿失。不如我们利用义和团仇恨洋人的心理，去对付洋人。这样既教训了洋人，又可以消耗掉义和团的力量。"慈禧听后大喜，当即命令刚毅主持这件事。

1900年6月21日，慈禧太后宣诏招抚义和团，并对列强宣战。还发布命令，承认义和团合法，禁止清军镇压义和团。这样一来，义和团就像雨后春笋般迅速发展起来，山东、直隶的各县各村，到处是"神坛""拳厂"。不少义和团到庆王府挂号，打起"奉旨义和神团"的旗号。1900年4、5月以后，义和团开始进入清朝的"心脏"——京津地区。在北京、天津城里到处贴有义和团的告示，上面写着："最恨和约，误国殃民，上行政效，民冤不伸。""练习义和神拳，保护中原，驱逐洋寇，以免生灵涂炭"等等。义和团还打起"扶清灭洋"的旗帜，吸引了许多清兵也参加了义和团。

声势如此浩大的义和团运动，沉重打击了帝国主义的在华利益。于是他们决定采取联合行动，镇压义和团。

1900年6月10日，英、俄、日、法、德、美、意、奥组成八国联军两千多人，由英国海军中将西摩尔率领，从大沽经天津向北京进犯，从而开始了八国联军侵略中国的战争。

西摩尔联军在向北京进犯的途中，遭到了义和团及部分爱国清军的阻击。在落垡（音fá）一带，义和团将通向北京的铁路拆毁。西摩尔不得不命令部队停下来抢修铁路，结果中了义和团的埋伏，有几十人被打死。联军在落垡战败后，逃窜到廊坊，又遭到300多义和团和清兵统帅董福祥率领的甘军的打击，死伤无数。这就是著名的"廊坊大捷"。西摩尔联军真是上天无路入地无门，只得夹着尾巴逃回天津。

帝国主义一见西摩尔战败，大惊失色，慌忙又调集大批侵略军进入天津，驻扎在紫竹林租界里。

6月17日，天津紫竹林租界枪炮齐鸣，喊杀震天，义和团围攻租界的战斗打响了。

紫竹林租界在海河北岸，天津城东南，本来是个景色美丽、环境优雅的地方。可是自从第二次鸦片战争以来，这个地方被帝国主义列强强行占领了。他们在那里建教堂、盖洋房，驱逐原先居住在这个地方的中国人，还到处挂出"华人与狗，不得入内"的牌子，污辱中国人。人们把这里的洋人恨透了。

打响进攻紫竹林第一枪的，是武备学堂的学生们。武备学堂位于紫竹林租界东面，是清朝培训军官的学校。当义和团在天津兴起的时候，武备学堂的许多学生也加入进来。6月17日早上，学生们乘洋人不备，开炮猛烈轰击紫竹林租界。由于武备学堂威胁很大，所以联军立即派大批军队扑向武备学堂。然而，在学堂学生们的英勇抵抗下，联军始终没能冲进学堂。恶毒的侵略者们，竟放火烧房，引起了学堂内的火药库爆炸，学堂学生全部壮烈牺牲。

就在武备学堂学生们英勇抵抗侵略者反扑的同时，另一路义和团在大师兄曹福田的率领下，开始了攻打老龙头车站的战斗。

在攻打紫竹林租界之前，曹福田就意识到：老龙头车站既是联军由大沽向津、京增兵的枢纽，也是租界与外界联系的要地。如果抢占了老龙头车站，也就切断了租界内兵力、粮食等供应的生命线，那么租界内的敌军就会不战自败了。守护在车站内的是俄国的2000人军队。他们占据有利地形，构筑了坚固的工事。曹福田一到，就下令包围车站，向俄军发动猛攻。为了配合作战，义和团还在三岔口、黑炮台等地架起大炮，猛轰车站。一时间，枪炮声、喊杀声连成一片，俄军被打得哭爹喊娘，仓皇逃走。不久，联军增派援军七八千，带着新式的枪炮反扑。义和团寡不敌众，被迫退出车站，但仍对车站采取包围之势，寻机反攻。

争夺老龙头车站的战斗还在激烈地进行，由张德成率领的义和团，已从马家口向紫竹林发起进攻。

张德成本是在海河上以撑船为业的船夫。后来由于帝国主义在天津附近修建铁路，霸占码头，张德成就没了生计。他痛恨洋人，为了生活，就在天津郊区独流镇组织义和团，不久发展到两万余人，号称"义和神拳天下第一坛"。这次是与曹福田商量好，联合攻打租界的。

由于联军使用的都是先进的洋枪、洋炮，并且在租界周围布满了地雷；而义和团大多使用大刀长矛，还有的使用镐头、铁锹，武器相当落后。虽然义和团战士们个个勇猛顽强，高喊着"刀枪不入，杀尽洋人"的口号，一批批地向上冲，但又一批批地死在联军罪恶的子弹下。义和团接连进攻了10多次，都没能成功。眼见着战士们一批批地死去，张德成心急如焚，他猛然脱掉上衣，怒骂道："狗娘养的，我跟你们拼了！"说着抢起大片刀就要向上冲。这时忽然背后有人高喊道："大师兄，且慢！我有计可治服洋鬼子。"

张德成回头一看，原来是红灯照的黄莲圣母。黄莲圣母，是天津附近红灯照的首领。红灯照，也是义和团的一支，不过参加者都是女子。黄莲圣母原名叫林黑儿，父母、丈夫、子女都被洋人杀害，她带着对洋人的满腔仇恨投奔义和团，并组织了红灯照，召集许多年轻女子参加进来。她还散发传单，上写："一片苦海望无津，小神忙乱走风尘，八千十万神兵起，扫灭洋人世界新"，并自称是黄莲圣母，成为红灯照的领袖。

黄莲圣母叫人马上找来50多头凶猛剽悍的公牛，又让义和团战士们在牛角上绑上锋利的匕首，牛尾上挂满一串串的大爆竹。张德成一看，不禁拍手叫绝，立即下令点燃牛尾巴上的爆竹。

爆竹一响，公牛一下子都惊了，它们拼命地向租界里冲去。租界周围的地雷被公牛踏响，大批的联军士兵被牛踩死或被牛角上的尖刀刺死，租界内的联军弹药库也被牛尾巴上的燃竹点燃，爆炸升天。联军一下子乱了阵脚，义和团乘势冲入租界，占领了许多地方。

在天津义和团奋勇杀敌的同时，北京义和团也与侵略者进行了殊死搏斗，狠狠地打击了侵略者的气焰。

正当义和团战士在前线浴血奋战的时候，慈禧太后露出了她卖国的真面目。在此以前，她允许义和团反对八国联军的活动，只不过是泄私愤而已。7月初，慈禧就密令天津提督宋庆，不惜余力，屠杀义和团。在宋庆的血腥镇压下，义和团损失惨重，天津全城很快被侵略者占领。

8月4日，八国联军两万多人，从天津沿运河向北京进犯。途中遭到义和团的沉重打击，从天津到北京不到200里，而联军却走了半个月才开到北京城下。

慈禧太后一看大事不妙，急忙请李鸿章出城求和，并送去西瓜、冰块给联军解暑。但是联军拒绝慈禧的求和要求，向北京发动了猛烈的进攻。慈禧和她的亲信们只得弃城逃跑。就在她逃出北京的同时，还下令让留守的清军配合联军将义和团斩尽杀绝。

联军进入北京后，疯狂地进行烧、杀、抢、掠的活动：日军从户部抢走300万两银子后，还放火烧毁户部以毁灭罪证；法军将无辜群众赶入一个胡同内，用机枪扫射，当场打死几千人……几天时间，繁华富庶的北京城被洗劫一空。

帝国主义在屠杀中国人民、抢夺中国财物的同时，还强迫清政府签订了《辛丑条约》。根据条约，清政府赔款4亿5千万两白银，加上利息，共9亿8千2百多万两，以海关关税、盐税、常关税作保，在北京设立了使馆区，拆毁大沽炮台，外国军队进驻北京等许多丧权辱国的条件。

义和团运动虽然失败了，但是义和团运动粉碎了帝国主义列强瓜分中国的企图。正如孙中山先生所说的："其勇锐之气，殊不可当令人惊奇佩服，那次血战之后，外国人才知中国还有民族精神，这种民族是不可消灭的。"

孙中山创建同盟会

清王朝自鸦片战争以后，已是日薄西山。慈禧专权后，国势更日趋衰败。一系列的割地赔款，使神州大地已到了生死存亡的关头。一些爱国的仁人志士，纷纷起来提出效仿西欧，实施新法，倡导富国强民的政策，但均遭到以慈禧、李鸿章等顽固派的刁难和镇压，使全国反清的斗争形势更加高涨。由一般的民众组织斗争，转化为有一定的理论为指导的革命斗争。

最早的革命斗争组织是孙中山领导的"兴中会"。从1903年夏季起全国又先后涌现出黄兴、宋教仁领导的"华兴会"；蔡元培、章太炎领导的"光复会"；孙武等领导的"日知会"等等。

1905年夏，孙中山结束了在欧美发动留学生和华侨的工作又匆匆赶回日本。7月的一天，他经一位日本友人宫崎的介绍，拜访了黄兴。两人一见如故，孙中山畅谈革命形势，并建议"兴中会"与"华兴会"联合，共同致力革命，当即得到黄兴的赞同。宋教仁得知后，也十分赞同。不久，湖北、四川、广东以及其他一些省的留学生也一致拥护孙中山的主张，组织统一的革命团体。

不久，孙中山在东京邀集留日学生和旅日华侨见面。与会者不论见过面，还是没见过面的，都对孙中山为革命奔走的业绩早有耳闻，纷纷请他先给大家讲几句话。孙中山环视坐在他周围的为国为民献身的志士仁人，兴致勃勃地说："今天，是济济一堂！到会同志都是学业充实，志气坚锐，魄力雄厚的人，而且多数能文能武。从事革命事业，一定是英雄大有用武之地。我和诸君见面，第一个感觉就是中国的前途大有希望！"人群中响起一片掌声，孙中山轻轻挥挥手又说："现在国内局势十分危急，列强虎视眈眈。但，我说革命事业怕的是自己内部不统一，这一省想起事，那一省也想起事，各自为战，这样，力量不集中，既不能推翻清政府，革命力量也保存不住。列强还会乘机谋利。"

坐在一旁的黄兴插一句说："是这样！我们华兴会想在湖南起义就失败了，革命要成功，必须组织起来。"

与会者一致同意联合起来，成立一个组织。孙中山被推举为会议主席。讨论的第一个议题是：这个统一组织的名称和宗旨。代表们一致同意叫"中国同盟会"简称"同盟会"。宗旨，孙中山想出 16 个字："驱除鞑虏，恢复中华，创立民国,平均地权"。代表中有少数人对"平均地权"有异议，但经过孙中山耐心的开导，基本上通过了。

第二个议题：拟定一个会员入会的秘密誓词，当时由孙中山起草，黄兴、陈天华略加修改。在誓词中明确提出"驱除鞑虏，恢复中华，创立

民国，平均地权"的革命纲领。接着，孙中山领着代表们庄严宣誓。宣誓后，孙中山欣然地说："可庆可贺，从今日起，我们不是清朝的人啦！"

8月13日，孙中山在欢迎他的千人大会上，用铁一样的事实批驳了康有为、梁启超等保皇党的陈词滥调。并号召革命有志之士绝不能"无所藉手，蹉跎岁月，寸功不展"，只要"发奋自雄""易旧为新"，在数十年内不仅"举西方之文明而尽有之"，而且胜过他们也是可能的。

8月20日下午，在东京市赤坂区灵南坂日本友人阪本金弥的住宅内举行了同盟会正式成立大会。出席大会的会员有100多位，大会在孙中山的主持下，通过了同盟会的章程和宗旨。大家一致推举孙中山为同盟会总理。大会又采用立法、司法、行政三权分立的原则设立了机构，同盟会下设支部。

中国同盟会的成立，是孙中山领导的民主革命发展过程中的一个里程碑，是中国历史上第一个资产阶级革命政党。

不久，同盟会又创办了自己的机关报——《民报》，孙中山亲自写了《发刊词》，他第一次提出了"民族""民权""民生"的三民主义。从此，民族民主革命以更迅猛的脚步前进了。

正当同盟会成立之际，慈禧也玩弄"预备立宪"的政治花招，与同盟会相对抗。慈禧于1905年接受了袁世凯的建议，派5位大臣出国考察宪政，以做"预备立宪"骗局中的马前卒。

朝廷准备立宪的消息传到保皇派康有为、梁启超处，二人如获至宝，立即向各地保皇派发出通告，改保皇会为"国民宪政会"，鼓吹君主立宪，扬言在中国"只可行君主立宪，不能行共和革命。"

康有为和梁启超为师生关系，二人是维新运动的领袖，由于一些原因，康有为变得保守起来，不赞成民主革命。后来，梁启超的思想，渐渐向同盟会靠拢。

在这种政治形势下，孙中山断然指出："革命、保皇二事，决分两途，如黑白之不能混淆，如东西之不能易位。"并举出大量的事实，揭穿清政府玩弄假立宪的伎俩是一个企图苟延残喘的卑劣阴谋。

秋瑾、徐锡麟举事

1907年7月6日，安徽安庆的巡警学堂正在举行毕业典礼。几百名学生笔直地站在操场上，恭恭敬敬地等待着安徽巡抚恩铭的检阅。

不久，大腹便便的恩铭在学堂的会办（相当于教务长）徐锡麟的陪同下走进操场。恩铭一边向学生们点头致意，一边大摇大摆地向前走，一点也没注意到陪同他的徐锡麟这时已落在了后面。忽然一个黑乎乎的东西从学生队伍中飞了出来，恰好落在恩铭的脚下。待他定睛一看，竟是一颗炸弹。恩铭吓得一屁股坐在了地上，真不知如何是好。可是那颗炸弹"哧哧"地冒了一阵烟后并没爆炸，这时就见徐锡麟一个箭步跳上前来，架起恩铭，嘴里还不住地说着："大人不要害怕，刺客马上就能抓住。"说话间，徐锡麟突然从靴筒里掏出一把小手枪，对准恩铭的胸口"啪啪"就是几枪，恩铭还没反应过来就归了西天。

这时，整个操场都乱成了一团，徐锡麟趁乱招呼着30多名学生模样的人迅速冲向离巡警学堂不远的安庆军械库，搬出大量的枪支弹药。这时，就见闻讯赶来的清兵，已经里三层外三层把军械库团团围住。徐锡麟他们只好各自找了有利地形，向外猛烈射击，打死了许多想冲进来的清兵。

清兵越聚越多，他们与徐锡麟等人对射着，一时枪声、炸弹爆炸声、人们的呐喊声混在一起，响彻云霄。这时就听到清兵的后面有人叫喊着："给我上，打死一个给500两银子；后退一步千刀万剐（音guǎ）！"所以虽然有好多清兵被徐锡麟他们打死，但为了钱，他们还是玩命往上拥。就这样激战了两个多小时，许多巡警学堂的学生牺牲了，徐锡麟也负了重伤。眼看就冲不出去了，这时徐锡麟对他身边的通讯员说："我们恐怕不行了，现在我最担心的是秋瑾女士，清政府一定会去加害她。所以现在我们几个掩护你，从敌人火力弱的后门冲出去给她报信。"徐锡麟他们几个端起枪就冲出前门，对着敌人猛烈射击。清兵为了那500两银子都纷纷涌向前门，通讯员很顺利地冲出了后门。

7月11日深夜，小雨淅淅沥沥不住地下着，整个绍兴城一片漆黑，只有城西的大通学堂里，有一点灯光在闪动。

在大通学堂后院的一个小屋里，10余人在一盏油灯下正热烈地讨论着什么。坐在正中的是一位女子：30出头的样子，一套紧身裤褂，圆圆的脸上一双深邃的大眼睛，透着一股英气。这女子就是秋瑾。

秋瑾出生在浙江绍兴，从小聪明伶俐，读过很多书，写诗作词，样样精通；而且她还跟表兄学了一身好武艺。因为她经常骑马舞剑，拿枪弄棒，人们都称她为"鉴湖女侠"，在江浙一带很有名气。结婚后，秋瑾随丈夫来到北京，认识了许多思想进步的朋友，接触到先进的科学文化知识。1900年，因为八国联军侵入北京，秋瑾一家到南方避难，路途中看到八国联军烧杀抢掠、无恶不作的情景，她不由地感慨万千："清政府这样的腐败无能，中国人任意受外国人的欺负，作为中华儿女就应该担负起挽救国家危亡的重担。"

从此，秋瑾开始了她的革命活动。她的丈夫是个只知升官发财的清朝官吏，他可不希望妻子成为一个革命者。为了更好地从事革命活动，1904年春，秋瑾毅然离开了她的丈夫和两个年幼的孩子，东渡日本留学。在日本，秋瑾先后加入了"共爱会""十人会""三合会""光复会"等革命组织，在光复会里，她结识了徐锡麟。

秋瑾与徐锡麟经常在一起学习先进的思想文化知识，探讨救国救民的真理，并结下了深厚的革命友谊。1905年，他们两人又同时加入了同盟会，成为孙中山的亲密战友。同一年，为了抗议清廷与日本政府相互勾结和禁止学生在日的革命活动，许多留学生罢学回国。回国后，秋瑾和徐锡麟先后来到浙江绍兴的大通学堂，把这里作为培养革命人才的基地，为进行武装起义做准备。

不久，徐锡麟去了安徽，并取得了安徽巡抚恩铭的信任，做了安庆巡警学堂的会办。通过他的争取，学堂中有好多学员成为革命党人。于是他与秋瑾商定，要在 1907 年同时举行安庆起义和绍兴起义。但由于叛徒告密，安庆起义被迫提前举行，所以就演出了前面那壮烈的一幕。

雨越下越大，秋瑾和大通学堂的一些革命党人正在制定绍兴起义的具体计划，忽然门哨领进一个浑身是水、面色如土的人，那人见到秋瑾，吃力地说了一句"安庆起义失败了，快，快……"话没说完就昏倒过去。秋瑾他们连忙将这个人扶起，仔细一看，原来是徐锡麟身边的通讯员。

秋瑾一下子明白了所发生的一切，她不加思索地说道："安庆起义失败，我们也暴露了，现在我们必须撤离此地。"说完，她一面收拾与起义有关的文件，准备烧毁，一面派人通知其他革命党人赶快躲避起来。而秋瑾自己却留下，众人劝说无效。这时她已得知徐锡麟等人遭清军残害。

"这些狠心的豺狼！"秋瑾听到徐锡麟被害的消息后泪流满面，她拔出手枪就要往外冲，7 月 13 日，300 多名清军包围了大通学堂。这时身边的人忙劝阻她说："秋女士，你快逃吧，我们掩护你。"

"不！"秋瑾斩钉截铁地说，"革命就要流血，我要成为中国女子为革命流血的第一人！"说完，她一个箭步冲了出去。在清兵的重重包围中，秋瑾和 8 名师生不幸被捕。

7 月 15 日凌晨，秋瑾在绍兴轩亭口英勇就义，年仅 31 岁，临刑前索取纸笔，疾书"秋风秋雨愁煞人"7 字作为回答。

林纾开翻译名著之风

林纾（公元1852—1924年），字琴南，福建闽县人，他是我国近代著名的翻译家。林纾最早把欧美国家的名著用白话文的形式介绍到中国来。

林纾年幼时，家境贫苦，由于家中生活困难，他曾经一度寄住在外祖母家。但他非常爱好读书，家里无钱买书，他就向别人借书来读，并将书里的内容抄写下来。有时候，即使找到的是一本破书，他也如饥似渴地阅读。到20岁时，林纾已经读了很多书，文字根底已经很深。23岁时，林纾为了谋生，开始担任蒙师，教儿童读书识字。30岁时考中举人，此后多次参加进士考试都名落孙山。

1895年，林纾结识了刚刚从法国归来的王寿昌。王寿昌向林纾谈起法国观感，说到大仲马、小仲马父子的故事，并向林纾讲述了小仲马和小说《茶花女》的感人情节，他建议林纾把《茶花女》翻译出来。林纾不懂外语，所以起初不敢应承。经王寿昌再三劝说，才答应试一试。于是他俩就在福建马尾开始合作翻译《茶花女》，王寿昌逐字逐句地讲解法文原意，林纾边听边迅速记录成文。当时，林纾妻子去世不久，他心中已落落寡合，对书中男女主人公的遭遇，非常同情，译到伤心的情节，甚至大声痛哭。他的译文有些地方加入了自己的感情，虽与原著有所出入，但文笔缠绵悱恻，很是感人。1899年，这部翻译小说以《巴黎茶花女遗事》为书名出版，很快风行国内。玛格丽特和亚芒的爱情故事，打动了许多中国人的心灵。

《巴黎茶花女遗事》是近代最早的一部翻译小说。它所描写的爱情故事，打破了中国传统的才子佳人式的言情小说格局，使中国人耳目一新。林纾偶然涉足中外国文学翻译领域，获得巨大成功，引起了他翻译外国文学的兴趣。从此，他走上文学翻译的道路，在10多位合作者的配合下，他共翻译外国小说170余部，涉及英国、法国、德国、俄国、美国、挪威、西班牙等国家的文学作品，其中有不少是世界名著，有莎士比亚、狄更斯、托尔斯泰、大小仲马、巴尔扎克、雨果、易卜生、塞万提斯等著名作家的作品。林纾不懂外语，每译一书，都由别人口述，他写成文章。由于他古文功底深厚，文笔流畅优美，翻译出来的小说影响广泛。商务印书馆曾将林纾翻译的小说，以《林纾小说丛书》的名号整套出版，分装两个小木箱，成为轰动全国的畅销书，"林纾小说"也成为一专用名词。

林纾早年倾向于维新变法，主张向西方学习，实行君主立宪制。1884年中法战争时，林纾听到马尾海战失败的消息后，和朋友一起在福州街头痛哭流涕。中日甲午战争失败，他也曾与人联名上书，反对议和。辛亥革命以前，林纾把翻译外国小说，当成向国内介绍外国政治、经济以及社会状况，唤醒同胞起来救国的一种手段。他所翻译的西方著名作家的作品，不少都具有反封建的性质。他翻译了美国小说《黑奴吁天录》（即《汤姆叔叔的小屋》），黑人奴隶的悲惨生活，使他想到华工在美国的非人待遇，他希望这本书能使人们觉醒。小说出版后社会反响强烈，读者争相购买，有的读者边读边哭，深受感动。

林纾是近代翻译外国文学最早的人，也是翻译外国文学作品最多的人。"林纾小说"开拓了人们的眼界，带动了翻译外国文学的风气，在社会上和文学界都发生过巨大的影响。

末代皇帝溥仪

清代的末代皇帝爱新觉罗·溥仪，是光绪皇帝的侄子。1908年，光绪帝病逝，溥仪即位，1909年为宣统元年。

光绪三十四年（1908），被软禁在中南海瀛台的光绪帝载湉得了重病，因为他没有儿子，慈禧决定立光绪帝的侄子溥仪为嗣皇帝，便将他送入宫内，这时候溥仪只有3岁，溥仪入宫后第二天，10月22日，光绪帝驾崩，终年38岁。次日"垂帘听政"半个世纪的慈禧也一命呜呼了。慈禧在临死前留下遗言说："现在我的病势已经危险，恐怕一病不起，以后军国政事，由摄政王（溥仪之父载沣）裁定，遇有重大的事必须由皇太后（隆裕皇后）懿旨。"就是说，慈禧太后死后，清朝政权由载沣与隆裕太后联合辅政。

慈禧死时74岁，执政50年，给后人树起了一块醒目的"千古罪人"的警碑。光绪帝与慈禧死后半个月，11月9日，经过准备清政府举行了宣统帝的"登基大典"。在溥仪登上皇帝宝座的前后，清朝统治已是"山雨欲来风满楼"了，它预示大清王朝覆灭的日子已经不远了。据《清鉴纲目》记载，在这段时间里，全国到处都掀起了革命风暴。

光绪三十三年秋，广东钦州革命党起事，攻陷防城，后来失败。由于革命风暴此起彼伏，清朝统治已经到了朝不保夕的地步，为此，它们决定在宣统元年各省成立咨议局，宣统二年在北京成立资政院，作为议会的基础，企图在封建统治制度的土壤上，撒下一些具有资产阶级民主色彩的花束，以欺骗舆论，延长寿命。

正当清统治者为了改换招牌、装饰门面忙得不可开交的时候，宣统三年10月10日晚上，驻湖北省武昌的新军，举行了武装起义，爆发了辛亥革命。

次日，起义军占领武昌，攻克汉阳，成立了中华民国湖北军政府，并通电全国，废除清朝称号，建立了中华民国。武昌起义后，各省响应，纷纷宣告脱离清朝，拥护共和。12月，孙中山从海外回国，17省代表在南京召开会议，选举孙中山为中华民国临时大总统。次年（1912）1月1日，孙中山在南京宣誓就职，发表了《临时大总统就职宣言》《告全国同胞书》，表示要"尽扫专制制度之流毒，确定共和，以达革命宗旨。"

武昌起义后，袁世凯一直在窥测风向，准备东山再起。清政府为了挽救危局，决定重新启用袁世凯，授袁世凯为内阁总理大臣，组织新内阁。"筹划改良政治的一切事宜"。袁世凯组阁以后，不仅迅速接收了清朝的全部政权、军权，还指使段祺瑞等北洋将领48人，联名通电全国，吁请清帝退位，确定共和政体。2月12日，隆裕太后宣布了溥仪退位诏，命袁世凯以全权成立临时共和政府。从此，结束了清朝260多年的封建统治，同时也结束了2000多年来的封建专制制度。这是辛亥革命的伟大胜利，也是中国历史上划时代的大事，值得全国各族人民永远纪念，共同庆贺。

袁世凯组成临时共和政府以后，根据孙中山1月22日的声明，同南京的革命党政体达成协议，成为中华民国临时大总统，公布了"清帝退位后优待条件"，末代皇帝溥仪开始了紫禁城内的小朝廷生活。

根据"清帝退位后优待条件"，溥仪在故宫里面，仍然过着养尊处优的生活，也仍然是皇帝，直到1924年10月，直系将领冯玉祥在北京发动政变，才废除溥仪的皇帝称号，并被驱逐出宫。1925年溥仪移居天津。1931年，在侵华日军的策划下，前往东北，成了日本侵略者的傀儡，当上了伪"满洲帝国皇帝"。在这期间，溥仪的一切行动完全控制在日本人的掌握之下，并为其所利用。

1945年8月，日本帝国主义投降，溥仪在逃往日本途中被苏军俘获，1950年移交给中国政府。1959年12月4日，中华人民共和国最高人民法院根据特赦令将溥仪释放，他才开始走上新生活的道路。政府安排他到中国文

中华上下五千年

中国近代

史馆从事文史档案的工作。1964 年溥仪任政协第四届全国委员会委员，1967年于北京病逝，终年 62 岁。

武昌起义

以四川为中心的"保路运动"爆发后，清朝政府调集半数以上驻武汉的新军入川镇压，大批新军向四川开拔，给武汉革命党人发动起义提供了大好时机。

地处长江中游的武汉，是中国中部重要的交通枢纽，被称作"九省通衢"。除此之外，还是当时仅次于上海的第二大商埠。所以，武汉自然成了反动统治的心腹要地。同盟会成立后，武汉也被革命党人看好，不久就成了革命力量最集中的中心点之一。革命党人在这里做了长期深入的工作，在湖北新军里培养了大批骨干；当地的群众也在革命党人的宣传鼓动下，积极倾向革命。武汉地区的革命运动便有了深厚的群众基础和良好的条件。

武汉地区有两个革命团体，一个叫共进会，一个叫文学社，都和同盟会保持着密切联系。他们看到起义的时机已经成熟，便于 8 月间组成湖北革命军总指挥部，推定文学社负责人蒋翊武为总司令，共进会负责人孙武为参谋长，刘尧征、彭楚藩等为军事筹备员，负责组织起义。经过商议，1911 年定于 10 月 11 日放火为号发动起义。

起义的日子一天天逼近，大家都投入积极的准备中，不料在起义前夕，接连发生了两起自我暴露的事件，新军中的革命党人有不少被杀害，革命党人这时除了提前发动起义，别无选择。一件事是新军炮队的革命党人孟发臣等人和营长杨齐风发生冲突，杨齐风用军棍打了孟发臣等人，士兵们看到官长这样横蛮专制，按捺不住怒火，拖出几门大炮就向军官宿舍轰击。谁知射出的全是演习用的假弹。当他们急忙去取真弹时，被赶来的清朝部队镇压。湖广总督瑞征虽然没有利用这事大肆搜捕革命党人，却因此布置了防务措施，加强了防备。

第二件事发生在 10 月 9 日上午。一部分革命党在参谋长孙武的带领下，在汉口俄租界宝善里配制炸药。不料有人吸烟，火星落在炸药桶里，顿时引起爆炸。孙武受伤，被人送进医院。巨大的爆炸声引来了俄国巡捕，他们把革命党人准备起义用的文告、旗帜、印信、钞票和宣传品全部抄走，并抓住了刘同等人，接着他们就把这些战利品引渡给瑞征。刘同当时只有十四五岁，在敌人的严刑拷打下，把他所知道的革命党的秘密机关和重要人物全部供了出来。瑞征马上下令包围了武昌小朝街的起义指挥部。抓住了一批革命党人。总指挥蒋翊武侥幸逃脱。起义计划被彻底打乱。

午夜过后，瑞征下令将捉到的革命党人全部杀害。接着关闭城门，全城戒严，并严格管束新军各团各营的人员，不许他们外出，不许往来，按照名单严密搜捕新军中的革命党人。

10 日晚 7 时左右，驻武昌城内黄土坡的第八镇所属工程第八营的士兵金兆龙在兵营里擦枪，排长陶启胜就问："你们要干什么？"金兆龙回答："以防不测！"陶启胜大声说："你们想造反吗？"金兆龙急不择言："造反就造反，你能把老子怎的！"陶启胜上来就要扭住金兆龙，金兆龙抬手就给了他一枪。受了轻伤的陶启胜转身便往门外跑，迎面碰上班长熊秉坤。熊秉坤知道陶启胜这一去定会惹来麻烦，也抬手就向他开了一枪。全营革命党人听到枪声，大喊："反吧！"顿时大家行动起来，枪声大作。金兆龙、熊秉坤的第一枪揭开了武昌起义的序幕。

起义发动之后，熊秉坤等率众直奔楚望台军械局。把守军械局的工程营士兵顿时纷纷加入起义队伍，起义士兵的战斗力和信心越发得到加强。驻守军械局的工程营左队队官吴兆麟，曾经参加过革命团体日知会，所以立即被推为临时总指挥，吴兆麟立即带领队伍进攻总督衙门。这时各团营新军革命士兵听到枪炮声和工程第八营起义的消息后。也都纷纷起义。起义队伍声势更加浩大。经过一夜战斗，到 11 日拂晓，武昌就被革命军全部占领了。11 日晚和 12 日早，汉口和汉阳新军也发动了起义。武汉三镇全部为革命军所占领。

武昌起义成功得这么快，是大家所没想到的。这时候，孙中山远在美国，黄兴还在香港，而当时策划起义的共进会和文学社，因为起义前的事件，领导人有的牺牲，有的藏匿，因此，起义成功后，该由谁出面组织政府？经过激战的革命士兵，聚集在武昌湖北谘议局开会。他们四处找人，找来了立宪派、地方绅士，和一些没来得及逃走的官吏。要他们参加推举都督，成立革命政府。革命党人对朋友和敌人的观念还十分模糊。

起义的士兵还认为，当都督的总应该是有"声望"的人，有人提议让熊秉坤和吴兆麟当都督。而起义发起者熊秉坤和临时总指挥吴兆麟一个是班长，一个是连长。他们自己也觉得自己缺乏威望和指挥经验，难以控制今后的局势。会场上的立宪派有人看准了势头，便提议让原清军协统（旅长）黎元洪当都督。

黎元洪是湖北黄陂人，曾在北洋海军里任职。起义的当天晚上，他坐镇军营，曾亲手杀死过一名响应起义的士兵，后来革命党人派来的联络人员，也被他枪杀了。人们找到他让他出面主持军政府，担任都督。他怎么也不肯，后来，在革命党人的枪口逼迫下，他才无奈就任。这时，立宪派头子、湖北谘议局局长汤化龙，也被推举担任了民政总长。黎元洪被迫上台后，终日一言不发，也不肯剪去辫子。革命党人无可奈何，把他监视起来，另外组织了一个"谋略处"处理重要军事问题。并以黎元洪的名义，通电全国。

湖北军政府成立后，宣布把国号改作"中华民国"，中华民国的主权属于人民，表示支持和同情各地人民群众的斗争，号召各地人民响应起义，推翻清朝的统治。军政府又陆续发布文告，宣布人民享有民主、自由、平等的权利；宣布废除一切苛捐杂税，废除当年和往年所欠的田赋。

军政府的革命政策，得到了群众的拥护，激起了他们革命的热情，工人、农民、知识分子纷纷报名参军。接着又在与清军的一次交战中打了一个大胜仗，攻占了清军的阵地。

革命形势越来越好，当了几天木头人的黎元洪也活跃起来，积极把持政权。一些投机分子看到起义成功，也都自称"拥护共和"、钻进革命队伍中，控制形势的发展，而且势力越来越大。起义虽然成功，却隐藏着巨大的危险。

武昌起义胜利的消息很快传遍全国。湖南、陕西、山西、江西、上海等10多个省份一个接一个发动起义，成立军政府，宣布独立。清王朝在各地的统治迅速瓦解。因为1911年是旧历辛亥年，所以这次革命被称为辛亥革命。

中华民国诞生

武昌起义后，全国出现了资产阶级革命高潮，新的斗争形势迫切要求有一个全国统一的领导中心，于是，建立中央临时政府的议题提到日程上来。中央政权如何建立，革命派、原立宪派和旧官僚等各种政治势力，都在积极策划，力图控制国家大权，使得组建中央政权的斗争更为复杂起来。

武昌起义成功，最先建立共和地方政权，成为众人瞩目之地。武汉虽在北洋军进攻下失去汉口、汉阳二镇，黎元洪与亲信势力仍想利用着起义之名号令各省，执掌全国新生政权之牛耳。11月9日，黎元洪发出通电，请已经宣布独立各省速派代表到武昌议商组织临时中央政府，得到一些省的响应。11月11日，汤寿潜、程德全联合陈其美通电独立各省，提出在上海召开"各省都督府代表联合会"。后来，武昌方面一再坚持，各省代表遂陆续抵达武汉。自11月30日始，会议在汉口英租界内连日举行。独立各省代表的成分不一，比较复杂。与会期间，北洋军的炮火猛击武昌，给革命派施加压力，英国驻汉口领事也假以中立者身份为袁世凯传情达意，代表会议乃通过两项议案：一是初步订立《临时政府组织法大纲》，另一个是如果袁世凯反对清朝，当公举为临时大总统。筹组民国政府的活动，从一开始就让立宪派和旧势力抢占了上风。

12月2日，江浙联军攻克南京，上海方面的代表们决议以南京为中央临时政府所在地，武汉方面已无力抗衡，会议迁往南京继续举行。各省都督府代表会议在成立中央政府选举临时大总统问题上，受到代表清政府的北方势力的牵掣，又在推举正、副大元帅问题上发生纷争，临时政府仍处于难产状态。25日，孙中山自海外返抵上海，他为革命奔走海内外10余年，以其才识胆略和顽强的奋斗精神，在革命党人和国民中享有崇高威望。他的到来，革命派的气势为之一振。南方各派转而推公认的革命领袖孙中山组织临时政府。29日，17省代表开会选举孙中山为临时大总统，为保全前不久代表会议虚位以待袁世凯的承诺，孙中山致电袁世凯，表示本人"虽暂时承乏，而虚位以待之心，终可大白于将来"。

公元1912年1月1日，孙中山在南京宣誓就任临时大总统，这一年定为民国元年。3日，代表会议续选黎元洪为副总统，通过了由孙中山、黄兴提出的9名国务委员名单。其中陆军总长黄兴、外交总长王宠惠、教育总长蔡元培，皆是老同盟会员；交通总长汤寿潜、实业总长张謇是原立宪派的头面人物；司法总长伍廷芳曾在清政府为官，但他是开明人物，又被推为南方谈判代表；内政总长程德全是颇有影响的"和平独立"代表人物；财政总长陈锦涛在清政府中任过要职，海军总长黄钟英组织过海军舰长起义。可以看出，国务委员人选的确定，是孙中山等人同原立宪派和旧官僚反复磋商分配权力的结果。孙中山、黄兴让出实业、交通、内政等席位，用意是借重立宪和旧派官僚的经济力量与社会影响，达成各派联合的局面。接着，孙中山以"部长取名，次长取实"的办法，在直接任命各部次长、局长和总统府秘书长时，全派革命党人充任，实际主持各部政务。

1月28日，立法机关临时参议院成立，43名参议员中，同盟会员33人，原立宪派分子8人，其他2名。以孙中山为首的革命派在筹组临时政府的斗争中取得了胜利。南京临时政府内革命党人居于主导地位，是一个资产阶级革命政权。南京临时政府的成立，标志着封建帝制的覆亡，资产阶级共和国——中华民国的诞生。

临时大总统孙中山在就职宣言中庄严申明，他领导的南京临时政府要实行新的建国宗旨，即"尽扫专制之流毒，确定共和，普利民生，以达革命之宗旨，完国民之志愿"。要将专制横行的封建的中国改造为资产阶级共和国，为人民谋福祉。他还宣布临时政府的施政方针，对内要实行民族、领土、军政、内政、财政统一；对外要将"满清时代辱国之举措与排外之心理，务一洗而去之"。要建立和平、民主、富强的民族国家。孙中山还阐述了坚持民族团结与祖国统一的思想，强调"国家一，在于人民，合汉满蒙回藏诸地为一国"，指出现在各省响应武昌起义的"所谓独立，对于清廷为脱离，对于各省为联合，蒙古、西藏意亦同此"。对于团结全国各民族，共同抵制帝国主义肢解中国边疆的阴谋，维护国家统一和领土完整具有重要意义。

孙中山的建国政治方针，与同盟会政治纲领和资产阶级革命思想一以贯之。临时政府成立后，颁布各项政策法令，除旧布新，推行资产阶级民主制度，保障资本主义的生产生活走上正常轨道。主要有以下几方面：

保障人民的合法权利和平等地位。诸如禁止买卖人口、蓄奴，停止刑讯；保护华侨；给予女子参政的权利等；移风易俗，在全社会树立民主新风气。孙中山自称"公仆"，实行不分官阶的低薪供给制。废止一切跪拜礼节，改行鞠躬礼；保护工商业，促进资本主义经济发展。实行鼓励兴办洋业的措施；奖励华侨在国内投资；提倡兴办垦殖业；废除清政府的一些苛捐杂税等；改革文化教育，实行资产阶级教育制度。提倡"自由平等友爱为纲"的公民道德，废除封建的忠君教育，改旧学堂为学校，教科书务必符合民国宗旨。

中华民国建国之初颁布的这些政策和法令，虽然只有一部分得到贯彻执行，但都体现了资产阶级的原则和利益，反映出资产阶级政权的民主性和革命宗旨。然而，临时政府也幻想帝国主义支持和帮助中国革命，没有出台保护农民利益的措施，独立各省地方政权，大多数为立宪派所控制，这就难免留下后患。

袁世凯复辟帝制

　　袁世凯是河南项城人，早年投靠淮军，在淮军与洋人合力镇压太平天国革命时表现得精明能干，深得李鸿章的赏识，并被荐为清驻朝鲜的全权代表。甲午战争时，清廷为保卫京师筹建新军。袁世凯被任命在天津小站训练陆军。他在戊戌变法时出卖过维新派，又是血腥镇压义和团运动的罪魁。由于他善于见风使舵，玩弄权术，所以晋升很快，不久就代替李鸿章成为直隶总督和北洋大臣。在任职期间，袁世凯大力扶植自己的势力，号称北洋三杰的段祺瑞、冯国璋、王士珍，就是他一手提拔起来的。他们掌握着清政府北洋新建陆军的大权，人们称之为"北洋军阀"。

　　袁世凯的权力越来越大，已威胁到满族统治者的地位了，于是清政府解除了他的职务。武昌起义后，南方各省新军纷纷响应，而对北洋新军清政府又轻易不能调动，只好请袁世凯出山。从此，在帝国主义的支持下，袁世凯掌握了清政府的军政大权，开始做起了他的皇帝梦。

　　说起袁世凯的皇帝梦，还有这样一个故事：传说袁世凯有一个精巧的玉杯，杯把上有一条盘旋的玉龙，每天早上他都要用这支玉杯喝上一杯龙井茶。有一天，一个仆人照例将一杯茶送到袁世凯卧室，忽然看见在袁世凯的床上趴着一只大癞蛤蟆，仆人惊得目瞪口呆，一失手竟将玉龙杯摔在地上。仆人没敢声张，慌忙到庙里找一个老和尚求救，老和尚就给他出了个主意。等到袁世凯醒来，不见了玉龙杯，就把那个仆人叫进来训斥。仆人说，在早上送茶时，忽然看到玉龙杯上的龙活了起来，飞到袁世凯的身上，变成一条大金龙，他一害怕，就把那玉杯给摔碎了。袁世凯一听，大为喜悦，认为自己是真龙附体了，所以不但没责怪仆人，反而给了他许多钱。

其实这都是人们为讽刺袁世凯而编造的，但他想做皇帝是千真万确的，为了达到这个目的，首要任务就是镇压南方的革命势力。袁世凯可是个狡猾的阴谋家，他一方面在帝国主义的支持下派北洋军阀攻打武昌等南方的革命政权，逼迫革命党人屈服于他；一方面又在英国公使朱尔典的策划下，假惺惺地要与革命政权和谈。

公元 1912 年 2 月 12 日，在袁世凯的威逼利诱下，清朝最后一位皇帝宣统帝宣布退位。这样一下子使袁世凯身价百倍，许多人认为朝廷的倒台是袁世凯的功劳，袁世凯是赞成共和反对帝制的。孙中山为了稳固刚刚诞生的中华民国，也答应辞去临时大总统的职务，这样，在 10 月 10 日，袁世凯成了中华民国的正式大总统。

当大总统，并不是袁世凯的最终目的，他每天做的都是皇帝梦。所以，他当上大总统后，变本加厉地镇压革命。

公元 1913 年 3 月，袁世凯派人暗杀了国民党（公元 1912 年宋教仁等将同盟会改组成国民党，孙中山是理事长，黄兴、宋教仁等为理事）著名领袖宋教仁，下令逮捕黄兴和孙中山，镇压了黄兴、李烈钧领导的"二次革命"（把辛亥革命叫做"一次革命"），掀起血腥屠杀革命者的高潮，仅在湖北省，公元 1913 年一年中被袁世凯杀害的革命人士就达 4000 多人。

为了得到帝国主义的支持，袁世凯首

先从俄、英、法、日、德5国手中借来9000万元，作为镇压革命的经费；不久又承认外蒙古"自治"，使我国失去领土的完整；最可恨的是，他为了做皇帝答应了日本帝国主义提出的"二十一条"，把中国的政治、经济、军事等方面的许多大权拱手让给了日本人。

为使自己做皇帝名正言顺，袁世凯还搜罗了一批反动文人，为自己歌功颂德。在这批反动文人中，最著名的是梁士诒和杨度。

梁士诒本来是革命党人，后来投靠了袁世凯，溜须拍马、阿谀奉承是他的拿手本领。他办了一份只给袁世凯一人看的报纸，这一张歌功颂德的报纸，很讨袁世凯的欢心。

杨度也挖空心思去吹捧袁世凯，希望能得到重用。他先后发表了许多"拥袁做皇帝势在必行"的文章，又与孙毓筠、严复、刘师培、李燮（音 xiè）和、胡瑛（音 yīng）6个人组织了一个"筹安会"，为袁世凯复辟帝制大吹大擂。

筹安会最主要的活动就是组织各种请愿团，什么"商会请愿团""人力车夫请愿团"、还有什么"妓女请愿团""乞丐请愿团"等，他们拿着杨度等人起草的"请愿书"，高呼"袁世凯万岁"在北京游行，要求袁大总统"高升一步"。有一次，由流氓地痞组成的"乞丐请愿团"嫌筹安会给的赏钱太少，就在杨度回家途中将他痛打了一顿。

经过袁世凯的文臣武将的一番折腾，在北京拥戴袁世凯做皇帝的呼声表面看来还挺高。袁世凯看火候已到，就搜罗他的党羽进行所谓的公民投票，其实选票都是事先填好了的。公元1915年12月12日，袁世凯做了中华帝国的皇帝，并下令将公元1916年改为"洪宪"元年，元旦正式登基。

袁世凯复辟帝制和卖国活动，激起了全国人民的愤怒，各地反袁斗争此起彼伏。孙中山在日本成立中华革命党，发表《讨袁檄文》，号召人民起来"杀此民贼，以救我国民"，并曾联合广东陈炯明、广西陆荣廷的军队准备北伐，虽然都因陈炯明等人的叛变而失败，但人民的反袁斗争越来越激烈，袁世凯的反动活动是注定要失败的。

蔡锷护国

公元 1915 年，袁世凯加紧推行复辟帝制的活动，激起了全国人民及资产阶级各派政治势力的坚决反对。孙中山自"二次革命"失败后，便组织了中华革命党，继续从事反袁的武装斗争。曾在许多地方进行武装暴动和暗杀活动。袁世凯称帝后，孙中山立即撰写了《讨袁檄文》，呼吁人们起来斗争。黄兴和一部分另组欧事研究会的革命党人，也在袁世凯帝制活动公开化以后，放弃了"停止革命"的错误政策，重新举起反袁旗帜。原拥护袁世凯的进步党领袖梁启超和他的学生蔡锷在饱尝了自己酿造的袁世凯专制统治的苦酒之后，也走上了反袁的道路，在云南起义中发挥了主要的组织和领导作用。终于，由 34 岁的蔡锷亲自发起的护国运动，打倒了袁世凯。

蔡锷 6 岁入私塾就读，天资聪颖，刻苦好学，10 岁时便读完"四书五经"，13 岁应院试，被补为县学生，16 岁考入长沙时务学堂。当时，在这个学校教书的有梁启超、谭嗣同等维新派人物。蔡锷在全班年龄最小，体质文弱，但成绩优异，思想激进，深得当时任学堂中文总教习的梁启超的赏识，二人建立了深厚的师生友谊。

公元 1899 年，蔡锷应梁启超海外函招，东渡日本留学。到日本后，他先入东京大同高等学校，后入横滨华商东亚商业学校求学。光绪二十六年（公元 1900 年），蔡锷随唐才常等人潜回国内，组织自立军，准备在武汉发动武装起义，不幸事败，同行的师友多遇难，他被迫再渡日本。经过这次失败的教训，蔡锷认识到：要救国，就要研究军事，掌握统率、训练军队的实权。于是愤然改名为"锷"，取意为"砥厉锋锷，从头做起"，决心从此投笔从戎，做一柄为救国救民开辟道路的锋利剑刃。

光绪三十年（公元 1904 年），蔡锷学成回国。他先后应聘任江西随军学堂监督、湖南教练处帮办、广西新军总参谋官兼总教练官等职。后来，赴云南任标协统。

当时大批同盟会会员和具有爱国思想的青年军官分布在云南陆军讲武堂和新军第九镇中。公元 1911 年 10 月 10 日，革命党人在武昌举行起义，声势浩大，各地纷纷响应。云南革命党人也积极行动起来。10 月 19 日起，云南同盟会员连续 5 次召开秘密会议，酝酿响应武昌起义。蔡锷虽不是同盟会会员，但也应邀参加了后 4 次会议，并被推为起义军临时总司令，领导预定在 10 月 30 日（农历九月初九日）夜 12 时举行起义。

10 月 30 日晚 10 时，辛亥云南起义爆发。原讲武堂监督李根源等率领云南新军七十三标由昆明北门进攻五华山和军械局；蔡锷则率第七十四标和炮标由南门外巫家坝向城内推进，进攻总督署和五华山。经过一夜激战，起义军攻陷云贵总督衙门，活捉总督李经义，第二天占领昆明全城。11 月 1 日，云南军政府宣告成立，蔡锷被推举为都督，李根源任军政部总长，唐继尧任次长。接着，云南各府、州、县传檄而定，全省迅速光复。

蔡锷就任都督后，进行大胆改革：撤换贪官污吏，选贤任能；整顿财政，取消各种苛捐杂税，开设银行，提倡节俭；兴办教育，开发实业。云南这个新兴资产阶级政权省份，呈现出一派生机勃勃的景象。

民国二年（公元 1913 年），孙中山兴师讨袁，发动"二次革命"。蔡锷暗中派兵援助四川熊克武讨袁。袁世凯为了控制云贵，认为必须拔掉蔡锷这颗钉子。于是下令调蔡锷进京，蔡锷迫于形势及对袁的某种幻想，便于 10 月到了北京，决心要干一番事业。到北京后，蔡锷的这种热忱很快就被袁世凯专制独裁和卖国行径所扑灭。民国四年（公元 1915 年），袁世凯与日本帝国主义秘密签订了灭亡中国的"二十一条"，企图为复辟帝制寻求靠山。袁世凯复辟帝制的罪行，激起了全国人民的愤怒声讨，也使蔡锷看清了袁的丑恶面目，决心以武力反对袁世凯的帝制活动。于是，蔡锷表面若无其事，常去北京八大胡同，与名妓小凤仙厮混，以蒙骗袁世凯，暗中却多次潜往天津，与恩师梁启超商量讨袁计划，并初步拟定了赴云南发动武装起义的战略构想。11月，蔡锷秘密赴津，以治病为名东渡日本，经台湾、香港、越南河内抵达云南。

蔡锷到达云南时，云南军队中下级军官就积极活动，酝酿发动讨袁起义。蔡锷一到，群龙获首，斗志激昂。蔡锷到后，来不及休养，便连续召开两天紧急会议，决定先礼后兵。12月23日，以云南都督与巡按使名义，拍发电报，责令袁世凯取消帝制，诛除祸首，限24小时内答复。袁世凯假装糊涂，电询此电报是真是假。25日，蔡锷等在昆明护国寺宣告云南独立，组成维护共和政体、反对复辟帝制的"护国军"，向全国通电讨袁。蔡锷为第一军总司令，出兵四川，扼守长江上游；李烈钧为第二军总司令，出兵两广，相机进取湘赣；唐继尧为云南都督兼第三军总司令，留守后方，负责前线补给。

公元1916年元旦，是袁世凯预定举行称帝登基大典的日子，护国军檄告天下，痛数袁贼19大罪状，号召全国人民不分地域，不分党派，不分种族，团结一致，共讨袁逆。5日，再次通电全国，宣告护国军出师的目的在于维护共和国国体，反对复辟帝制，促进各省经济民力自由发展，建设真正的民主政体，提高中华民族的国际地位。10日，蔡锷率第一军分3路向四川进发：左路经昭通，进取叙州（今属宜宾）；右路经松坎，攻綦江；蔡锷亲自率领主力中路，经永宁，进攻泸州。这时，敌军也已密集聚集前线，打击护国军。蔡锷指挥大军不畏强敌，英勇奋战，先后攻占了叙州、泸州，给袁世凯军队以沉重打击。

正当护国军节节胜利之际，袁世凯急调曹锟、张敬尧等率军赶赴四川。护国军3000余人与敌军数万人作战，力量悬殊，再加上唐继尧为了保存实力，拒绝援助蔡锷，蔡锷不得不指挥部队放弃叙州、泸州，退守大洲驿，据险固守。蔡锷不顾自己的身体虚弱，带病赴前线指挥战斗，与士兵同甘共苦。

3月15日，广西宣布独立，誓师讨袁，打乱了袁世凯对护国军的作战部署，消息传来，四川前线的护国军精神大振，蔡锷乘机整顿部队后，即下令发动反攻。几天之内，连克江安、南溪等县，敌军伤亡惨重，全线崩溃。在护国军的沉重打击和全国人民反对帝制的浪潮中，袁世凯惊慌失措，于3月22日宣布取消帝制，并派人与护国军谈判。5月8日，南方反袁势力由护国军军政府联合滇、黔、粤、桂、浙5省，在广东肇庆成立军务院，同袁政府对峙。接着，陕西、四川、湖南等省也相继独立。卖国贼袁世凯在众叛亲离中于6月6日丧命。

6月7日，黎元洪继任大总统，任命蔡锷为四川督军兼省长。这时蔡锷已患喉结核病，饮食困难，只有去上海或日本的专科医院，方有治愈的希望。在处理完几件最紧要的公事后，这位拼死征战的将军才离开他眷恋的战场，搁下他建设四川的规划，于9月赴日本就医。11月8日凌晨4时，蔡锷终因积劳成疾，不幸病逝于东京福冈医院，时年仅34岁。

蔡锷生命虽短，却为后人留下了值得纪念的两件大事：在辛亥革命时期，他领导云南"重九"起义，为推翻清朝做出了贡献；袁世凯称帝时，他毅然组织"护国军"，发动讨袁战争，为打倒"洪宪"帝建立了功勋。孙中山对他作了极高的评价，寄赠他的挽联是："平生慷慨班都护，万里间关马伏波"。把蔡锷与东汉名将班超和马援相比。

中国最早的飞行员

冯如，号鼎三，广东省恩平县人，公元1883年出生于一个贫苦的农民家庭。公元1895年，12岁的冯如告别了双亲，随同在美国旧金山做小生意的舅父赴美国谋生。冯如到美国后，看见美国发达的物质文明，心神向往，深感要使中国由弱变强，非学习制造机器，为祖国的强盛倾心尽力不可。

公元 1901 年，冯如转赴纽约做工。他省吃俭用，从微薄的工资里挤出钱来买了许多机械学的书籍，刻苦攻读，短短几年，就先后掌握了 30 多种机器的操作、维修等本领。公元 1904 年，日俄战争爆发，东北三省的人民备受灾难，冯如慨然感叹："我听说兵器中最利害的莫过于飞机了。誓心身为之倡，成一绝艺，以归贻祖国。苟无成，无宁死。"从此便立志投身于中国的航空事业。

公元 1906 年，技艺精湛的冯如来到旧金山，以"壮国体，换利权"为宗旨，向当地华侨筹集到 1000 美金资助，准备创办飞机制造公司。公元 1907 年 9 月开始，冯如在助手的帮助下开始试制飞机，次年 4 月，他设计的第一架飞机终于问世了。冯如在达林可市麦园试飞，不料飞机升至数丈高空时突然坠落，冯如死里逃生，但他毫不动摇，继续试验，决心"飞机不成，誓不返国。"

公元 1909 年 9 月 21 日，26 岁的冯如驾驶一架经改进的、机翼、方向舵、螺旋桨、内燃机等大小零件全部由自己制造的莱特式飞机，在奥克兰市上空翱翔了 2640 英尺，揭开了中国航空史上的第一页，它的航程相当于飞机发明者美国的莱特兄弟公元 1903 年首次试飞 852 英尺的 3 倍多，令西方世界为之震惊和羡慕。

冯如的成功，极大地鼓舞了关心祖国航空事业的人们，在旅美华侨的大力支持下，由冯如任总机械师的中国第一家飞机制造公司——广东机器制造公司，宣告成立。

公元 1910 年 6 月，正在海外奔走革命的孙中山先生观看了冯如的试飞表演后，欣然赞叹："中国大有人在！"在孙中山和众多侨胞的勉励下，冯如又于同年 10 月，造出一架性能更佳的飞机，并亲自驾驶它，创造了当时航程 20 英里、时速 65 英里、高度 700 多英尺的世界纪录。同年，在国际飞行协会举办的飞行竞赛大会上，冯如荣获优等奖。

冯如的名字在欧美广为流传，许多资本家拟出高薪聘任冯如任飞行技术教练，传授专业技术，但都遭到冯如的拒绝，他决心把自己的才智贡献给祖国。公元 1911 年 3 月，冯如一行携带两架自制的飞机和制造飞机的机器抵达香港，请两广总督张鸣岐派了"宝璧"号军舰前来迎接。然而，张鸣岐对同情革命的冯如心怀疑虑，非但不重用，反而严加监视。冯如暗下决心，要投身于建设新中国的斗争之中。

公元 1911 年 10 月，武昌起义爆发了，冯如毅然参加广东革命军，被委任为陆军飞机长，担任中国最早的一支革命空军的领导工作。他还设想组织北伐飞机侦察队，后由于所谓"南北统一"而作罢。公元 1912 年 8 月 25 日，为普及航空技术，唤起社会各界的重视，经广东革命军政府的批准，冯如在广州郊区的燕塘操场再次演试飞机。飞机由燕塘圩口操场凌空升起，飞至高度约 120 米，飞行 5 公里后，由于冯如急于上升，用力过猛，两足浮松，不幸从飞机上坠落下来，身受重伤，于当日下午 5 时左右去世，年仅 29 岁。

冯如临终前，念念不忘他所献身的航空事业，叮嘱其助手们说："我死以后，你们千万不要因此失去进取之心。"

为纪念这位中国最早的飞行专家，广东革命军政府决定："从优照少将阵亡例"给恤冯如，同时将他安葬在黄花岗七十二烈士墓左侧，让这位身怀绝技的爱国科学家陪伴革命党人的英灵。

蔡东藩与《中国历代通俗演义》

蔡东藩，字椿春，浙江萧山临浦镇人，出生于公元 1887 年，20 岁前中秀才，清末以优贡生朝考入选，调至江西省以知县候补，到省不久，因不满官场恶习而称病归里。辛亥革命后，经好友邵希雍介绍，和上海会文堂新记书局发生联系，并开始为会文堂撰写《中国历代通俗演义》。1916 年，他写的《清史通俗演义》出版后，接着撰写了《元史通俗演义》《明史通俗演义》《民国通俗演义》《宋史通俗演义》《唐史通俗演义》《五代史通俗演义》《南北史通俗演义》《两晋通俗演义》《前汉通俗演义》，到 1926 年 9 月完成最后一部《后汉通俗演义》。

蔡东藩这部书，上起秦始皇，一直写到 1920 年，共写了 2100 余年的历史，全书 1040 回，500 多万字，均由会文堂书局陆续发行。到 1935 年，会文堂书局又将该书全部改印，冠以《中国历代通俗演义》的总名称，分装 44 册发行。

这部从秦朝写到民国、系统完整、个人独立完成的历史演义书，的确是气势庞大、前无古人的创举。此书发行后，深为广大读者欢迎，销量很大，在全国广为流行。

1927 年，蔡东藩因病回家，病愈后，他曾在临浦小学任语文教师。抗日战争开始后，临浦沦陷，蔡东藩离乡背井，辗转避难。1945 年 3 月，他满怀国恨家仇与世长辞，终年 68 岁。

清末民初，正是国事维艰、风雨飘摇的历史大变革时代，许多知识分子力图通过通俗演义小说的形式，利用中国历史上救亡图存的事迹，来激励国民的爱国热情。《中国历代通俗演义》作为蔡东藩第一部，也是最具规模、最有影响的历史演义，就是在这种"演义救国"的思潮影响下写成的。

蔡东藩继承并发展了中国近代吴趼人等关于撰写演义体史书的理论，即把握历史真实，以通俗易懂的笔法表现出来，他担心读者虚实难辨，误虚为实，接受不正确的历史知识，因此，他常在正文或批注中做出简明的批斥，做好交代。在求真的基础上，蔡东藩兼采历史小说"文以载事，即以道情"的特点，做到"悟惟以给"，即通过通俗而易懂、生动感人的笔法，再现历史的真实。

作为一位强烈的爱国者和热爱民主的知识分子，《中国历代通俗演义》还表达了蔡东藩提倡民主共和、反对专制复辟；痛斥卖国求荣、讴歌五四爱国运动的进步思想。在《民国通俗演义》中，他谴责袁世凯称帝复辟的丑行，热情赞颂《临时约法》，他愤慨北洋政府的卖国求荣，积极支持爱国民主运动。字里行间透出一腔爱国忧民之心，令读者敬佩不已。

《中国历代通俗演义》虽然对历史上的劳苦大众不乏同情之笔，但由于蔡东藩毕竟是资产阶级文史学家，出于阶级的偏见和时代的局限，他对农民起义或少数民族运动，都有不少颠倒是非、横加诬蔑之词；由于受封建史学正史纪传体和断代史史法的影响，这部著作对社会经济情况的变动较少涉及，而过分渲染了帝王将相等统治阶级内部篡窃乱政、王朝递变、社会战乱乃至宫闱秘闻之事。

尽管如此，《中国历代通俗演义》无疑是埋头苦干的老教育家、医生、历史学家与演义作家蔡东藩对祖国文化所做的惊人贡献。他本人虽然饱受书商的剥削与冷遇，备尝坎坷，但这部书在中国近代历史知识的传播上，影响深远，起到了正史"廿四史"所不能替代的独特作用。

陈独秀与《新青年》杂志

《新青年》是中国近代史上最重要的革命报刊之一，它从公元1915年创办到公元1926年停刊，历经10年，始终是中国新文化运动的旗手和新思想宣传的主要阵地。作为其创办者和主要撰稿人的陈独秀，也因此声誉鹊起，成为近代史上风云一时的人物。

陈独秀（公元1879—1942年），字仲甫，安徽怀宁人，早年曾经留学日本。公元1915年9月，他在上海创办《青年》杂志，自任主编。公元1917年，陈独秀应蔡元培之聘，担任北京大学文科学长，《新青年》编辑部随之迁往北京，并得以扩大。李大钊、鲁迅、钱玄同、高一涵、胡适、沈尹默等先后成为《新青年》的编辑或主要撰稿人，陈独秀仍担任主编，因此早期的《新青年》主要反映了陈独秀当时的认识和观点。

《新青年》创刊伊始就树起民主和科学的大旗，向封建主义及其意识形态发起猛攻。在创刊号上，陈独秀发表《敬告青年》一文，提出政治民主、信仰民主、经济民主、社会民主、伦理民主和用科学与理性制定事物的主张，号召青年人"战胜恶社会，而不可为恶社会所征服"，成为《新青年》上第一篇纲领性文章。他大张旗鼓地宣传民主和科学，这是陈独秀的一大贡献。

《新青年》创刊前后，腐朽的封建文学和僵化的文言文仍然统治着中国文学界，严重阻碍着新文化运动的发展，自公元 1917 年 2 月起，《新青年》又提出了提倡白话文、反对文言文，提倡新文学、反对旧文学的口号，从而举起了"文学革命"的大旗。陈独秀在《新青年》第 2 卷第 6 号上发表了《文学革命论》一文，旗帜鲜明地提出文学革命的三大主张："推倒雕琢的阿谀的贵族文学，建设平易的抒情的国民文学""推倒陈腐的铺张的古典文学，建设新鲜的立诚的写实文学""推倒迂晦的艰涩的山林文学，建设明了的通俗的社会文学。"这篇文章成为文学革命的真正宣言书，此后，钱玄同、刘半农等人相继响应，而鲁迅则更以其文学创作表现了文学革命的最高成就。

文学革命是新文化运动的重要一翼，它倡导的"人的文学""平民文学"和"写实文学"，为中国新文学的诞生奠定了理论基础。

《新青年》对封建势力狂风暴雨般的攻击，震击了整个思想界和舆论界，引起封建卫道士们的极端仇视。新旧思潮的大激战猛烈地展开了。公元 1919 年 1 月，《新青年》第 6 卷第 1 号发表了陈独秀执笔的《本志罪案之答辩书》，

义正词严地回答了整个封建势力的非难，对《新青年》创刊以来的宣传作了一个实际上的总结。

新文化运动从《新青年》提倡文学革命起，实际上形成了一个以该刊编辑部为中心的统一战线。公元 1919 年 1 月，《新青年》成立编辑委员会，由具有初步共产主义思想的知识分子、小资产阶级知识分子和资产阶级知识分子三部分人组成，实行轮流编辑制。李大钊利用他负责第 6 卷第 5 号编辑的机会编成了"马克思研究专号"。从此，《新青年》逐渐转变为宣传马克思主义的刊物。

公元 1919 年 12 月，陈独秀在《新青年》第 7 卷第 1 号发表《本志宣言》，继承了过去《新青年》的民主主义精神，又确立了社会主义的办刊方向。公元 1920 年 9 月，《新青年》从第 8 卷第 1 号起，改组为中国共产党上海发起组的机关刊物，陈独秀在这一号上发表《谈政治》一文，从此开始积极宣传马克思主义。

作为反封建专制斗争的主将和急先锋，陈独秀凭借《新青年》向封建壁垒发起了猛烈冲击，在新文化运动的史册上，功不可没；在革命知识分子中赢得了很高的威望，同李大钊一起被誉为"南陈北李"，成为当时进步思想界的领袖和党的创始人之一。《新青年》哺育了整整一代青年，陈独秀也因此而名垂青史。

护法战争

袁世凯死后，北洋军阀内部分为直系、皖系两大派。皖系以安徽合肥人段祺瑞为头子，控制着北方各省和安徽、浙江、福建等省。直系以直隶河间人冯国璋为头子（冯死后是曹锟、吴佩孚），控制着直隶和长江中下游的湖北、江西、江苏等省。稍后，以奉天人张作霖为头子的奉系军阀也发展成为一大派系，控制了东北三省。此外，还有像阎锡山、张勋、唐继尧、陆荣廷等地方小军阀。当时，全国除南方6省外，几乎都直接处在北洋军阀的控制之下。

段祺瑞虽然没能达到使黎元洪"代行"总统的目的，他自己则以内阁总理的身份控制了北京的军政大权。段祺瑞成为中国社会的最高主宰者。皖系军阀的统治，实际上是袁世凯统治的继续。

帝国主义各国为了各自在华的利益，分别支持某一派系。英美帝国主义扶植直系军阀和同直系接近的南方军阀；日本帝国主义则扶植控制皖系军阀和奉系军阀。从此，中国出现了军阀割据的局面。军阀混战，战火不息，人民再次陷入水深火热之中。公元1917年2月，第一次世界大战后期，中国在是否参战问题上发生了一场所谓的"府院之争"（"府"，是指黎元洪的总统府；"院"，是指段祺瑞的国务院），闹得不可开交。由此还演出了一场张勋拥清废帝复辟的丑剧。

公元1917年6月，张勋以十三省"盟主"的身份，利用调停"府院之争"的名义，带领5000名"辫子兵"由徐州北上，随之进入北京，通令黎元洪辞职。黎元洪辞职后，张勋等人经过一番策划，在7月1日这天，拥13岁的清朝末代皇帝溥仪复位，复辟丑剧正式开始。霎时间，整个北京乌烟瘴气，大清的遗老、遗少又重见天日，一个个登台进行表演。就在这时，段祺瑞乘全国人民强烈反对复辟之机，带兵进入北京。刚一交战，张勋的"辫子兵"便溃不成军。张勋战败后逃入荷兰使馆。7月12日，溥仪再次宣布退位。仅12天的复辟丑剧就此收场，复辟分子纷纷作鸟兽散。段祺瑞就此控制了中央政权。

张勋拥清废帝复辟的丑剧刚一上演，便激怒了正在上海的孙中山，他立即偕廖仲恺、朱执信、何香凝、章太炎等人乘"海琛号"军舰从上海南下，准备在南方组织武力讨伐。还没到广州，复辟丑剧便告结束。接着便传来段祺瑞成立临时参议院，抛弃《临时约法》取消国会的消息。孙中山立即给段祺瑞打电报，要求恢复《临时约法》和国会。段祺瑞却不理睬孙中山的要求，以"再造共和"的英雄自居，说以前的民国已经被推翻了，被解散的旧国会已不能再召集，《临时约法》也早已无效。

看到段祺瑞一意孤行，孙中山怒不可遏。要知道《临时约法》和国会是民国的象征，废弃约法和国会，就是对民国的背叛，就是对辛亥革命光辉业绩的否定，这是孙中山绝不容许的。孙中山一到广州，连夜便发表演说。接着他深有感触地说："中国搞了六年共和，人民却没有得到共和的好处。这不是共和不好，而是掌握的人不好，是他们打着共和的旗号，实行真正的专制造成的。我们现在维护约法，恢复国会，就是为了打倒假共和，实行真共和。"

孙中山的护法号召，首选得到海军的积极响应。7月12日，前北京政府海军部长程璧光发表了拥护护法的宣言，宣告海军独立，随后率海军第一舰队开赴广东。这时候，150多国会议员也从北京南下到了广州参加护法运动。因为不足法定人数，孙中山就采用了"非常国会"的名称召开会议。会议通过了《中华民国军政府组织大纲》，大纲规定：军政府的目的是"勘定叛乱，恢复临时约法。"9月1日"非常国会"选举孙中山为大元帅，唐继尧和陆荣廷为元帅，成立军政府，与北京段祺瑞政府相对立。10日，孙中山宣誓就职，表示要尽力攘除段祺瑞等民国叛逆，恢复《临时约法》，随后孙中山以大元帅名义下令北上讨伐段祺瑞，北伐军迅速组成。维护《临时约法》、恢复国会的护法战争就此爆发。

陆荣廷和唐继尧作为独霸一方的军阀，早就对段祺瑞武力统一全国、限制他们的扩张、大权独揽的行为极为不满。那个时候南方军阀和北方军阀早已对立。现在，孙中山发起护法战争，他们响应参加，目的只是为了保住和扩大自己的地盘，便于和段祺瑞讨价还价。孙中山为了争取他们的支持，一再向他们让步，加上段祺瑞那头剑拔弩张威胁以武力解决，陆荣廷和唐继尧才决定参加护法战争，但极为勉强。

段祺瑞听得孙中山发动护法战争的消息后，立即下令通缉他，并打算立即派军队从湖南方面向两广进攻。但是长江中下游各省是冯国璋直系军阀的势力范围。北洋军由湖南向南打，势必会扩大直系的地盘。直系很可能会和南方军阀联合起来对付皖系，段祺瑞为此左右为难。最后，他决定派他的亲信傅良佐为湖南督军，带领军队到长沙。原来的省长兼督军谭延闿本来就倾向桂系军阀陆荣廷，这时他立即向陆荣廷、唐继尧通电，请求派军援助，自己也化装出了湖南。湖南地方势力首领林修梅、刘建藩顺势宣布"自主"，但是他们的军队力量不强。

陆荣廷看到湖南力量无法抵抗北洋军的进攻，他一改开始时的被动态度，紧急召开南宁会议。提出恢复国会、迎接黎元洪再当总统、罢免段祺瑞、撤回傅良佐等四项主张，推举广西督军谭浩明为护法军总司令，誓师增援湖南。孙中山很高兴，立即组织湘、粤、桂护法联军，抵抗北洋军。

不料，北洋军内部却起了内讧。直系的王汝贤、冯国璋两个师不愿为段祺瑞出力，作战非常消极。在衡阳、宝庆等地和护法军打了几个小仗后，王汝贤、冯国璋便发表通电，说他们不愿打内战，主张"和平解决"。段祺瑞派去的湖南督军傅良佐见势不妙，抽身逃走了。这时湖南人民也自动联合起来驱赶北洋军，护法军乘势向北推进。护法战争旗开得胜。

湖南失败的消息传来，段祺瑞又急又气。不得不"引咎"辞职，暗地里却鼓动部下反对冯国璋，冯国璋接受了段祺瑞的辞呈，任命倾向直系的王士珍为总理，组成新内阁。这时桂系军阀分别控制了湘川两省后，私利有所满足，便与直系军阀实行妥协，他们不顾孙中山的反对，通电主和。次年2月中旬，他们又与北京政府达成协议，停战两周，使北洋军阀获得了喘息的机会。

公元1918年3月，由段祺瑞主持着，制造了一个新的"国会"。冯国璋被迫辞职。接着，段系国会选出了清朝老官僚徐世昌为总统，实权则一直在段祺瑞手里。

与此同时，直系为避免孤立，早就和南方军阀勾搭起来，亲如兄弟。南方军阀从此不提讨伐之事。不仅如此，他们还伙同一批政客分裂护法军政府，排斥孙中山。他们不但不实行孙中山的革命主张，而且还有意排挤孙中山的势力，不让孙中山掌握武装。拥护孙中山的海军总长程璧光在广州被暗杀，孙中山直属的警卫部队官兵也常常被人暗中捕杀。孙中山领导的军政府的经费、兵员都遇到困难，军政府大权完全操纵在掌握军队的陆荣廷和唐继尧手里。1918 年 5 月，陆荣廷、唐继尧操纵的非常国会做出决定，准备取消大元帅一长制，改为七总裁合议制，并由老官僚岑春煊担任主席总裁，只让孙中山当七总裁之一。孙中山痛切地认识到依靠军阀是不可能达到护法的目的，于是便于 5 月 4 日愤而辞职。他在辞职通电中说："我国最大的祸害是军阀们争权夺利，南与北如一丘之貉，没有什么差别。"

辞职后的孙中山很快便离开广州，到了上海。孙中山一离广州，南北军阀便进行了和平谈判。护法运动在南北军阀的破坏下失败了。中国政局仍然在各派军阀的纷争中动荡不安。

护法运动是辛亥革命后资产阶级反对专制主义斗争的继续，具有积极意义。但它仅仅是为了恢复《临时约法》和国会，而所依靠的又是没有护法诚意的西南军阀，和毫无群众基础并为政学系所控制的国会，使护法运动限于少数势力范围之内。因此，其最终失败是必然的。

中国现代

  中国现代史的开端始自 1919 年五四运动。五四反帝、反封建革命运动，是在俄国十月革命影响下发生的，具有初步共产主义觉悟的知识分子成为运动的领导骨干，工人运动成为运动的主力军。马克思主义与工人运动相结合，为中国共产党的成立奠定了基础。

  五四运动之后，中国由资产阶级领导的旧民主主义革命，开始转变为无产阶级领导的新民主主义革命。李大钊、陈独秀、毛泽东等革命先驱先后在各地创立共产主义小组，在他们的努力下，中国共产党于 1921 年 7 月成立。自从有了中国共产党，中国革命便开辟了新纪元。

  中国共产党成立后，确定了反帝反封建的革命纲领，实现了与孙中山领导的国民党的合作，建立了革命统一战线，掀起了如火如荼的大革命运动。孙中山去世后，由于蒋介石反动集团的叛变和陈独秀右倾机会主义在党内蔓延，大革命惨遭失败。在这危急时刻，中国共产党中央于 1927 年召开了"八七会议"，及时纠正了错误，并决定开展土地革命。

为挽救革命失败，把中国革命推进到新的阶段，周恩来、贺龙、朱德等人领导了八一南昌起义。同年 10 月，毛泽东领导秋收起义部队进军井冈山，开创了建立农村根据地，以农村包围城市的正确道路。在这一方针的指导下，红军多次粉碎了国民党的军事围剿，各地根据地和红军不断扩大。但由于王明"左倾"错误路线的危害，红军损失惨重，被迫放弃南方根据地，开始了二万五千里长征。1935 年 1 月，中共中央召开遵义会议，确定了毛泽东在党内的领导地位。同年 10 月，红军到达陕北。1936 年 10 月，红军三大主力会师。

抗日战争爆发后，经过与国民党协议，红军和南方游击队改编为八路军、新四军开赴抗日前线，取得了平型关大捷、百团大战等一系列的胜利。我军积极配合国民党部队正面战场，在敌后开展游击战争，力量不断壮大。

八年抗战结束后，国共两党重庆谈判，签订了双十协定。不久，蒋介石倒行逆施，发动了全面内战。经过 3 年的浴血奋战，人民解放军取得了决定性胜利。解放南京后，宣告国民党反动统治在中国的结束，蒋介石退逃台湾。

1949 年 10 月 1 日，中华人民共和国成立，标志着新民主主义革命阶段基本结束，结束了百余年半殖民地半封建的社会制度。

五四爱国运动

早在 19 世纪，德国侵略者就用武力强占了中国的胶州湾，后来又逼迫清政府订立不平等条约，使山东成为他们的势力范围。公元 1914 年第一次世界大战爆发后，日本借口对德宣战，出兵控制了山东省，夺取了德国在山东的各种权益，公元 1915 年又向北京政府提出灭亡中国的"二十一条"，几乎全被袁世凯接受，日本政府吞食中国的野心越来越强。

公元 1918 年 11 月间欧战结束了。巴黎和会召开前，美国总统威尔逊发表了国会演说，提出一切殖民地的处置，应顾全各殖民地居民的利益，而且大小国家都要互相保证政治自由和领土完整。这样，中国作为战胜国之一，就有权收回被德国占领的土地，因而对巴黎和会抱着很大的希望。但日本代表在会上却提出极其荒谬的无理要求：欧战结束前，德国在胶州、青岛的特权，包括铁路矿产、海底电缆等一切动产和不动产以及筑路开矿权，均将无条件归日本所有。

日本之所以能提出这种无理的要求，是因段祺瑞上台后，仍充当日本走狗。公元 1918 年 9 月派驻日公使章宗祥和日本政府交换了"山东问题的秘密换文"，使得日本在山东占有的权利超越了德国。在和会上，日本代表就是以"山东问题的秘密换文"为借口，提出的无理要求。巴黎和会本是列强战胜的分赃会，竟同意了日本的无理要求，而段祺瑞的代表陆征祥也准备签字认账。这一卖国行径很快被留日学生披露，通电全国。

消息传到国内，举国震惊。郁积在人民心中的愤怒已不能容忍。4 月下旬，北京天津街头出现了欧美归国留学生组织的社会服务团，公开发起"废除军阀""打倒列强"等救国宣传运动。

　　5月2日，济南3000名工人集聚在北岗子举行讲演会，要求收回青岛。5月3日北京国民外交协会开会，决定在5月7日召开国民大会，通电全国各地各界共同行动，阻止北京政府代表签约。

　　5月3日晚，北京大学法科礼堂挤满了学生，除北大全体学生外，还有北京高师等校学生。北大学生代表邓中夏站到讲台上说："同学们，不能再等待，段祺瑞政府是个卖国政府，只会讨好日本主子。我们明天下午1点各校到天安门前集合，举行学界大示威，直接唤起民众，制止签约！"

　　1919年5月4日下午1点，北京大学高师等13所大专院校3000多名爱国学生汇集到天安门城楼下，像潮水般地涌向外国使馆区东交民巷，他们高呼："还我山东！""保我主权！""外拿国权，内惩国贼""取消卖国的二十一条！""拒绝和约签字"等等，开始了声势浩大的示威游行。

　　当游行队伍被使馆区的警察拦阻时，学生立即转向赵家楼找曹汝霖算账。赵家楼曹公馆挤满了人，"诛卖国贼曹汝霖、章宗祥、陆宗舆"的怒吼声震天动地。正巧，曹汝霖和章宗祥两人刚从总统府饮宴回来不久。二贼吓得面无人色，体似筛糠，二贼战战兢兢地溜到后院大墙下，企图越墙逃走。曹汝霖在4个仆人的帮助下越墙逃走，章宗祥不敢翻墙，正急得团团转时，被冲进来的学生发现，一把揪住，痛打起来，打得章宗祥跪地求饶。

学生痛打了章宗祥，但没有抓住曹汝霖，心头怒火难平，放火把曹汝霖的家烧了。

爱国学生痛打章宗祥、火烧赵家楼，北京民众无不拍手称快。但北洋军阀段祺瑞竟下令逮捕闹事学生，抓走了30多名爱国学生。这更激起北京民众的抗议。第二天，北京街头出现了《北京市民宣言》，支持学生的爱国行动，要求集会和言论自由。陈独秀、李大钊等亲自撰写声援学生的文章。北京大学开始罢课，并通电全国各界，请求声援。上海、天津、济南、南京、武汉等城市的民众先后集合，抗议政府，声援学生。上海工商界率先罢工罢市、抵制洋货。从6月5日起，上海工人自发举行声援学生的罢工，罢工工人约六七万人。斗争如燎原之火蔓延全国，迅速发展到20多个省区、100多个城市。工厂工人罢工，汽车抛锚，铁路和码头瘫痪，并向全国各地扩大。

五四爱国运动的中心由北京转到上海，运动主力由学生转成工人，全国性的反帝反封建运动迅速形成。北京政府为形势所迫不得不免去曹汝霖、章宗祥、陆宗舆3人的职务，释放被捕的学生。6月27日，旅法华工、留学生、华侨数百人前往中国政府总代表陆征祥所住医院，要求拒签和约。第二天中国代表终于没有出席巴黎和约的签字仪式。这样，在全国人民的支援下，五四运动取得了胜利，这是中国人民在反帝斗争中取得的第一次胜利。

五四运动是中国人民彻底的反对帝国反对封建主义的爱国运动。由此掀开了中国历史的新篇章，中国无产阶级开始作为一个独立的阶级登上了历史舞台，同时，五四运动也使马克思主义在中国获得广泛传播，在政治上和组织上为中国共产党的建立作了准备，这标志着比中国资产阶级旧民主主义革命气势更为波澜壮阔的中国新民主主义革命开始了，中国革命从此进入了一个新的历史时期。

中共上海召开"一大"

　　五四爱国运动以前，中国知道马克思主义的人极少，经过五四爱国运动，了解马克思主义的人愈来愈多了。他们办刊物，宣传马克思主义。李大钊在北京《晨报》上开辟了"马克思研究"；陈独秀、李达在上海创办《共产党》月刊；毛泽东等人在湖南主办《湘江评论》；周恩来等人在天津组织了觉悟社，编辑《觉悟》杂志。

　　中国的先进知识分子在斗争中认识到，要彻底改造中国，必须有无产阶级政党的领导。公元1920年初，陈独秀、李大钊等就开始了建党的探索和酝酿。这年夏天，在共产国际的帮助下，陈独秀在上海建立了中国第一个共产主义小组，定名为中国共产党。不久各地也先后建立起共产主义小组，这些都是中国共产党的早期组织。这些共产主义小组成立后，就开始有计划、有组织地传播马克思主义，并到工人中去开展宣传和组织工作，从而进一步促进了马克思主义同中国工人运动的结合。

　　公元1921年1月李大钊著文公开呼吁创建统一的工人阶级政党。这一年的3月，各地共产主义小组的代表举行了一次会议，并以会议的名义发表了"关于我们的目标和原则的共同声明"。这次会议还制定了临时纲领。这样，在中国建立统一的无产阶级政党——中国共产党的条件日趋成熟了。

　　各地方党组织的建立促进了马克思主义在中国的传播，为了有效地开展活动，建立统一的中国共产党的领导，各地代表于公元1921年7月赶赴上海参加中国共产党第一次全国代表大会。这些代表中有来自湖南的毛泽东、何叔衡，来自湖北的董必武、陈潭秋，来自山东的王尽美、邓恩铭等。还有上海的李达、李汉俊等。这些代表共13人，代表着全国各地53名共产党员。此外，两位外国同志也来到上海列席会议。一位是共产国际的代表马林，另一位是赤色职工国际工会的代表尼科尔斯基。

公元 1921 年 7 月 23 日晚上，代表大会在上海法租界望志路 106 号博文女子学校开幕。在那个时候，搞共产、搞革命都是要坐牢杀头的，所以代表大会只能秘密召开。过了一天，正巧上海代表李汉俊的哥哥李书城出门去了，于是，大会就迁到他的家里举行。本来商定，为了避免被法租界巡捕发现，大会要每天换个地方举行。但是，大家集中精神讨论问题，一时又找不到更换的地方，所以在李汉俊哥哥家一连开了几天会。共产国际的代表马林是有过地下斗争经验的，他说："我们在这里一连开了几个晚上的会，巡捕一定注意了，明晚一定要换个地方。"但是有几个中国代表缺乏经验，说："反正明天再开一次就可以结束了，大概不会有什么事的。"所以，仍决定在这里召开最后一次会。

7 月 30 日是最后一次会议，这天晚上，会议刚开始，突然一个穿长衫的中年男子闯进客厅，他朝室内张望了一下，连连说："对不起，我走错了。"说完就急忙退了出去。陌生人一走，马林立刻站起来说："这人一定是侦探，我建议立即休会。大家分别离开。"代表们马上收拾文件，离开了客厅。那时候，上海的石库门房子平时不开大门，只走后门。如果这人真是侦探，后门一定有人监视。所以大家索性打开大门出去，果然没有发生意外。李汉俊算是房子的主人，就留下来与另一个代表喝着茶，装着无事闲聊。

果然，代表们走了不到一刻钟，开来了一辆警车，一批法国巡捕和中国"包打听"跳下车把房子包围住。他们一拥上楼，见房间里只有两个人。为首的一个人气势汹汹地问："你们刚才要开什么会？"李汉俊用法语回答说："刚才不是开会，而是北京大学的几位教授和学生在这里谈编辑刊物的事。"

法国巡捕见问不出什么，便不许李汉俊等离开座位，还不许他们说话和喝茶。接着，便在屋里搜查起来。搜查了一个多钟头，各个角落都翻遍了，他们似乎没有找到什么感兴趣的东西。于是，一个法国巡捕指着书架上的书又问李汉俊道："为什么有这么多社会主义的书？"李汉俊回答说。"我兼任商务印书馆的编辑，什么书都要看。"

法国巡捕从李汉俊的答话中，找不出什么破绽来。后来，法国巡捕又听到说这里是李书城的公馆（李书城在当时是政界的有名人物），也不敢多纠缠，查不出个究竟来，也就只好离开了。

这场风险总算过去了。但是，代表大会还没有结束。最后一天的会到哪里去开呢？有位代表忽然想起李达的夫人是嘉兴人，就提议可以到离上海约100里的嘉兴县去开。经过商量，31日清晨李达夫人就乘火车赴嘉兴，在城旁的游览地南湖雇了一只大游船等候大家，代表们则乘下一班车到那里去。

通过这些天的紧张讨论，大会通过了中国共产党的第一个党纲，党纲确定党的名称为中国共产党。党的奋斗目标是，推翻资产阶级，在中国建立无产阶级专政和实现共产主义。党的中心工作是，组织和领导工人运动。大会成立了党的领导机关——中央局，选举陈独秀为中央局书记，李达为宣传主任，并决定建立党的地方组织。

中国共产党第一次全国代表大会，宣告了中国共产党的诞生。中国共产党的成立，是中国现代史上最重大的历史事件。自鸦片战争以来，为完成民主革命，中国人民同帝国主义、封建主义进行了长期顽强的斗争，但都没能完成中国民主革命的任务。历史的发展迫切需要一个新的革命阶级组织，一个新的政党来承担这一任务。中国共产党一成立，就以马克思主义为武器，领导全国人民在一个新的起点上开始了民主革命斗争，使中国革命的面目焕然一新。

风起云涌的工人运动

在中国共产党第一次全国代表大会上，确定了党的中心工作是组织和领导工人运动。为了大力开展工人运动。公元1921年8月，成立了中国劳动组合书记部，作为领导工人运动的机关。书记部为指导工人运动，出版了《劳动周刊》，开设了工人夜校，向工人群众进行马克思主义宣传，建立工会组织，领导各地工人进行斗争。从公元 1922 年 1 月到公元 1923 年 2 月，出现了中国历史上第一次工人运动高潮。

工人运动高潮的起点是公元 1922 年 1 月的香港海员大罢工。公元 1921 年 3 月，在苏兆征、林伟民等领导下，成立了海员工会——中华海员工业联合总会。公元 1922 年 1 月 12 日，为反抗英国资本家压迫，要求增加工资，工会领导海员举行罢工，各国轮船上的中国香港海员一致罢工，并很快波及到新加坡、汕头、上海等地。1 月底，香港运输工人举行同情罢工，使罢工人数增加到 3 万多人。3 月 1 日，全市工人举行总同盟罢工。3 月 4 日，罢工群众回广州，当到达九龙附近的沙田时，驻在该地的英国军警竟开枪射击，死 6 人，伤数百人，造成"沙田惨案"。香港海员的罢工斗争，得到了全国工人的援助。京奉、京汉、陇海、正太、京绥等铁路工人发起"香港海员罢工北方后援会"，多次举行声援大会。国外华侨纷纷捐款，许多国家的工会也发来慰问电。香港海员罢工斗争，终于迫使帝国主义及资本家屈服。3 月 6 日，港英当局取消 2 月 1 日封闭海员工会的命令，送回工会招牌，释放被捕工人，答应优恤沙田惨案死难工人，同意增加工资 15%—30%。

在香港海员罢工的胜利鼓舞下，上海工人也展开罢工斗争。公元 1922 年 3 月下旬，上海的海员为要求增加工资举行罢工；4 月 16 日，上海日华纱厂 3800 名工人，为要求增加工资举行罢工；4 月 24 日，上海邮务工人 700 多人因反对增加保证金和储蓄金，要求增加工资、减少工作时间而举行罢工。

为加强对工人运动的领导，公元 1922 年 5 月 1 日，中国共产党在广州召开第一次全国劳动大会。出席大会代表 162 人，代表 12 个城市 100 多个工会和 30 余万会员。大会讨论了工人参加民主革命、关于成立全国总工会和对工人阶级进行社会主义教育等问题；宣布拥护中国共产党提出的"打倒帝国主义""打倒军阀"的口号；通过 8 小时工作制、罢工援助案；决定在全国总工会成立前以中国劳动组合书记部为全国总通讯机关。大会后的 7—8 月间，中国劳动组合书记部发起了劳动立法运动。

第一次全国劳动大会后，出现了全国工人运动的高潮。从公元 1922 年 7 月至公元 1923 年 2 月，有汉阳兵工厂工人、上海丝厂女工、日华纱厂工人等规模不同的各种罢工斗争。其中，以安源路矿工人大罢工、开滦煤矿工人大罢工和京汉铁路工人大罢工的规模最大。安源煤矿是德、日帝国主义直接控制下的企业，共有 1.2 万多工人，株萍铁路有 4500 多工人。公元 1921 年冬以后，毛泽东、李立三、蒋先云、毛泽民等先后到安源开展工人运动，建立了党团组织，成立了工人俱乐部。1922 年秋，因矿局拖欠工资，工人俱乐部领导工人酝酿罢工。9 月 14 日，在李立三、刘少奇的领导下，安源路矿 1.7 万工人，高呼"从前是牛马，现在要做人"的口号，举行罢工，同时发布宣言，提出保证工人政治权利，改良待遇和增加工资等 17 项条件。由于党的正确领导，工人们团结一致，罢工的第五天，路矿当局被迫接受工人提出的条件，罢工取得完全胜利。

开滦煤矿原是中国政府独立经营的企业，后为中英合办，实际上成了英帝国主义的企业。开滦煤矿由唐山、赵各庄、林西、马家沟、唐家庄五矿组成，矿工 5 万余人。工人每日劳动长达 16 小时，工资收入很低，生活异常困苦。10 月 23 日，因矿局拒绝承认工会和增加工资的要求，唐山、林西、赵各庄、唐家庄四矿同时罢工，26 日，马家沟工人也举行罢工，使全矿区陷于停顿。英帝国主义和直隶当局联合镇压工人罢工，强令解散工人纠察队，封闭工会，逮捕中国劳动组合书记部特派员彭永和。11 月 16 日，工人们在矿局同意增加少许工资的情况下，勉强复工。

公元 1923 年 2 月，京汉铁路工人发动了政治大罢工。2 月 1 日，京汉铁路工人在郑州举行京汉铁路总工会成立大会，并邀请全国各工会及各界代表参加典礼。2 月 1 日晨，郑州全市戒严，军警荷枪实弹，形势非常紧张。大会代表及来宾不为武力所屈，相持两小时之久，全场高呼"京汉铁路总工会万岁！""劳动阶级胜利万岁！"下午 4 时宣布散会时，代表及来宾完全失去自由，总工会会所也为军警所占。总工会于当晚举行秘密会议，决定 4 日全路总罢工，号召工人"为争自由而战""为争人权而战"，提出撤办肇事者赵继贤、冯云、黄殿辰等人及赔偿损失等 5 项要求，作为复工条件。

2 月 4 日，京汉铁路全体工人总同盟一声罢工令下，全路所有客车、货车、军车一律停驶。罢工后，工人一切行动听从总工会指挥，并组织了纠察队、调查队，使罢工有条不紊地进行。

京汉铁路工人罢工，使帝国主义和军阀极为恐慌。北京帝国主义公使团召集紧急会议，向北京军阀政府提出严重警告，唆使其压迫工人。外国资本家与直系军阀相勾结，联合镇压工人运动。2 月 7 日，直系军阀吴佩孚于汉口、郑州、长辛店等地，对罢工工人进行了血腥的屠杀。在京汉南北各站，12 小时内，有 50 人惨遭杀害，100 多人被捕入狱，500 多人受伤，1000 多人被开除。京汉铁路总工会江岸分会委员长、共产党员林祥谦被捕后，被敌人绑在电线杆上，肖耀南的参谋长张厚生命令刽子手向他连砍数刀，强迫他下令复工。林祥谦毫不屈服，忍痛高呼："此事乃全路 3 万人生死存亡所系，我分会非得总工会命令不得开工。头可断，工不可开！"他英勇不屈，壮烈牺牲，表现了中国工人阶级先进战士的忠贞气节。武汉工团联合会法律顾问施洋（共产党员）也被捕，2 月 15 日牺牲于武昌。

中国劳动组合书记部在罢工开始时，就发表了"告工团书"，指出京汉铁路工人争取自由、反抗军阀斗争的正义性。惨案发生后，全国各工团、各群众团体积极支援京汉铁路工人斗争。共产国际、海参崴工团总会和日本劳动总同盟发来电报，向英勇奋战的中国铁路工人，表示同情和慰问，并向中国反动政府提出严重抗议。

2 月 7 日以后，反动军阀继续用高压手段，强迫复工，各帝国主义在武汉的海军也全数登岸。2 月 9 日，京汉铁路总工会和武汉工团联合会为保存力量，准备将来更大的斗争，劝告工人复工。从此，全国工人运动暂时转入低潮。

从香港海员工人到京汉铁路工人的一系列罢工斗争，充分显示了中国工人阶级反对帝国主义和封建军阀的主动精神和伟大力量，无可辩驳地证明了他们在中国民族民主革命中的主力军的地位，从而大大提高了中国工人阶级的政党——中国共产党在全国人民中的政治威信。

孙中山改组国民党

公元 1921 年 5 月 5 日，孙中山就任非常大总统，再揭护法旗帜，准备北伐。桂系军阀退出广东，并不甘心失败，仍威胁和骚扰广东，成为孙中山北伐的主要障碍。6 月下旬，孙中山委陈炯明为讨桂军总司令，出兵讨伐陆荣廷。经 3 个月的攻击作战，粤军先后占领了梧州、南宁、桂林、龙州等地，陆荣廷取道越南河内逃跑，两广统一。10 月，孙中山到达广西。12 月，在桂林组织大本营，计划组织 3 个军的兵力，北向中原。

公元 1922 年初，孙中山为了集中力量打击最主要的敌人，遂与奉、皖结成反直三角同盟，并将滇、桂各军集中韶关，以韶关为大本营，准备取道江西北伐。5 月 6 日，孙中山在韶关誓师。从 5 月中旬到下旬，北伐军势如破竹，先后占领新城、崇义、信丰、龙南等县。6 月 5 日，北伐军占领赣州；8 日，赣督陈光远向北洋军阀政府辞职。北伐军乘胜前进，连占万安、大和，直逼吉安。

在北伐军胜利进军中，广州发生了陈炯明叛乱。陈炯明在护国运动中参加反袁斗争，组织粤军，自任总司令，第一次护法中任援闽粤军总司令。在两次粤桂战争中，野心勃勃，企图称霸广东，并与直系勾结，对孙中山的革命事业处处牵制。由于后方不稳，孙中山临时决定在桂各军返粤，4 月 19 日，孙中山下令罢免陈炯明粤军总司令及广东省长和内务总长职务，保留陆军总长职务，23 日，孙中山回到广州，坐镇指挥北伐。为稳定广东局势，孙中山两次派人赴惠州迎接陈炯明回省"共商北伐大计"，均遭陈拒绝。在暗中，陈却同陈光远密电往来，相约夹攻北伐军。5月中旬，陈炯明部下叶举率部从广西回粤，以"清君侧"为名，进抵广州。

6月12日，孙中山召集广州报界举行谈话会，揭露陈炯明阴谋，勒令叶举部撤离广州。叶举却在陈炯明的指示下，于6月15日，公然发出通电，要求孙中山下野，并派兵包围总统府，孙中山在枪林弹雨中出走，登上泊于白鹅潭之楚豫舰，随后，宋庆龄也脱险，于次日赴黄埔与孙中山会合，转登永丰舰。孙中山在军舰上指挥海军与叛军战斗，并电令北伐军回师靖难。6月下旬，北伐军分两路回师，在韶关、翁源一带为陈军所阻，无法及时救援。8月9日，孙中山离开广州回上海，第二次护法运动又失败了。

陈炯明叛乱，对孙中山是一个很大打击。依靠一部分军阀去反对另一部分军阀，以达到恢复"临时约法"的目的，这是他失败的重要原因之一；另一方面，在五四时期，在中国人民反帝反封建的怒潮中，以恢复约法相号召，显然已经不能适应斗争的需要了，因而护法运动不能得到群众的支持，其失败是不可避免的。孙中山决心寻求新的力量、新的途径，继续奋斗。

与此同时，中国共产党人从京汉铁路大罢工失败的事实中看到：在半殖民地半封建的中国，工人阶级虽然有坚强的革命性，但人数毕竟比较少，如果不团结一切可以团结的力量，结成最广泛的统一战线，党就不可能把中国革命引向胜利。

1922年，中国共产党发表对时局的主张，赞扬孙中山坚持民主革命的精神。同时向他说明，革命必须依靠人民的力量，并指出他依靠军阀打军阀的错误，也指出国民党组织混乱、纲领不清、作风不正的毛病。中国共产党派李大钊等帮助孙中山，苏联也向孙中山建议，要他建立联合工农群众的政党和革命武装。

孙中山早就对俄国十月革命和中国五四运动表示赞赏，现在见到共产党人这样诚恳热情，十分受感动。他和李大钊经常促膝谈心，废寝忘食。经过深思熟虑，他接受了中国共产党的政治主张和苏联的建议，欢迎两党合作，同时也认识到，要取得革命的成功，必须依靠广大人民，特别是工农群众，在国际上也要有像苏俄那样真心支持中国革命的国家的援助。孙中山决心改组国民党。

公元1922年秋，孙中山在上海召集有共产党员参加的会议，研究改组国民党的计划，起草改组国民党的宣言、党纲和党章。公元1923年元旦，他发表了《中国国民党宣言》，明确表示：革命事业"由民众发之，亦由民众成立"。

这年1月，占据广州的陈炯明被滇军和桂军中一部分拥护革命的队伍赶出广州。孙中山重抵广州，建立了大元帅府。许多共产党人也云集这座南方重镇，广东成了革命的大本营。

6月12日至20日，中国共产党在广州召开党的第三次全国代表大会，对国共合作的方针和办法做出了正式决定。党的三大正确地估计了孙中山的革命立场和国民党进行改组的可能性，决定共产党员以个人身份加入国民党，用这种形式实现国共合作。当孙中山夫人宋庆龄问"为什么需要共产党加入国民党"时，孙中山回答说："国民党正在堕落中死亡，因此要救活它就需要新血液。"

10月初，应孙中山的邀请，苏联代表鲍罗廷到达广州，苏联政府还给予广州政府军事和物资援助。不久后，孙中山在给蒋介石的信中斩钉截铁地说："我党今后之革命，非以俄为师，断无成就。"国民党改组很快进入实行阶段。到了11月，孙中山宣布了改组国民党的决定。他勇敢地自我批评说："看一看以往十年的实际成绩，我不能不认为是失败的。国民党想要取得成功，必须改组，要有鲜明的主义，切实的政策，要争取民众的支持；在组织上要去恶留良，克服腐败现象。"于是，国民党开始重新登记党员，整顿各级组织，建立讲习所训练干部。李大钊等共产党员参加了这项工作。

公元1924年1月20日至30日，国民党第一次全国代表大会在广州召开。165名代表中，共产党员占了14%。孙中山担任大会主席，李大钊被孙中山指定为大会主席团成员，谭平山（共产党员）代表国民党临时中央执行委员会向大会做了工作报告。毛泽东、林伯渠、瞿秋白等共产党员也参加了大会的领导工作。

孙中山在会上耐心地向代表们重新解释了他的三民主义。他说，他的"新三民主义"（民族主义、民权主义和民生主义）和旧的三民主义不一样的。他的民族主义是反对帝国主义求得整个中国的解放，而国内各民族应一律平等。他的民权主义主张凡革命的个人和团体，都享有自由和权利。他的民生主义，除了"平均地权"以外，又增加了"节制资本"。为了实行新三民主义，孙中山提出了联俄、联共、扶助农工三大政策。这是孙中山新三民主义的最重要标志，也是他一生中伟大的转变。

经过选举，成立了中国国民党中央执行委员会，包括胡汉民、汪精卫、廖仲恺、于右任等老国民党员。共产党员李大钊、谭平山、毛泽东、林祖涵、瞿秋白等 10 人当选为中央执行委员或候补执行委员，约占委员总数的 1/4。

大会确定的新三民主义，其基本原则同中国共产党在民主革命阶段的政治纲领的若干原则基本一致，从而成为国共两党合作的政治基础。国民党第一次全国代表大会的召开，标志着国共两党和各革命阶级的统一战线的正式建立。

孙中山改组了国民党，国共合作得以实现。此后，以广州为中心，汇集了全国的革命力量，很快开创了一个反对帝国主义和封建军阀的革命新局面。中国共产党党员加入国民党后，在全国各地积极创立和发展国民党的组织。自京汉铁路大罢工失败后一度消沉的工人运动，在国共合作的促进下，主要是在共产党人的领导下，逐渐恢复和发展。特别是在广东革命政府统辖的地区内，工农运动取得合法存在的权利，更有了突飞猛进的发展。

自从和中国共产党以及苏联有了联系后，孙中山便决定建立一支革命军队。本来，孙中山手下也有不少军队，但这些都是旧军队，不听指挥。孙中山在很长时间内依靠旧军队从事革命活动而屡遭失败，这给他留下沉痛的教训。还有些军事骗子甚至来骗枪骗钱，孙中山有许多这样的教训。尤其是经历过陈炯明叛变后，孙中山更是决心着手建立一支革命的武装力量。

在共产党人建议下，国民党一大决定创办一所军官学校。

1924年5月，设在广州附近的黄埔岛上的"中国国民党陆军军官学校"开学，习惯上称"黄埔军校"。军校第一期学生于1924年5月入学，学员500名，至1926年北伐战争前，军校招收学生5期，共约7400人。孙中山亲自兼任总理，任命曾派往苏联考察的粤军参谋长蒋介石为校长，著名的国民党左派廖仲恺为党代表。11月，刚从欧洲归国不久的中共广东区委委员长周恩来担任黄埔军校政治部主任。第一期学生中共产党员和共青团员有56人，占学生总数的1/10。

黄埔军校的最大特点是把政治教育提到和军事训练同等重要的地位，注重培养学生的爱国思想和革命精神，这是它同一切旧式军校根本不同的地方。毛泽东后来说：那时的国民党军队"有一种新气象，官兵之间和军民之间大体上是团结的，奋勇向前的革命精神充满了军队。那时军队设立了党代表和政治部，这种制度是中国历史上没有的，靠了这种制度使军队面目一新。"

黄埔军校培养的军事、政治工作干部，对于建立国民革命军，统一广东革命根据地和北伐战争，起了重大作用。

省港大罢工

革命统一战线建立后，工农运动迅速发展，预示着全国革命高潮即将到来。1925年，中国最大的工业城市上海，已有工人80万，占全国工人总数的1/3。上海是帝国主义列强侵略中国的重要基地，这里有主要由英国控制的"公共租界"和法国的租界，日、英等国在这里开设了许多工厂，残酷地榨取中国工人的血汗，民族矛盾一直异常尖锐。

1925年2月，日商内外棉八厂工人因为日本监工殴打中国女工而罢工，迅速导致 21 家日本纱厂的 3 万名工人总罢工。这次斗争取得了胜利，给了全国工人很大的鼓舞。5 月 1 日，在广州举行第二次全国劳动大会，正式成立中华全国总工会，选举共产党员林伟民、刘少奇为正副委员长。

　　1925 年 5 月 15 日，上海内外棉七厂的日本资本家枪杀工人顾正红（共产党员），激起群众的无比愤怒。事件发生后，中共中央多次开会研究对策。蔡和森提出：应当把工人的经济斗争转变到民族斗争。5 月 28 日，中共中央召开紧急会议，决定发动学生和工人在 30 日到租界内举行大规模的反帝示威活动。

　　到了 30 日那天，2000 多上海学生在公共租界举行援助纱厂工人的街头宣传讲演和示威游行，抗议帝国主义暴行。英国巡捕在南京路逮捕了许多游行的学生，关在巡捕房里。接着，上万群众聚集在南京路英国巡捕房前，要求解放被捕学生，高呼"打倒帝国主义！"英国巡捕突然开枪，向密集的群众射击，当场打死学生、工人 13 人，伤者不计其数。当场牺牲的烈士中有上海大学学生、共产党员何秉彝等。这就是震惊中外的"五卅惨案。"以后几天，在上海和其他地方又连续发生英、日等国军警枪杀中国民众的事件。

　　这些事件激起了全上海以至全中国人民的极大愤怒。多少年来深埋在中国人民心里的对帝国主义的怒火一下子喷发出来。工人罢工，学生罢课，商人罢市。6 月 3 日，广州各界群众举行声势浩大的示威游行。6 月 11 日，上海举行群众大会，到会的有 20 多万人，集会的群众向帝国主义提出：撤退驻沪的英、日海陆军，取消领事裁判权，惩办凶手等条件。斗争持续了3个月。

中国共产党在领导五卅运动的过程中也得到很大发展。随着运动推向全国，不少原来没有党组织的地方建立了党组织，如云南、广西、安徽、福建等。党在斗争中受到很大锻炼。

为了支援上海人民反帝斗争，中华全国总工会派邓中夏、苏兆征领导香港工人罢工。香港的英国殖民当局唯恐香港也发生罢工，便派出密探，到处活动，搜捕工人领袖，还张贴出禁止罢工的布告。布告中有一段话写道："上海事件与本港无关。工人应安心乐业，不得妄动，妄动者严惩不贷。"

英方的恐吓没有任何作用，6月19日，香港的海员、电车、印务等工会工人首先起来罢工。紧接着，其他行业的工会随即响应，工人也开始罢工，并成立全港工团联合会。15天内参加罢工的人数达到25万人。

从6月下旬起，从香港到广州的水陆交通显得特别繁忙。一船一船乘的是工人，一列车一列车乘的也是工人。奇怪的是，有那么多的工人去广州，却没有从广州去香港的。到7月7日，离开香港的工人已超过20万，其中到广州的有10多万人！原来他们是以这种方式参与罢工。

罢工一开始，香港总督史塔士马上采取了强硬措施：一方面在香港宣布戒严令，逮捕了几十个工人领袖，一方面禁止粮食运往广州，企图造成广东的缺粮，向广东革命政府施加压力，甚至派军舰在海面上来往巡逻。

6月23日下午，一部分回到广州的香港罢工工人和广州的工人、农民、学生、士兵共10万人，在广州举行大会和大规模的示威游行。广东革命政府所属机关这天停止办公，所有工作人员参加游行。中共广东区委领导人陈延年、周恩来等都亲自参加，并率领黄埔军校师生和校军2000人参加游行。

广州沙面租界当局闻讯后如临大敌，赶紧堆积沙包，装置电网，布置军警架起机枪。下午2时40分，当游行队伍经过沙面租界附近的沙基桥时，英国领事杰尔逊竟下令开枪。躲在沙袋工事后面的英国军警对着密集的游行队伍，发射出一梭梭罪恶的机枪子弹。游行群众当场被打死50余人，重伤100

余人。这就是骇人听闻的"沙基惨案"。

沙基惨案发生后，广州革命政府立刻宣布同英国经济绝交，并封锁出海口。为了还击港英当局，香港和沙面工人在广州举行省港罢工工人代表大会，成立了省港罢工委员会，对香港英帝国主义实行罢工、封锁与抵制相结合的政策。广州革命政府对这次罢工采取支持态度，每月资助罢工委员会经费1万元。省港罢工委员会由共产党员苏兆征担任委员长，下设武装、纠察、审判等办事机构，处理罢工工人的一切事宜，对香港实行封锁。但是，罢工工人也遇到了很大的困难。广东的出口贸易本来有许多是经过香港的。省港之间交通断绝后，广东的经济也发生了困难。于是，罢工委员会和广东政府一起规定：除英国外的船只，可以不经香港直接驶来广州。接着，美国、日本和别的一些国家的商船，都开到黄埔来，平均每天有40多艘，因为运货速度太慢，罢工工人还专门造了一条公路，取名为中山公路，把货物从黄埔运到广州。

罢工时间一久，工人的生活也发生了困难。这么多人无法买木板，只能睡在水泥地上。天冷了，只能在地下铺一张装货的草包，两人共盖一条又短又薄的棉被。生病的很多，还有不少工人病死了。但是，全国各地人民、广东政府以及华侨纷纷捐款支援，使罢工工人还是坚持了下来。

香港是一个四面都是水的小岛，吃的东西很多要靠广州供应。码头工人罢工，广东又进行封锁，内地的肉食蔬菜运不过来，结果猪肉、鸡蛋拼命涨价，英国人喜欢吃的牛肉根本看不见了。食品市场空无东西，和街上堆满的垃圾、粪便形成对照，以繁华著称的香港成了"饿港"。海员工人罢工后，船只不再进港，船坞废弃了。货物运不进来，商店也纷纷歇业。东西买不到，社会秩序大乱。大家又称香港为"死港"。至公元1925年12月，香港交易所不得不承认，因罢工造成的损失已达6250万英镑。

面对这种局面，香港总督史塔士还想采取鸦片战争时的办法，用武力进攻。他特地公开召开一次所谓"公民大会"，以大会的名义电请英国政府派军队来镇压罢工。但是，这时的形势已经和鸦片战争时代的形势不同了。最后史塔士任期未满，就只得灰溜溜地下台，让位于新上任的总督金文泰来收拾残局。

省港大罢工，在极其困难的条件下，前后坚持了 1 年 4 个月（16 个月），直到公元 1926 年 10 月才告胜利结束，沉重地打击了英帝国主义的殖民统治。这是世界工人运动史上时间最长的一次罢工，表明了中国工人阶级强大的领导力量和彻底的革命精神。它沉重地打击了英帝国主义，有力支持了广东革命政府，促进了广东革命根据地的统一，为北伐战争准备了群众基础。

北伐军出师大捷

五卅运动后，全国反帝爱国运动和工农运动高涨了。中国共产党于公元 1926 年 2 月在北京召开特别会议，向广州国民政府提出出兵北伐推翻军阀统治的主张。在全国革命形势蓬勃发展的情况下，广东国民政府正式决定北伐。公元 1926 年 7 月 1 日，国民政府军事委员会主席蒋介石下北伐动员令。7 月 9 日，广州隆重举行国民革命军北伐誓师阅兵典礼。

北伐的主要对象是当时北洋军阀的三大势力：亲日的张作霖，控制着东北各省及京、津两市，有军队 30 余万人；亲英美的吴佩孚，盘踞着湖南、湖北、河南三省及陕西和河北各一部，有军队约 20 万人；亲英美的孙传芳，割据着长江下游的江西、安徽、江苏、浙江和福建 5 省，有军队 20 万人。这些军阀在反对革命上是一致的，但在维护各自利益上又矛盾重重。

国民革命军认真分析了敌强我弱的形势及军阀内部各自为政的特点，制定了集中兵力，各个歼灭敌人的战略方针。决定先向湖南、湖北进军，在打倒吴佩孚占领武汉之后，再集中兵力，出兵东南消灭孙传芳，然后在适当时机再消灭张作霖。北伐大军兵分 3 路，一路由以第四、七、八三个军约 5 万人担任湖南战场的正面进攻；第二军、第三军、第六军向鄝县、茶陵、安仁集中，以防江西；第一军警戒福建。

北伐誓师后，7月初，北伐军第四、第七两军进入湖南前线，然后与原在湖南的第八军兵分左、中、右3路向吴佩孚军队进攻。由于得到湖南工农群众的有力支援，进展十分迅速。7月9日占领湘乡，并逼近长沙，敌叶开鑫弃长沙逃走，湖南省工团联合会组织工人保安队1000多人维持秩序。10月克湘潭、醴陵。11日进入长沙，攻占宁乡。这时，吴军十分震惊，其前线指挥官陈嘉谟命令所部1万余人，利用汨罗江之险扼守平江。8月19日拂晓，北伐军向汨罗江吴军前线发起攻击，第四军叶挺独立团和黄琪翔团分东北和西南两路夹击。独立团扫荡县城外围之敌，黄琪翔团占城东北之古城岭，俯击城中；又绕到城西北一带高地冲杀。守敌惊慌失措，缴械投降。独立团和黄琪翔团进驻平江县城。敌人布置的汨罗江防线彻底崩溃。21日，岳阳、平江一带农民协会会员，引导北伐军从平江北乡渡过微水黄芽山间道袭取岳阳。叶开鑫部2000余人投诚，余荫森部全被缴械。22日，北伐军进占岳阳。至此，湖南战斗胜利结束，北伐军乘胜向湖北进发。

吴佩孚获悉湘省尽失，于8月22日乘车兼程南下。25日在汉口召开紧急军事会议，准备固守汀泗桥、咸宁、白墩一带，等待援兵，挽回败局。

8月23日，唐生智、李宗仁等召开羊楼司会议，决定4路合攻汀泗桥。吴佩孚军以2万余兵力，凭汀泗桥三面环水、东面高山耸立之险企图阻挡北伐大军。26日，第四军发起进攻。吴军以密集火力封锁铁路桥，两军连续激战10余小时，双方死伤均十分惨重，攻汀泗桥无大进展。27日凌晨，独立团由农民做向导沿崎岖山路，绕到敌人背后古塘角方面。与此同时，各部队继续向吴军阵地反复冲锋，至是日晨3时，方开始占领汀泗桥东侧一带高地。晨4时，独立团发起猛烈攻击。接着，第四军全线冲锋。敌终不支，弃守汀泗桥，败逃咸宁。当日，攻占汀泗桥。之后，独立团奉命追击敌人，并乘敌立足未稳，一举攻占咸宁城，为夺取贺胜桥战役的胜利创造了有利条件。

贺胜桥地形虽不及汀泗桥险要，但吴佩孚视此役关系其生死存亡，故以精兵2万余人扼守贺胜桥一带阵地，并配备各类大炮数十门。8月29日下午，北伐军开始进攻，30日凌晨，战事激烈。吴军抵挡不住，且战且退。吴军溃退时，吴佩孚亲临贺胜桥督战，喝令赵荣华之执法队砍杀后退官兵多人，但亦无法遏止前线之溃退。由于第四、第七两军密切协同，浴血奋战，终于赢得贺胜桥战役的胜利。吴佩孚乘车败逃，退至武昌。

武昌城防卫坚固，易守难攻。9月3日，北伐军第七、第四、第一军各部首攻武昌城。守城吴军集中火力，俯瞰扫射，许多兵士中弹身亡，攻城未果。9月5日，北伐军再攻武昌城，各团奋勇队三面攀登，死伤累累。守敌顽强抵抗，炮火猛烈。北伐军改强攻为长期封锁包围。9月7日，第八军攻克汉口。10月10日，武昌内粮食日益殆尽，北伐军第四、第八军攻击武昌城。由于得吴俊卿部内应，攻城一举成功，俘敌万余人。至此，军阀吴佩孚的反动势力基本被摧毁，残部败退河南。叶挺独立团所在的第四军，自北伐以来，战功卓著，威震两湖，赢得了"铁军"的光荣称号。

北伐军在江西战场开始时，由于声势逼人，锐不可当，入赣仅半个月，第二、第三两军就连克萍乡、宜克、莲花、永新、分宜、新喻、万载、上高、清江、安福等11个县，战事发展十分顺利。第六军连克修水、高安后，于9月19日下午在南昌市工人、学生、省长所属警备队等的响应下，进占南昌城。由于遭受孙传芳军队南北夹攻，第六军被迫冲出南昌西撤。

武昌攻克以后，第四军等部陆续到达赣北，加之孙传芳内部分化，后方不稳，江西战场形势发生重大变化。11月初，第七、第四军迅速占领了南浔路北段的德安、马回岭等地，封锁了孙军的退路，完成了对南浔路全线总攻击的准备。接着，第二、第三、第四、第六、第七各军协同作战，将孙军主力围歼于南浔路南段。经数日激战，击溃孙军主力，于7日克复南昌，孙传芳败逃南京，江西战事基本结束。

在福建，随着北伐军的进军及在其他战场上的节节胜利，使号称6万之众的孙军周荫人部各旅纷纷倒戈反孙，加之福建民军积极参战，何应钦第一军，自 10 月初进入福建以来，进展均比较顺利，并于 12 月 18 日进驻福州。

在浙江，孙传芳自赣省作战失败后，即集中其残部于沪宁、沪杭线上，负隅顽抗。东路军于 1 月下旬推进浙西，于 2 月 18 日进占杭州。3 月上旬，东路军分两路向淞沪及沪宁线进击。上海、南京已处于北伐军的包围之中。上海工人阶级乘势举行第三次武装起义，一举解放上海。

在北伐军胜利进军的革命形势影响下，在苏联政府和共产党人的帮助下，冯玉祥终于走上了革命的道路。

1927 年 3 月 11 日，冯玉祥发布出师布告，宣布将亲率 20 万兵力，东出潼关，会师许（昌）郑（州）。

北伐军自出师以来，仅半年多时间就连续攻占了湘、鄂、赣、闽、浙、皖、苏等省，控制了长江中、下游广大地区，基本上摧毁了吴佩孚、孙传芳的直系军阀的反动势力，取得了伟大的胜利。

北伐战争胜利发展的主要原因是：这次战争是正义的战争，以国共合作为基础的统一战线极大地调动了各方面的革命力量；广大官兵英勇作战，人民群众的有力支援，是北伐胜利的决定因素；开展有效的政治工作，共产党员和共青团员在战争中发挥先锋模范作用；共产国际和苏联政府在物资上的支援，以及派人帮助指导，为战争胜利做出了贡献；北洋军阀内部的腐败与矛盾，也加速了北伐的胜利。

上海工人的壮举

蓬勃高涨的工人运动有力地支援了北伐军，工人群众在共产党的领导下，积极地同反动武装做着不屈不挠的斗争。

北伐军在汀泗桥、贺胜桥战役中歼灭北洋军阀吴佩孚主力部队，并乘胜占领武昌之后，立即将主力调往江西方面，向控制东南地区的军阀孙传芳发起进攻。孙传芳在江西战场作战失利，他的后方上海的兵力也日益空虚。当时上海的工人运动受中国共产党江浙区委员会直接领导。为了配合北伐军进攻，在中共江浙区委员会的领导下，由上海总工会出面组织，分别在公元1926年10月和公元1927年2月，发动了两次武装起义。但由于时机不成熟，准备不充分，致使起义失败，数十人英勇牺牲。

公元1927年3月上旬，孙传芳军队已处于全线崩溃、不可收拾的境地。中共中央决定派中央军委书记周恩来到上海领导第三次武装起义。

周恩来和中共江浙区书记罗亦农、江浙区委组织部部长兼上海总工会党团书记赵世炎等，认真总结了前两次失败的教训，并且成立了指挥部。他们在工人中建立严密的组织，武装5000名工人纠察队，进行秘密操练和射击训练。

周恩来、赵世炎制定出统一指挥、分区作战的计划。考虑到枪支弹药的不足，因此指示各纠察队队长，起义开始后首先攻打各区警察署，夺取枪支弹药。

3月21日中午12时正，起义正式打响！南市的工人纠察队，主要是由法商的电车、电气、自来水公司和求新造船厂的工人组成。当司机把电车开回公司的时候，周恩来赶到那里。他鼓励工人们说："你们有才能，有志气，有组织，能服从革命听指挥，是一支英勇战斗的队伍！"纠察队员们很尊重周恩来同志，听了他鼓励的话语信心百倍。

周恩来又赶到上海其他区去指挥战斗了。南市100多名纠察队员列好队，每人在衣袖上别了一根红布条。人那么多，武器却只有3条枪，以及40把斧头和一些绳索。他们很快从街道执勤的两个警察身上夺下了枪支。为了迅速扩大战果，纠察队兵分两路，同时向两个警察署派出所冲去。

一支队伍奔到蓬莱路口，那里派出所看门的警察见那么多工人迎面冲来，远远地就把枪用双手高高地举过头顶，表示自动缴械，唯恐纠察队员们看不出他们投降的意思而开枪。纠察队员一鼓作气，冲进了大门，见里面连个人影也没有。原来警察们早都闻风而逃了。

另一路纠察队也取得了胜利。几支纠察队完成了夺取枪支弹药的任务，就汇集到一起，成为一支庞大的队伍，一起浩浩荡荡地向警察厅进发。快到目的地时，纠察队决定分成两路，一路攻正门，一路打后门。

纠察队员们纷纷上好弹药准备与敌人进行一场殊死搏斗。谁知近前一看，警察厅大楼上已经扯起了一条白被单。门口的大铁门敞开着，门前站立着两排手持乐器的警察。他们见大批纠察队员开到，马上热热闹闹地吹打起来。队员们忍住笑，威严地走进了大门。就这样，仅有几支枪的工人纠察队，一枪未放，就占领了警察厅。他们在这里搜到了一批步枪和30多支手枪，每人都分到了一支。

这时，南市各路工人纠察队已先后攻占了电话局和南火车站，汇合起来的武装队伍已有1000多人。于是，他们向高昌庙制造局（是个兵工厂）发动进攻。

驻守在这里的敌人有一个连，连长早已逃跑。纠察队员到达那里，首先向里面喊话："你们已经被包围了，赶快投降吧，缴枪不杀！"没等纠察队员喊完，早已准备好的白旗已经扯了出来。这样，又缴获到了一大批武器。到下午4点钟，南市的战斗胜利结束了。

沪东、沪西、虹口、吴淞等区的工人纠察队也先后取得了胜利。但是，闸北区还没有拿下来，那里还在进行着激烈的战斗。

闸北，位于上海市北。敌人的大部兵力集中在这里。这里军警据点达20个，因此是起义的重点进攻地区。闸北的得失，关系到这次起义的成败。

在上海工人举行第三次武装起义之前，北伐军东路军前敌总指挥白崇禧已率部队占领了上海市郊的龙华。起义过程中，上海总工会曾派代表与白崇禧联系，要求北伐军进攻上海，里应外合地解除上海的反动武装。但是，白崇禧却根据蒋介石的旨意，置之不理。周恩来闻讯后，气愤地对工人纠察队说，不要依靠他们，要凭自己的力量消灭军阀部队。

根据起义总指挥部的部署，为夺取闸北一战的胜利，工人纠察队集中力量，分别进攻6个主要目标：北火车站、东方图书馆、湖州会馆、闸北第五警察署，以及其他两个警察分署。

攻打第五警察署的，是商务印书馆的工人武装队伍，由分队长徐文思带领。这个警察署的署长无恶不作，人称"地头蛇"，警察署也被工人们称为"黑狗窝"。"地头蛇"听说外面风声很紧，一有动静就紧闭大门，在窗台上架起步枪，不让外人随便接近。

徐文思考虑到自己队伍枪支很少，要硬攻是不行的。和大家商量后，决定将队员分成两路，一路由他带领，佯攻正门，吸引敌人主要火力。同时，又准备了一些火油箱、油墨桶和许多鞭炮。另一路担任主攻，从后门突入。

正门的进攻开始后，队员们噼里啪啦地放起了鞭炮，同时大声喊道："喂！黑狗们，你们被包围了，快快投降吧！不然要劈大门啦！"他们不断地喊着话，放着鞭炮。敌人听着喊话，听着密集的"枪声"，胆战心惊，集中起来商量对策。在后门附近的队员乘机发动进攻。

战斗很快取得了胜利，徐文思在战斗中英勇牺牲。其他各区的战斗也先后胜利结束。到第二天下午4点多钟，就只剩下北火车站一个敌人据点了。

北火车站盘踞着大量敌兵，他们拥有机枪、迫击炮、铁甲车等重型装备。而且车站附近是一片空旷的开阔地带，纠察队员进攻时几乎没有掩蔽物。敌人的司令也坐镇在这里亲自指挥。这一切，都增加了拔除这个据点的困难。然而，北火车站是敌人在上海的最后一个据点，云集在这里的工人武装队伍，人人同仇敌忾，斗志昂扬，决心一鼓作气攻克它。

激战不到半小时，亲自坐镇指挥的敌军总司令就逃到租界去了。守敌得知他们的司令已逃跑了，丧失了斗志；加上无人统一指挥，敌人阵线很快陷于混乱。各路纠察队员更是加紧了总攻步伐。下午6点钟终于全部占领了北火车站。

这样，在中国共产党的领导下，在周恩来等的指挥下，英勇的上海工人阶级经过 30 小时的浴血奋战，击溃北洋军阀在上海的驻军，占领了上海除租界以外的地区，全歼北洋军阀部队 3000 多人，反动警察 2000 多人，解放了上海这座中国最大的城市，为中国现代革命史写下了光辉的一页。这是大革命时期中国工人阶级的一次壮举。在起义过程中，工人英勇牺牲者达 300 多人，负伤者达 1000 余人。上海工人阶级用自己的鲜血解放了大上海。

上海工人第三次武装起义的胜利，充分体现了中国工人阶级及其先锋队顽强的斗争精神、巨大的组织力量和对武装斗争的领导艺术，是世界无产阶级武装起义史上的成功范例。

"四一二"反革命政变

一向坚持国共合作的孙中山逝世后，国民党各派之间的矛盾分歧就越来越公开化了。这时，对国民党后来发展越来越具有决定作用的一个人物，就是当时已具举足轻重力量的蒋介石。他实际上是右派势力的保护者和组织者。蒋介石的势力是在北伐前后逐渐扩大的。他当然不想让人民的力量独立充分地发展。

公元 1926 年 1 月 1 日至 19 日，中国国民党在广州举行第二次全国代表大会。大会选出的国民党中央执行委员会中，共产党员和国民党左派处于次要地位，中央监察委员会内右派占了绝对优势。蒋介石也在这次大会上第一次当选为国民党中央执行委员，随后又被选为常务委员，又担任了国民革命军总监的职务。这样，他在国民党和国民革命军内的地位都大大提高了。

北伐战争期间，上海工人在共产党领导下举行武装起义，解放了上海这座中国最大的城市。这时，原来屯兵上海南郊观战的北伐军才在白崇禧的率领下开进上海。由于北伐革命深得民心，北伐军还是受到上海人民的热烈欢迎。4天后，北伐军总司令蒋介石从安徽乘军舰赶到上海，亲笔题与"共同奋斗"的锦旗，派乐队送到上海总工会，向上海工人表示敬意。

蒋介石在暗中却与帝国主义者、大资产阶级的代表密谋策划反革命政变。江浙财阀同意给他几百万元的巨额财政资助。帝国主义答应以驻上海的侵略军相配合。青帮头子黄金荣、杜月笙则组织了反动团体——"中华共进会"，纠集大批流氓打手，随时听候调遣。4月2日，国民党中央监察委员会通过"查办共产党案"，随即蒋介石便与白崇禧、李宗仁、陈果夫等在上海举行一系列"清党""分共"的秘密会议。4月8日，以白崇禧为首的上海戒严司令部成立。4月11日，蒋介石密令东南各省一致清党。经过一系列密谋策划，蒋介石就做好了充分的准备。

中共中央和上海区委对蒋介石的某些阴谋活动有所觉察，努力加强工人纠察队，力图巩固革命成果。这些天来，周恩来、赵世炎更是多次提醒总工会和工人纠察队要提高革命警惕，防止突然事变。可是，中共中央总书记陈独秀对此却毫无警惕，于4月5日与汪精卫发表《联合宣言》，说蒋介石"决无驱逐友党、摧残工会之事"。这样，就使受蒋介石表面行为欺骗的大部分纠察队员处于无戒备状态。

4月11日下午4时，国民革命军二师的大批士兵开始在街头巡逻。深夜，上海总工会所在地——闸北湖州会馆灯火通明，人们进进出出，异常忙碌。快10点半时，一名联络员奔进来气喘吁吁地说："26军二师已经宣布戒严，不准行人在街上行走，到处在进行盘问！"

就在这天，上海总工会委员长、共产党员汪寿华接到杜月笙的请柬，邀请他这天晚上参加在法租界的宴会。事前有人认为这人什么事都干得出来，应当拒绝赴宴；但也有人主张应当去，只要注意安全就行了。汪寿华考虑再三，还是按时赴了约。

凌晨两点，蒋介石的党徒指使青洪帮流氓500多人，冒充工人，从租界纷纷出动，来到预定的各个目的地。4时许，天还没亮，60多个流氓突然冲进湖州会馆。他们每人臂上都缠着一块白布，上面有一个黑色的"工"字。到了会馆近前，就劈劈啪啪地放起枪来。20多名纠察队员见这伙人来势凶猛，马上开枪还击。

双方射击了一会儿，突然开来了一支军队，带队的是第二十六军二师五团的团长。只听他大声喊道："为什么开枪！停止射击！停止射击！"枪声停了下来，但双方还对峙着。团长奔到总工会门口，问纠察队员们道："你们都是工人，为什么发生内讧，互相开枪？"纠察队员见对方是国民革命军的官长，便纷纷说："这帮人冲过来不问情由就开枪，我们当然要还击！"

团长迟疑了一下，说："请你们不要还击，这帮人由我们去缴他们的械。"不一会儿，那60多个流氓果然都被缴了械，有几个不肯缴枪的还被捆绑了起来。纠察队员看到军队支持总工会，便请团长等进屋吃茶、请烟。大家客气了一会儿，团长对纠察队总指挥说："既然发生了这种不愉快的事情，就请你跟我们一起到二师司令部去见见师长，商量个解决的办法吧。"

总指挥尽管觉得有些蹊跷，也没有多想，他便带着6个纠察队员跟团长走了。走了一段路，团长突然板起脸对总指挥说："他们那一方的枪缴了，你们的枪也得缴！"总指挥吃了一惊，但立即沉着回答道："那不行。他们是来捣乱的流氓，我们是工人纠察队，怎么可以缴械呢？！"

团长冷笑一下，向旁边递了个眼色，一名营长马上指挥士兵把总指挥等的枪缴了；随即又回到了湖州会馆。他把全体纠察队员叫来说："为了维持地方秩序，我代表国民革命军要求你们也全部缴械。如果不听我的忠告，我就下令强制执行！"

纠察队员都不肯缴枪。于是团长换了笑脸说："是啊，缴械总不大好看。那就不缴吧，请你们把枪靠在一边就行啦，不然我没法向上级交代。"纠察队员缺乏经验，照他说的把枪三叉式地靠在一起。不料枪刚架好，军队就架起机关枪，逼迫纠察队员全部退出湖州会馆。

同一时间，工人纠察队总部和各区的工人纠察队，都发生了类似的诱骗缴械事件。有些地方作了抵抗，但因众寡悬殊，很快被镇压下去，数十名纠察队员当场被杀害，伤200多人。上海总工会委员长汪寿华亦在当夜被杜月笙谋害。

蒋介石、白崇禧等人的反动行径激起了上海人民的极大义愤，当天中午12点，5万多名工人和市民在闸北青云路广场举行集会，要求交还纠察队枪械，肃清流氓反革命分子，保护工会。南市群众在集会后，一起到龙华白崇禧的总指挥部请愿。白崇禧避而不见。数万名群众在大雨中站了3个小时，谈判毫无结果。

在中国共产党的领导下，上海总工会决定再次发动上海总同盟罢工。13日，20多万工人罢工，10万人在青云路广场集会，抗议蒋介石的暴行，要求发还枪支，肃清反革命。会后，他们高呼口号到宝山路的第二十六军二师司令部请愿。队伍长达一公里。

当队伍走到宝山路附近时，从四面的弄堂里突然跑出来一队队全副武装的士兵，对准密集的游行队伍，疯狂地用步枪和机关枪扫射起来。霎时间，工人们一批批倒下了，后面的队伍很长，无法后退。天下着雨，工人的血和着雨水，流在地上，宝山路成了一条血河。

士兵们又冲上前去用枪托打，刺刀刺，对赤手空拳的工人大打出手。这以后，白色恐怖遍布全城，大批工人领袖、共产党员被捕杀害。就在短短的3天之内，有300多人被杀，500多人被捕，5000人失踪。陈延年、赵世炎等先后在上海英勇牺牲。这就是骇人听闻的"四一二"反革命政变。

继上海"四一二"反革命事变之后，国民党反动派又在广州制造了四一五惨案。共产党员和革命群众被害达200余人，被捕达2000余人。著名共产党员萧楚女、熊雄、邓培、何耀全等均被反动派杀害。在此期间，南京、无锡、宁波、杭州等地也遭到国民党反动派的大屠杀。

南昌起义

蒋介石和汪精卫先后在上海和武汉发动反革命政变，大肆屠杀共产党人和工农群众，致使革命的力量损失惨重。轰轰烈烈的大革命失败后，中国共产党总结教训，为反击国民党反动派的疯狂进攻，挽救革命，中共中央临时政治局决定利用共产党掌握和影响下的国民革命军在南昌举行武装起义，并指派周恩来为前敌委员会书记。

公元 1927 年 7 月 27 日，周恩来从武汉经九江到达南昌，着手组建前敌委员会，作为此次起义的领导机关。前敌委员会由周恩来、李立三、恽代英、彭湃组成，周恩来任书记。经过反复协商，决定"8 月 1 日 4 时动作"。

为保证起义的胜利，周恩来动员了中国共产党所能影响的一切武装力量向南昌集结。第二十军军长贺龙虽然不是共产党员，但他决心一生追随中国共产党，公元 1927 年 7 月 25 日他率部开赴南昌。为准备起义，贺龙召集了一次团以上军官会议。贺龙严肃地说："大家都知道，国民党已叛变了革命，国民党已经死了。我们今天要重新树立起革命的旗帜，反对国民党，反对反动的政府，打倒蒋介石！我们大家在一块，都是很久的，我今天要起义了，愿跟我走的，我们一块革命；不愿跟我走的，可以离开部队！"话音刚落，军官们就异口同声地回答："军长怎么办，我们就怎么办！""我们坚决跟你走！""好！"贺龙的脸上露出满意的微笑，"大家愿意跟我走，那我就宣布起义计划。……"散会后，各团团长马上着手起义的准备工作，要求各级军官人不离枪，马不离鞍；所有部队整装待发，进入临战状态；军官轮流值夜，听候命令。

参加此次起义的部队，除贺龙的第二十军 2 个师 7 个团外，还有叶挺的第二十四师，朱德率领的第三军军官教导团的一营学兵，共 15 个团，约 3 万余人。此外，30 名女兵、2 名苏联同志、几位朝鲜同志也参加了起义。

战前的南昌城气氛紧张。为刺探敌情，做到知己知彼，有的部队派出了侦察员，化装成敌人的伙夫。这些"伙夫"挑着水桶，一边在敌营挑水一边问：你们是第几营的？团部在哪里？从这个营挑到那个营，水挑完了，天也黑了，要摸的情况也摸清了。于是，这些"伙夫"坦然地混出敌营。相比之下，教导团侦察敌情的方式则相当轻松。这些年轻的总队长们，以熟悉地形、增长见识为名，请敌军团长亲自领着在敌营房内外着实考察了一番。此间，朱德还完成了一项特殊的使命。根据前敌委员会的指示，7 月 31 日午后，朱德利用自己与滇军的"旧谊"，宴请敌军 4 名团长。一桌鱼翅席，吃得敌军团长昏头涨脑。在觥筹交错、谈笑风生间，朱德"杯酒释兵权"，使得起义打响后，有几个团的敌人群龙无首。

起义的准备工作在紧锣密鼓地进行着。虽然一切都是秘密进行的，但狡猾的汪精卫，还是嗅到了共产党要对国民党发动攻击的气息。于是，他惴惴不安地通电全国各党部、省政府、军部严加注意防范共产党的一举一动。南

昌城内军队的频繁调动，也使敌人加强了戒备。他们在一些重要地段构筑了临时工事，严格盘查进出人员。但是，这一切补救都为时已晚，整个南昌城实际上已在起义军的控制之中。

由于起义军副营长赵福生叛变投敌，将起义计划报告给了敌军。为避免被动，争取主动，前敌委员会果断决定，将原定的起义时间提前 2 小时。

公元 1927 年 7 月 31 日晚，"砰！砰！砰！"三声清脆的枪声，划破了寂静的夜空。起义总指挥部发出了起义进攻的信号。震惊中外的南昌起义正式爆发了！顿时，古老的南昌城，枪炮轰鸣，火光冲天。

按照预定计划，贺龙指挥的第二十军的主要任务是进攻第五方面军总指挥部，消灭大营房驻敌，解决省政府的守卫部队，并负责警戒南昌北面水陆交通要道；叶挺指挥的第二十四师的主要任务是歼灭天主堂、贡院、新营房等处的敌人，攻占敌卫戍司令部，占领敌人设在佑民寺的修械所和弹药库；朱德率军官教育团 1 个营负责监视其驻地附近的敌情，协同友军作战。

战斗首先在叶挺第二十四师第七十一团与敌第五十七团之间打响。8 月 1 日凌晨零点 30 分，距离正式起义的时间还有半个小时，敌军企图实施突围，我军立即以猛烈的火力给予还击，双方展开了激烈的巷战。敌人在起义军的猛烈攻击下，纷纷爬上城墙逃跑，遭到早已布置在城墙附近的工人纠察队和公安局警士的英勇阻击。敌人见突围不成，转而又向原驻地步步退去。最后，敌人见大势已去，被迫缴械投降。

当驻天主堂的敌军听到枪声后，也企图冲出大门实行突围，起义军也与之展开了激烈的巷战。由于该巷道狭窄笔直，双方交战，无法隐蔽，所以易守难攻。我起义军在冲击中有 20 余人伤亡，攻击暂时受阻。营长再次挑选精干官兵组织突击队，重新向敌人发起了进攻。在机枪的掩护下，突击队员匍匐前进，向敌人发起强攻，终于迫使敌人向天主堂院内后撤。此时，我担任迂回进攻天主堂的起义军已翻墙进入院内。敌人遭到前后夹击，仓皇逃到天主堂的钟楼，负隅顽抗。起义军一面继续勇猛冲击，一面敦促敌人缴械。最后敌军举起了白旗。

起义军第七十二团向驻扎在贡院的敌军也发起了进攻。敌人遭到起义部队的突然袭击，惊慌失措，沿着与贡院毗邻的东湖边向北败退，又遭到起义军在东湖对岸观音亭的机枪火力的阻击，很快便失去了战斗力。

打得最为激烈的是进攻朱培德第五路军总指挥部的战斗。这支部队是朱培德的"精锐之师"，加之由于叛徒赵福生的告密，事先已有戒备，因而，战斗异常激烈。贺龙首先命令军部特务营封锁了总指挥部的大门，接着从正面向敌人发起强攻。但是，敌人的火力十分凶猛，贺龙急令三、五团火速增援。据当时的一位排长回忆：大约晚上11点左右，团长命令一营各连全副武装，赶到军部待命。出发时，全体官兵将袖子和裤腿卷起，不吹号，不惊动居民。在路上他听到枪声骤起，接着全城枪声大作，他急忙问连长是怎么一回事。连长说，最先响枪的地方大概是子固路，离军部不远。当他们跑步赶到军部时，一团已经和敌人打上了。在机枪的掩护下，他们从敌人背后越墙打进去。前后夹击，几经拼搏，全歼了朱培德的警卫团。

经过4个多小时的激战，8月1日拂晓，战斗胜利结束。起义军共歼敌3000余人，缴获步枪5000余支。南昌市民将紧闭了一夜的城门敞开，用鞭炮、美酒、水果表达他们的喜悦心情。

起义胜利后，成立了中国国民党革命委员会，推选宋庆龄、邓演达等7人组成主席团。以宋庆龄等人的名义发表了《中央委员宣言》，号召一切革命者"继续为反帝国主义与实行解决土地问题奋斗"，任命贺龙为国民革命军第二方面军代总指挥，叶挺为代前敌总指挥。

8月3日，起义军按照中共中央的决定，开始撤离南昌城，向广东进军。

南昌起义用血与火的语言，宣布了中国共产党人不畏强暴、继续坚持革命的坚强决心。南昌起义打响了反抗国民党的第一枪，它是中国共产党创建革命军队、独立领导武装斗争的开始。南昌起义在全党和全国人民面前树立了一面革命武装斗争的旗帜，标志着中国共产党独立地领导革命战争、创建人民军队和武装夺取政权的开始。8月1日成为中国人民解放军的建军节。

东北易帜

易帜，就是换旗，是指废除北洋政府的红、黄、蓝、白、黑五色国旗（红黄蓝白黑五种颜色，代表着汉满蒙回藏五族共和），改挂国民政府的青天白日满地红国旗。

国旗一升一落，说起来简单，但做起来却是步履维艰。因为，五色旗的降落，意味着北洋军阀统治时代的寿终正寝；公元 1928 年底，张学良东北易帜，东北三省归顺南京政府，标志着中国结束了军阀连年征战的混乱局面，实现了国家的统一。

张学良是奉系军阀首领张作霖的长子。在求学期间，他受到辛亥革命、五四运动以及欧美资产阶级文化思想的影响，在个人爱好、理想和抱负方面，与其父张作霖多有不同。当他看到国内军阀纷争，帝国主义坐收渔利时，立誓"本个人之良心，尽个人之能力，努力以救中国"。在其父张作霖在世时，就曾多次向其进谏，希望能够停止内战。但是，出身绿林的张作霖一心要成为中国的最高统治者，对儿子的话自然是充耳不闻，甚至还破口大骂。为此，张学良甚为苦恼。

公元 1928 年 6 月，随着皇姑屯一声爆炸声响，张作霖被炸升天，张学良集国恨家仇于一身，易帜决心更坚。

此时，由于军阀连年混战，已使民不聊生，老百姓热切盼望早日结束这连绵的战事，希望能安安生生地过上几天舒心日子。因此，张学良东北易帜的主张，得到了东北人民的热烈拥护。教育界人士上书张学良："我国近百年来，文化迟滞，经济落后，国弱民贫，外患纷乘，必合全国之力以御侮，方克有济"；工商界人士发表宣言："顺应潮流，改旗易帜，服从国民政府，实行三民主义，以谋统一";学生更是走上街头，发表演讲，呼吁早日易帜。但是，激烈反对者大有人在。在东北军内部，元老重臣几乎全部反对东北易帜。他们主张东北自立天下，不能听命于南京政府，纷纷苦口婆心地劝诚张学良："换了旗就等于失去了自主，得听别人指挥；不换旗，拥兵关外，举足轻重，战守自主！"面对这些曾是张作霖左膀右臂及拜把兄弟的前辈，张学良感到压力重重。

而在外部，日本政府更是明目张胆地阻止东北易帜。因为他们害怕易帜之后，英、美会将触角伸到东北来，与其共享东北的权益，而日本一直都是将东北视为自己的殖民地，它是绝对不允许别国插手东北的。所以，日本首相向日本驻奉天总领事林久治郎发出训令："坚决阻止东三省政府同南方合作"。

接到训令的第二天，林久治郎就亲自拜会了张学良。双方一番寒暄之后，林久治郎直接切入主题，"东三省应保境安民，不宜实行三民主义。"张学良听罢，沉默不语。林久治郎拿出田中首相的信递给张学良。张学良大致浏览了一遍，就知这是一颗日本人打给他的糖衣炮弹。信中说：南京政府带有共产党的色彩，而且地位还远未稳固，东北实在没有与之联系的必要；如果南京政府以武力压迫东北，日本愿不惜牺牲，尽力相助；如果东北财政发生困难，日本银行也愿予以充分接济等等。张学良深知，如果直截了当地拒绝日本的"好意"，会招致日本动用武力解决问题。那样，东三省的老百姓就要遭殃了。为了避免与日本发生正面武装冲突，张学良只好通电蒋介石，"弟现在实处两难，不易帜无以对我兄，无以对全国，易帜则祸乱立生，无以对三省父老。"易帜之事只好暂缓。

日本对此还不肯善罢甘休，借张作霖葬礼之机，派特使林权助会晤张学良，对其软硬兼施。"东北不能悬挂青天白日旗。"林权助端起茶杯阴森森地说。"这是大势所趋！"张学良毫不示弱地回答说。"哼！"林权助恼羞成怒地说："如果东北当局不听从日本的劝告，要与南京政府达成妥协，为了维护我国的既得利益，我们将不得不采取必要的行动。"张学良听后微微一笑，义正词严地说："贵方好比是我们的良友，而南京政府，则好比是我们的主人。就理论而言，似先当听主人之言，然后才能容纳良友之见。"张学良一席不软不硬的话使林权助面红耳赤，他蛮不讲理地高声叫嚷："我们就是不准你挂旗。"双方不欢而散。

在张学良回访林权助时，双方再次就东北易帜问题发生了尖锐的冲突。林权助威胁张学良说，东北如更换旗帜就等于与日本断交，日本绝不会漠然置之，甘愿冒干涉中国内政的嫌疑，也在所不惜！进而警告说，如果张学良一意孤行，日本将不惜诉诸武力。张学良对日本的强硬态度极为愤慨，他再三强调，我是一个中国人，当然以中国人的立场为出发点，必须以东北三省人民的利益和志愿为依归，在任何情况下，我都不能违背东三省的民意！第二天，日本就在沈阳火车站集合军队，进行示威，制造紧张局势。为了避免与日本发生军事冲突，张学良再次电告蒋介石："对于日方如此态度，人皆气愤，但是对付之策有三种：一是强硬，二是软化，三是圆滑。强硬就必须要动武，不但东三省力有不足，即全国协力亦无把握。软化就会将东北变成日本的保护国，这也是不行的。目前，只能暂时以圆滑之法以延宕之，争取国际支持。"并通知林权助："东三省易帜，延期三个月。"

就这样，在内外的压力下，特别是在日本政府的粗暴干涉下，东北易帜之事不得不一拖再拖。但是，易帜步伐并没有因此停止。此间，美国政府唯恐日本独霸东北后，会有损于美国的利益。于是，美国驻华公使马克谟，在征得南京政府的同意后，前往沈阳会见张学良，表示美方愿为实现东北换旗付出努力。张学良机智而又巧妙地利用美、英、日等帝国主义国家之间的矛盾，利用美、英等国牵制日本。美、英等国为自身利益，紧紧抓住日本出兵山东的问题不放，一再向日本施加压力。在日本国内，在野派也不断加强反对田中内阁的活动。在各方面的压力下，处于内外交困之中的田中首相不得不宣布："东北易帜之事，只要维持日本在满蒙的既得利益，日本就不再持反对意见。"

东北易帜的条件渐趋成熟。12月24日，张学良决定，于本月29日东三省同时改悬青天白日旗，并严正强调，事前必须严守秘密，不能走漏丝毫风声，以免惹起他方的注意。

公元 1928 年 12 月 29 日，在奉天省府礼堂内，张学良宣布东北易帜。站在高高的台子上，张学良激动地说："我们为什么易帜，实则是效法先进国（日本）的做法。该国起初也是军阀操权，妨碍中央统治，国家因此积弱。其后军阀觉悟，奉还大政于中央，立致富强。我们今天也就是不想发散中央的权力，举政权还给中央，以谋真正统一！"全场顿时响起了雷鸣般的掌声。

会后，张学良通电全国："仰承先大元帅遗志，力谋统一，贯彻和平，已于即日起宣布遵守三民主义，服从国民政府，改旗易帜。"东北各地，高悬青天白日旗，百姓欢呼雀跃。同一日，南京政府电复张学良："完成统一，捍卫国防，并力一心，相与致中国于独立自由平等之盛，有厚望焉。"

12 月 31 日，南京政府正式任命张学良为东北边防军司令长官，张作相等人为副司令。易帜工作基本结束，国民政府在形式上统一了全国。

东北易帜，既是张学良息内争、御外侮、反帝爱国思想发展的必然产物，也是他为拯救国家危亡而联蒋抗日的一大壮举。这一义举，无论在结束新老军阀混战局面，促进祖国和平统一，还是在挫败日本直接占领或独立东北的阴谋，维护国家领土主权完整方面，都有一定的进步意义。

东北易帜，表明国民党政府完成了对全国形式上的"统一"，也表明了北洋军阀统治时期的最后结束。

毛泽东创建井冈山根据地

在蒋介石和汪精卫叛变革命后，中共中央临时政治局决议在湖南、湖北、广东、江西四省发动农民，举行秋收暴动。毛泽东奉中央命令回湖南改组省委，制定暴动计划，并成立了以毛泽东为书记的暴动领导机关。参加暴动的骨干为原国民革命军第四集团军第二方面军指挥部警卫团，平江、浏阳地区的农民以及安源矿工武装，总计 5000 余人。

公元 1927 年 9 月 8 日，湖南省委发布夺取长沙命令。11 月暴动在安源、铜鼓、修水等地全面展开，但很快受挫。毛泽东果断命令停止进攻长沙。19 日，各路暴动部队于浏阳文家市会合，毛泽东主持召开前委会议，决议退兵湖南南部。10 月 29 日，毛泽东率领湘赣边界秋收起义部队来到江西永新三湾。

在一棵大樟树下，起义部队召开了一次不同寻常的大会，一次关系到工农革命军向何处去的大会。伴随着雷鸣般的掌声，身材高大魁梧的毛泽东健步走到战士们面前。

"同志们！"毛泽东声音洪亮地说："敌人只是在我们后面放冷枪，这有什么了不起呢？大家都是娘生的，敌人他有两只脚，我们也有两只脚。贺龙同志两把菜刀起了家，我们现在不只是两把菜刀，而是两营人，还怕干不起来吗？你们都是起义过来的，一个可以当敌人 10 个，10 个可以当 100 个。现在我们有这样几百人的队伍还怕什么？"听着毛泽东热情洋溢的话语，望着他炯炯有神的眼睛，战士们群情激昂。毛泽东当即对部队进行了改编，把原先的一个师缩编为工农革命军第一军第一师第一团。并在军队中建立党的各级组织，"将支部建在连上"，班设党小组，连以上各级设党代表，营团设党委，并成立了党的前敌委员会，毛泽东任书记。改编后，在军队内部实行民主制度，建立士兵委员会，确立了党和军队的绝对领导，为中国共产党建立新型的无产阶级军队奠定了基础。这就是中国革命史上著名的"三湾改编。"三湾改编后，毛泽东率部队来到宁冈县古城。

在古城的文昌阁小学，部队召开了前敌委员会扩大会议。会议总结了暴动的经验教训，决议到敌人统治的薄弱地区——井冈山建立革命根据地。最后，毛泽东分析了将井冈山作为革命根据地的有利条件。从地理位置看，井冈山位于罗霄山脉中段，四周群山环绕。上有黄洋界、八面山、珠沙冲、桐木岭、双马石五大关卡，地势险要；山上的大井、小井、上井、中井、下井、茨坪、下庄、行洲、南坪、白泥湖、罗浮等地，均有水田和村庄。并且东有永新；南有遂川；西有莲花；北有宁冈。地势险要，地形复杂，易守难攻，既利于部队休养生息，又可以厉兵秣马，向敌人发起新的进攻，实为建立长期武装割据的好地方。

从群众基础看，该地在大革命时期，就经历过较大规模的农民运动。各县曾建立过党的组织和农民协会，并有袁文才、王佐领导的两支农民自卫军坚持斗争，他们愿意同工农革命军走在一起。井冈山物产丰富，有茂密的森林，出产杉木、楠木、油茶、油桐和药材。各县都有自给自足的农业经济，易于部队筹款筹粮。

从敌我力量对比看，井冈山地处湘赣边界南部，距离国民党统治的中心城市比较远，是敌人统治的薄弱地区。另外，湘赣两省军阀各自为战，互有矛盾。江西的统治势力又多是外地人，力量比较薄弱，控制也不那么严，我军的回旋余地较大。此外，在井冈山建立革命根据地，既可使江西省受到鼓舞，又可使湖南省得到推动。因此，毛泽东反复教育干部和战士，必须下定决心，坚决为创造以宁冈为中心的政权而奋斗。

毛泽东的一席话，极大地鼓舞了干部和战士们，大家齐声高呼："我们要上井冈山，去建革命根据地。"会后，毛泽东便领导部队向井冈山进军，并于10月进入井冈山。

从公元1927年10月到公元1928年2月，以毛泽东为书记的前敌委员会，发动群众，建立革命政权，坚持土地改革，分别于公元1927年11月和公元1928年1月，攻克茶陵和遂川，并打破了江西国民党发动的第一次"进剿"，初步奠定了井冈山根据地的基石，逐步开创了"工农武装割据"的局面。

公元1927年11月，为争夺广州，粤系军阀张发奎与桂系军阀李济深打得不可开交，为支持张发奎，湖南军阀也卷入了混战，致使茶陵一带防务空虚。前委抓住时机，决定攻打茶陵县城。11月18日清晨，革命军向茶陵守军发起了猛攻。起初，敌人躲在坚固的掩体后面负隅顽抗，但很快就被我革命军的英勇无畏吓得如丧家之犬，纷纷夺路而逃。几乎没有费什么力气，我革命军就将鲜艳的红旗插上了茶陵城。28 日，边界的第一个红色政权——茶陵县工农兵政府正式成立，由工人、农民、士兵三方代表组成。谭震林作为工人代表，就任工农兵政府主席；农民李炳荣代表广大农民兄弟参与工农兵政府工作；士兵代表陈士榘是工农革命军的班长。

公元 1928 年 1 月，冬日的寒意紧紧包裹着井冈山。连接赣南、粤北的遂川，显得格外凄冷。这里，敌军守备力量薄弱，被我军选为攻击目标。在一个大雪纷飞的早晨，我工农革命军顶风冒雪，挺进遂川，仅用 3 个小时就闪电般地将敌军赶出了县城，攻克遂川城后，迎接工农革命军的是空荡荡的大街和紧闭门户的店铺。由于豪绅地主的反革命宣传，这里的百姓将革命军当做是无恶不作的打砸抢部队。工农革命军走上街头，宣传党的宗旨和政策，号召大家"打倒土豪劣绅！""暴动，实行土革命""工农要武装起来"。在开展宣传工作的同时，他们还带领群众打土豪、分田地，终于迎来了老百姓诚心诚意的拥护。

井冈山的斗争主要是军事斗争。因此，前委十分重视革命军队的建设。公元 1927 年 10 月，毛泽东宣布了工农革命军的"三条纪律"：行动听指挥、不拿群众一个红薯、打土豪要归公。公元 1928 年 1 月，又制定了"六条注意"：上门板、捆铺草、说话和气、买卖公平、借东西要还、损坏东西要赔。后又加上两条：不搜俘虏腰包、洗澡避女人，成为"八项注意"。"三大纪律，八项注意"的提出，对于军队的建设，对于正确处理军队内部特别是军民之间的关系，对于团结人民群众和瓦解敌军，都起到了积极的作用。老百姓由衷地赞叹："毛泽东同志的队伍真是好样的！"

在加强正规部队建设的同时，前委还对活动于当地的袁文才、王佐的地方农民武装进行改造。我工农革命军反复向他们讲述人民军队要为人民服务的道理，深入浅出地指出，我们是党领导下的革命军队，是代表劳苦工农大众的阶级利益，与维护国民党豪绅地主阶级利益、镇压工农大众的旧式军队具有本质上的不同。经过一系列的整训和改造，前委决定正式将他们收编。前敌委员会宣布：袁文才、王佐两支农民自卫军收编为工农革命军第一军第一师第二团，袁文才任团长，王佐任副团长。

井冈山的生活是艰苦的，但艰苦的生活压不垮英勇的革命战士，他们唱着"红米饭，南瓜汤，秋茄子，味好香，餐餐吃得精打光，练本领打豺狼。干稻草，软又黄，金丝被，盖身上。不怕北风和大雪，暖暖和和入梦乡"的歌谣，粉碎了江西国民党发动的"进剿"，取得新城大捷。

公元 1928 年 4 月，朱德、陈毅率领南昌起义保留下来的一部分部队和湘南农军，在举行湖南起义后，跋山涉水，突破敌人的重重封锁，到达井冈山宁冈砻市，和毛泽东同志率领的中国工农红军胜利会师。5 月 4 日，会师庆祝大会隆重举行。会上，前委宣布，两军会合成立中国工农红军第四军，由毛泽东同志任党代表，朱德任军长，陈毅任政治部主任。毛泽东将这次会师大会称为："背上驳壳枪，师长见师长。"

毛泽东和朱德所率部队的会师，增强了井冈山地区的武装力量，为进一步扩大革命根据地创造了条件。同年 5 月，在宁冈茅坪召开了中共湘赣边界第一次代表大会，选举产生了湘赣边界党的最高领导机关——中共湘赣边界特别委员会（简称特委），毛泽东任书记，统一领导湘赣边界红军和根据地的革命斗争。在党的领导下，井冈山根据地不断得到巩固和扩大，给予国民党反动派以致命的一击。

公元 1929 年 1 月，毛泽东、朱德率井冈山地区红军主力进入赣南，在当地共产党组织和红军游击队的配合下解放兴国、瑞金、宁都、广昌等地，并建立了县级苏维埃政权，奠定了中央革命根据地的基础。

各地其他起义部队也相继建立了革命根据地。到公元 1930 年上半年，全国红军已发展到 13 个军，近 10 万人，开辟了 15 块根据地。较大的有：贺龙、周逸群等开辟的湘鄂西根据地；潘忠汝和徐向前等领导的鄂豫皖根据地；彭德怀、滕代远等领导的湘鄂赣根据地；方志敏、邵式平等开辟的闽浙赣根据地；邓小平、张云逸、韦拔群等开辟的左右江根据地。此外，在广东的海陆丰和海南岛，川东的宣汉、达县地区，江苏的如皋、南通地区，也都建立过红军和革命根据地。土地革命从此进入了一个蓬勃发展的时期。

广州起义

继南昌起义、湘赣边界秋收起义后，中共又发动了规模较大的广州起义。

公元 1927 年蒋介石、汪精卫先后在上海和武汉发动反革命政变，此后，曾是革命策源地的广州城，国民党反动派大肆逮捕、杀害共产党员和革命群众。我党的优秀儿女萧楚女，被敌人枪杀后抛入了冰冷的珠江；工会、农协等革命团体被取缔；工人的福利被取消；广大人民生活在水深火热之中……

为反击国民党反动派的血腥屠杀，推翻国民党的反动统治，中国共产党广东省委遵照中共中央的指示，决定在广州发动城市工农兵联合起义，夺取广东政权，重建广东革命根据地。中共广东省委书记张太雷担任起义总指挥。

同年 11 月，统治广州的军阀张发奎等人与桂系军阀黄绍竑爆发军阀战争，张发奎的部队大部调往前线，广州城防空虚。26 日，张太雷召开省委常委会，决定利用这一时机发动起义。

在张太雷、苏兆征、叶挺、叶剑英、周文雍、聂荣臻等同志的领导下，起义的准备工作在有条不紊地进行着。然而，风云突变，起义的机密被泄露，敌人要解除叶剑英领导的教导团的武装。这支教导团是起义的中坚，如果它被缴械，无异于釜底抽薪。在关键时刻，起义总指挥部决定起义时间提前。

12 月 11 日凌晨，教导团营房里发出了紧急集合的哨音。几分钟后，全体官兵整齐地列队于广场上。叶剑英身着工人服，头戴工人帽，站在大家面前。

望着一张张年轻的、充满朝气的面孔，他挥动手臂激动地说，摆在我们面前的有两条路：一条是听从敌人的摆布；一条是拿起武器与敌人斗争。我们有广大工农群众的支持，只要拿起武器同敌人干，最后胜利一定属于我们的！话音刚落，全场就响起了暴风雨般的掌声。

接着，全团官兵举行了起义誓师大会。首先由张太雷简明扼要地分析国际国内形势，接着叶挺作了战前动员，并布置了战斗任务。会场上，群情激昂，在"打倒国民党！""打倒帝国主义！""中国共产党万岁"的口号声中，全体官兵将军帽上的青天白日徽章摘下，摔在地上，将鲜艳的红领巾系在脖子上。

3时30分，随着起义口令"暴动"的发出，教导团打响了起义的第一枪。刹那间，广州城内枪声大作，硝烟四起。

按照预定计划，直奔广州市郊的沙河镇，袭击国民党驻广州的主力部队。经过一阵猛烈的冲杀，敌人很快败下阵来，600多敌军举械投降。

另一路由叶剑英带领，攻打敌公安局。当他们赶到预定地点时，周文雍率领的工人赤卫队已经和敌人交上了火。赤卫队员高喊着"冲啊！杀啊！"，直捣公安局的大门。敌人将机枪架在门口，疯狂地向队员扫射。赤卫队的进攻受阻。"散开！靠拢墙边！靠拢墙边！"指挥员看到自己的好战友一个又一个地倒在血泊中，强压心中的怒火，重新部署力量指挥进攻。恰好，叶剑英率教导团及时赶到，他们迅速投入战斗，用火力压住敌人。一部分赤卫队员趁机摸到公安局围墙下。围墙高3米多，上面嵌满了尖利的碎玻璃。正当大家束手无策时，一名队员灵机一动，高喊："骑膊马上去！"于是，10多名队员踩在同伴的手臂上，攀上围墙，拔出手榴弹，向院中的敌人投去。此时，起义队伍也打退了守在公安局大门外的敌军，砸开铁栅门，冲进了公安局。大家一面高喊："喂，士兵兄弟，快缴枪，缴枪投降不杀！"一面与负隅顽抗的敌人殊死搏斗。经过一个多小时的激战，敌公安局这块硬骨头终于被起义军啃了下来。随即，起义军打开牢房，救出了被囚禁的共产党员和革命群众。接着，无线电讯局、邮政局、各区警察署、国民党的党政机关也很快被起义军占领。在广州的部分越南、朝鲜革命者也参加了起义。

第二天清晨，伴随着零零星星的枪声，大街小巷，锣鼓喧天，一面面红旗在晨风中飘扬，一阵阵笑语在空中荡漾。6时整，一面绣着铁锤、镰刀的红旗，冉冉地升起在原公安局的楼顶上，广州工农民主政府——广州苏维埃政府正式成立了。苏兆征任主席，杨殷、周文雍、彭湃、陈郁、何来、张太雷、恽代英、叶挺分管肃反、劳动、土地、司法、经济、海陆等委员会及工农红军。工农民主政府还颁布了对内对外的革命纲领。对内，一切政权归苏维埃——工农兵代表会议；打倒反革命的国民党；打倒各式军阀；保证劳动人民之集会、结社、言论、出版和罢工的绝对自由。对外，联合苏联，打倒帝国主义。随后，工农民主政府组织群众上街宣传；搜捕反革命分子，实行邮电检查；没收了反动资本家的囤粮；出版了机关报——《红旗日报》。还组织女共产党员、女共青团员和女工制造军用材料、旗帜，并担负传递消息和运送、看护伤员等工作。整个广州城沉浸在一片沸腾之中。

为扩大战果，起义总指挥部决定攻打围塘火车站。在"呜——呜"的火车汽笛的伴奏下，起义队伍向敌人发起了进攻。他们有的紧握步枪，向敌人射出一粒粒仇恨的子弹；有的手舞大刀，向敌人头上砍去；有的赤手空拳，与敌人展开肉搏战。在英勇的起义军面前，敌人晕头转向，鬼哭狼嚎，最后不得不举手投降。

11日中午，工农民主政府按计划在第一公园前召开群众大会，突然接到报警：敌人向广州制高点观音山反扑。起义军立即着手迎击来犯之敌。经过奋战，打死敌军100多人，观音山又重新回到起义军手中。

由于敌我力量相差过于悬殊，起义军不可能坚守广州。叶挺提出，在敌军主力尚未回到广州之前，应将革命武装撤出广州。但是，这个正确提议，遭到了共产国际代表诺伊曼的反对。

12月12日，敌人开始了更加疯狂的反扑。他们集结重兵，从西面、北面和珠江南岸三面包围了广州城。英、美、日、法等帝国主义国家也出动炮舰，不断向市区轰击，还派海军陆战队在长堤一带登陆。新生的革命政权处在敌人的重兵包围之中。

这一天，从清晨到夜晚，整个广州城都是在激战中度过的。敌人不断调集援兵，屡屡发动进攻。我起义军英勇抗敌，浴血黄埔。广州的制高点——观音山，在战斗中几度易手。

面对反对派和帝国主义的联合进攻，起义军奋勇杀敌，谱写了一曲曲悲壮的史歌，张太雷同志就是其中的杰出代表。公元1927年12月12日下午两点左右，他在赶往大北门指挥部的途中，遭到敌人的枪击，不幸中弹牺牲，倒在了这片为之奋斗的热土上。

起义军与敌军进行了顽强的战斗，最后因寡不敌众，为保存革命实力，起义总指挥部下达了撤离广州城的紧急命令。一部分起义军退到花县一带，整编为工农革命军第四师，开赴东江，同海陆丰地区的农民武装会合，坚持革命斗争；一部分撤到广西左右江附近，继续领导农民举行武装起义，并参加了后来的百色起义；还有少数人员撤到韶关地区，参加了朱德、陈毅率领的南昌起义保留下来的部队，后来上了井冈山。至此，广州起义落下了帷幕。

广州起义虽然失败了，但它是党在第一次国内革命战争失败的转折关头，为挽救革命，为粉碎反革命的猖狂进攻，而奋起领导革命人民，向反革命势力进行的一次积极的、英勇的反击。是中国共产党在城市建立政权的一次大胆尝试。广州起义高举了坚持革命的旗帜、武装斗争的旗帜和苏维埃的旗帜，从而扩大了共产党和革命的影响。

新军阀混战

国民党蒋、冯、阎、桂四派军阀各怀野心，在取得对奉作战胜利后，彼此间的矛盾立即尖锐起来，进而爆发了军阀混战。

当时，蒋介石虽然是南京中央政府的最高统治者，但实际能控制的地区只有长江下游的几个省。公元1929年1月的编遣会议流产后3个月，他又操纵召开国民党"三大"，以中央指派和圈定代表的办法，排斥反对派，树立自己在国民党中的垄断地位。同时对汪精卫改组派和已公开反对自己的桂系领导人做了组织处理。蒋同其他各派的矛盾达到不可调和的地步，便诉诸战争。

同年3月，首先爆发了蒋桂战争，26日，蒋以南京政府的名义下令讨桂，坐镇九江，亲自督师进攻武汉。在蒋的收买下，桂军一部在前方倒戈，桂军主力从武汉地区后退。4月4日，蒋军进入武汉。随后，蒋派军队由湘、粤、滇三路进攻广西。5月上旬，李宗仁组织南路护党救国军，通电反蒋，并派兵进攻广东。6月下旬，蒋支持粤军打败桂军，任命原桂系军人俞作柏为广西省政府主席，蒋桂战争结束。

蒋桂战争后，蒋冯战争又起。先是公元1929年4、5月，冯玉祥积极调配兵力，准备讨蒋。但在蒋介石的收买政策下，冯军发生激烈分化，韩复榘、石友山等叛冯投蒋，使冯的讨蒋军事行动未能发动。10月，冯军将领宋哲元等通电讨蒋，蒋下令讨伐。从10月下旬到11月，蒋冯两军在豫西展开激战。战事发动后，原来答应与冯联合反蒋的阎锡山，转而投蒋反冯，冯军内部又缺乏统一指挥，结果冯军败回陕西。

11月，在蒋桂战争中被蒋起用为师长的张发奎，与桂系联合，组成"护党救国军"，进攻广东。12月，蒋派何应钦率军援粤，击败张、桂，这是第二次蒋桂战争，或称粤桂战争。

这几次军阀混战，均以蒋介石的胜利而告终。但是各派军阀与蒋介石的矛盾依然十分尖锐。公元1930年5月，终于爆发了规模更大的军阀混战，即蒋与冯、阎之间的中原大战。公元1930年1月，阎锡山亮出反蒋旗帜，得到汪精卫、冯玉祥、李宗仁等人的支持。3月，阎、冯、李三集团军的50多名将领发出逼蒋下野通电，并推阎锡山为中华民国陆海空军总司令，冯玉祥、李宗仁和张学良为副总司令，领导反蒋。4月1日，阎、冯、李分别通电就职。蒋介石则以国民政府主席的名义，下令罢免阎锡山本兼各职，并以总司令的名义通电讨伐阎、冯。5月中旬，冯、阎军与蒋军在豫皖鲁苏交界地区展开激战。中原大战正式爆发。

战争初期形势对蒋十分不利。冯、阎投入60万兵力发动强大攻势，蒋军败退到鲁西南和豫中漯河一带，蒋介石本人在朱集车站火车上几乎束手就擒。冯、阎对蒋介石的停战议和要求置之不理。张、桂联军又从广西北上攻入湖南，蒋介石急调蒋光鼐、蔡廷锴两师出兵衡阳，打退张桂联军。后又调陈诚部和蒋、蔡两师增援津浦一线。8月，蒋军重占济南，阎军退到黄河以北。冯军在平汉、陇海两线苦战。阎军厌战自保，不予配合，冯军败退豫北。9月中旬，张学良一改观望中立态度，发出拥蒋通电。10余万东北军入关助蒋作战，占领平、津。战争形势急转直下。10月，冯、阎联袂下野。冯军全线崩溃，大部投蒋，一部为东北军改编。阎锡山的军队也被东北军改编，但保有山西地盘。中原大战历时7个月，死伤无数，给人民造成了深重的灾难。

经过公元1929年到公元1930年的军阀混战，蒋介石打败了同他抗衡的军阀，取得了明显的优势。此后，反蒋势力仍然存在，但失去了问鼎中原、与蒋争雄的实力。

蒋介石军事上的胜利，巩固了他在政治上的统治地位。随着蒋介石统治的加强，他已把"围剿"红军作为主要任务了。

"九一八"事变

公元 1929 年资本主义国家先后爆发了经济危机。日本统治集团为了摆脱经济困境，缓和国内的阶级矛盾，加紧了侵略中国的准备。其实，日本帝国主义者对中国的侵略蓄谋已久，很早就利用同清朝政府订立的不平等平约，把中国东北的南部地区强行划为自己的势力范围，在那里设立殖民机构，如关东都督府、南满铁道株式会社（简称"满铁"）、关东军等，对东北进行全面的政治、军事控制和经济掠夺。公元 1931 年，日本为实现吞并中国东北的美梦，又多方制造事端，寻衅滋事。在形势如此危急的情况下，国民党政府不但不积极备战，反而忙于国民党内部的派系斗争和军阀混战，更忙于调集军队"围剿"工农红军，置民族危机于不顾，陆续抽调东北军入关，东北边防日渐空虚。

公元 1931 年 9 月 18 日夜 10 时 20 分，关东军岛本大队的河本中尉以巡视铁路为名，率领部下向沈阳北郊柳条沟方向走去。当时沈阳城北驻扎着中国驻军营地——北大营，这晚因王以哲旅长回家休息，参谋长赵镇番负责北大营的防卫。河本一边从侧面观察驻有中国军队的北大营的兵营，一边选了个离兵营约 800 米往南去的地点。在这里，河本亲自把炸药安放在铁轨下，并点了火。"轰"的一声，爆炸声响起，铁轨上的枕木向四处飞散。

据参与策划整个事件的花谷正回忆说，这次爆炸没有炸死张作霖那么大的规模。因为，满铁是日本的主要铁路干线。此次爆炸只要能成为进攻东北军的借口即可，所以不但没有必要把火车炸翻，而且还必须做到，使在满铁铁路上驰骋着的列车免受损害。因此，让工兵仔细地作了计算，直线单面铁轨即使炸断一小段，高速行驶的列车仍然可以通过，并根据调查所得的安全长度，规定了所需的炸药数量。在爆炸路轨的同时，河本用随身携带的电话机向大队本部和奉天特务机关报告。这时，等在铁路爆破点以北约4公里的文官屯的川岛中队长，立即率兵南下，开始袭击北大营。

北大营的指挥部内气氛紧张。赵镇藩请示荣臻的结果，出乎赵镇藩的意外是不许抵抗，不得与日本人发生冲突。但是，没有一位团长执行他的命令，大家都站在原地一动不动。"去呀！这是命令！"赵镇藩瞪着几位团长，几位团长也使劲地瞪着他，大家都默不作声，屋内的空气也仿佛像他们的心情一样憋闷。赵镇藩断然地挥起手臂："准备迎击敌人！""是！"团长们异口同声地响亮回答，然后齐刷刷地跑出屋去。不一会儿，旅部及第621团附近的林荫路上响起了自卫还击的枪声，赵镇藩率领旅部和两个团与日军交上了火。

这反击的枪声犹如一针强心剂，令营房其他各地的士兵们抖擞起精神，大家摩拳擦掌，准备给日军以迎头痛击。但是，荣臻再次下达命令："不准抵抗！"士兵们不敢贸然违抗命令，只好原地待命，眼睁睁地看着战友与日军奋战。由于日军火力很猛，我军又孤立无援，长此坚守下去，部队伤亡太大。凌晨两点多钟，赵镇藩下令向东山嘴子撤退。士兵们哭喊着不肯就此罢手，"我们不能这样硬拼。再不走，我们就都走不出去了。"赵镇藩一边率领士兵与日军展开激烈的巷战，一边指挥部队突围。士兵们一边突围，一边回身依依不舍地望着枪声大作、火光冲天的北大营。

北大营其他各团也纷纷向东撤军，部队散乱地在黑夜中行进着。"轰！"的一声，日军向我军发射了远程炮弹，正好落在队伍之中。部队许多士兵负了伤，无药可医，只能草草地包扎一下；一些重伤员躺在担架上，一路颠簸震动，痛苦的呻吟声不绝于耳。看着自己的狼狈相，士兵们愤愤地说："为什么兄弟部队不肯增援？我们的飞机为什么不起飞参战？如果大家齐心合力，一定可以给日军以颜色看，让他们知道我们中国人不是好欺负的！"一路上，敌机紧追不放，不时掠空而来，向撤退的队伍扫射、投弹，部队只好白天待命，天黑后再走。

下午，旅长王以哲化装从沈阳城出发直奔东大营预定集合地。眼前的景象着实让王以哲心酸，只见士兵倒的倒、卧的卧，一脸的疲惫，一身的尘土，受伤的士兵或躺在担架上，或靠在大树下，无精打采地轻声呻吟着。过了一会儿，各团、队长依次汇报情况。619团一开始受命在营房卧床假寐，许多士兵活活被日军刺死，撤退时又因腹背受敌，伤亡较重；621团，以一部分兵力掩护，绕道旅部撤出，伤亡较轻，但尚有一个营没有音讯；此处赵镇蕃率领一部分人走在前面（此时，他们已到达山城镇，但驻山城镇守军王芷山不肯收留，要求他们尽快离开山城镇）；第620团担任掩护任务，因日军未随后尾追，所以，伤亡较轻。王以哲旅长看到部队如此凄凄惨惨的样子，长叹一声，没有说话。

王以哲率部也来到山城镇，与赵镇蕃会和。部队休息一宿后，第二天继续向西前进到达锦州。王以哲向赵镇蕃行了一个90度的鞠躬礼，说："当时如果听我的话（指把枪放在库里）就坏了，我这个旅长是你给我的，谢谢你！"不久，部队又离开东北，开进了山海关，进驻清河镇大楼休整。

在进攻北大营的同时，日军也开始有预谋地分三路进攻沈阳。第一路攻商埠地北市场，第三路侵入大小西门。一夜之间，宪兵总司令部、电话局、有线电局、无线电台、东北边防军司令长官公署、省政府、东三省官银号、中国银行、交通银行、各种军政机关、学校、工厂相继被占。

日军侵占沈阳后，开始对中国人民进行残酷迫害，同时，大肆掠夺财产。据不完全统计，仅官方财产的损失，就在17亿以上。尤为严重的是枪支弹药、军械器材和飞机大炮的损失，飞机约损失262架，迫击炮损失约3091门，战车约26辆，步枪和手枪1108206支，机关枪5864挺。此后，在短短的六七天时间里，日军又接连侵占了安东、海城、营口、辽阳、鞍山、铁岭、本溪、抚顺、四平、长春、吉林等 20 多座城市及其周围广大地区。

九一八事变发生后，蒋介石将制止日本侵略的希望完全寄托在英、美的出面干涉上，幻想依赖国际联盟强迫日本撤兵，要求"国人镇静忍耐，信赖国际联盟公理处断"。但是，英、美虽对日本出兵东北表示了不满，但他们都不愿做出实质性的牺牲。英、美采取的绥靖政策，让日本更加放心大胆地将魔爪伸向中国大地。

日本帝国主义对东北的侵略及国民党的不抵抗政策，激起了全国各界群众和海内外同胞的极大愤慨，抗日怒潮迅速在各地掀起。公元 1931 年 9 月 22 日，中共中央通过《关于日本帝国主义强占满洲事变的决议》。是日起，全国抗日声浪沸腾。国民党鄂、滇、晋、冀、平省市党部及海外许多支部致电国民党中央，请立即进行全国动员，与日决战。北京、南京、上海、南昌、宁波等地举行了数十万人的游行示威，高呼"打倒不抵抗主义"等口号。

与此同时，工界、农界、商界、海外侨胞都一致奋起，投身到抗日救亡的热潮中去。

在全国抗日反蒋浪潮的冲击下，蒋介石国民党遭到了应有的谴责，蒋介石被迫于 12 月 15 日宣告下野。

东北抗联转战白山黑水

中国人民从公元 1931 年至公元 1945 年进行了长达 14 年的抗日战争，前 6 年为局部抗争，后 8 年为全国抗战。在局部抗战中，时间最长、规模最大的是东北人民的抗日斗争。

日本帝国主义侵占东北后，积极策划制造傀儡政权，以便进行殖民统治。公元 1931 年 11 月日军将溥仪自天津日本租界秘密挟持到东北。公元 1932 年

2月，关东军在沈阳成立以张景惠为委员长的"东北行政委员会"，负责筹建"新国家"。9月15日，日本政府发表声明，正式承认"满洲国"。1934年3月，日本扶持溥仪"执政"改称"皇帝"，改年号为"康德"。

日本帝国主义对东北人民实行残酷的军事镇压、政治控制、经济掠夺和奴化教育，迫使东北人民奋起抗争。公元1931年9月28日在北平成立的东北民众抗日救国会，有力地推动了东北人民的抗日斗争。"九一八"事变后，一部分爱国军队，如辽宁的唐聚五、邓铁梅，吉林的李杜、王德林，黑龙江的马占山、苏炳文等和农民自卫武装"大刀会""红枪会"等愤起抗敌，总称东北抗日义勇军，曾给日军以相当大的打击。但是这些义勇军成分复杂，纪律松散，各自为战，国民政府又拒不援助，因而至公元1933年夏在日军的集中进攻下，大部陷于失败。

中国共产党领导下的抗日武装始终坚持抗日斗争。公元1932年至公元1933年间先后建立了磐石、东满、珠河、宁安等7支主要的抗日游击队，在抗日武装斗争中逐渐发展壮大，于公元1936年初分别发展为东北人民革命军第一至第七军，组成东北抗日联军，杨靖宇、赵尚志为正副总司令，李红光为总参谋长，全军共约3万人。

到公元 1937 年抗战爆发时，东北抗日联军已发展到 11 个军，共 4.5 万余人。总司令赵尚志，参谋长李红光，政治部主任李兆麟。第一军军长兼政委杨靖宇；第二军军长王德泰，政委魏拯民；第三军军长赵尚志，政治部主任冯仲云；第四军军长李延禄，政治部主任黄玉清；第五军军长周保中，政治部主任胡仁；第六军军长夏云杰，政治部主任兰志渊；第七军军长陈荣久；第八军军长谢文东；第九军军长李华堂，参谋长李向阳；第十军军长汪雅臣，政治部主任王维宇；独立师师长祁致中，后扩编为第十一军。公元 1937 年为迎接全国抗日高潮，适应东北游击战争发展的新形势，东北抗联将所属各部先后改编为第一、二、三路军。第一路军由抗联第一、二军组成，总司令兼政委杨靖宇，副总司令王德泰；第二路军由抗联第四、五、七、八、十军组成，总司令兼政委周保中，副总司令赵尚志；第三路军由抗联第三、六、九、十一军组成，总司令李兆麟，政委冯仲云。

东北抗日游击战争的迅猛发展，严重打击了日本在东北的殖民统治。日本将关东军增至 10 余万人，伪军扩充至约 10 万人，并加紧推行"三年（公元 1936—1939 年）治安肃正计划"，加强军事"讨伐"，妄图将抗联大部消灭于三江平原。

转战于辽江、辽南地区的第一路军游击区迅速缩小。到公元 1939 年，主力分别转移到辉南、长白、抚松、和龙和安图境内。同年 9 月，日伪出动 7 万人实行"大讨伐"，第一路军于是分编小部队活动，以缩小目标保存实力。10 月，被日伪包围在原始森林，杨靖宇率部与敌人周旋 3 个月，最后只剩下 300 人，突围时只身陷入敌人重围，公元 1940 年 2 月 23 日在蒙江县保安村英勇牺牲。

东北抗日联军在极其艰苦的条件下继续坚持抗日斗争，成为牵制大量日军困在东北的重要因素之一。活动于哈长路东侧、牡丹江流域、松花江右岸、乌苏里江左岸的第二路军，为冲出敌人的合围圈，在公元 1939 年 2 月，以第四、第五军向五常、舒兰旧游击区西征，其余部队坚持在宝清、饶河斗争，牵制敌人掩护西征。西征队进入日军控制较严的地区，日军极力反扑围堵，西征军连续作战伤亡很大，一部转入五常县分散活动，第四军坚持到 11 月末，军长李延禄等牺牲，第五军一师突围东返。10 月，该师进至牡丹江支流乌斯浑河岸边与日军遭遇，展开激战。随师行动的第五军妇女团 8 名女战士在指导员冷云的率领下，主动承担掩护大队突围转移任务。在弹尽粮绝的情况下，毅然背起重伤的战友，投入急流翻滚的乌斯浑河。

活动于松花江下游的第三、六、九、十一军，除留下一部分坚持原地游击战争外，主力于公元 1938 年 6 月向小兴安岭远征，开辟新游击区。同年底，先后到达海伦地区。第二年春，第三路军在朝阳山一带建立了根据地。他们转战 30 余县，战斗频繁，取得许多胜利。

公元 1941 年冬，抗联部队人员锐减到千余人，斗争形势更加恶化。东北地方党组织决定抗联缩编为一个旅，旅长周保中，副旅长李兆麟，转入苏联边境地区整训和学习。同时派出 13 个支队到延吉、和龙、汪清、宁安、敦化等敌伪统治薄弱的地区，搞小群游击战争，一直坚持到公元 1945 年 8 月苏联红军出兵东北，为迅速解放东北全境做出了贡献。

苏区四次反“围剿”

红军和农村根据地的迅速发展壮大，使国民党反动派陷入极度的恐慌之中。从公元 1930 年秋至公元 1933 年，国民党反动派对中央革命根据地以及其他革命根据地，先后发动了 4 次大规模的反革命“围剿”。英勇的工农红军在当地人民的全力支持下，开展了 4 次“反围剿”斗争，给蒋介石为首的反动政府以重创。

公元 1930 年 11 月，蒋介石发动了对中央苏区的第一次大规模围剿。他调集 8 个师约 10 万兵力，采取“长驱直入，分进合击”的战略，妄图消灭中央根据地的红军。

毛泽东运筹帷幄，根据敌我力量的对比和红军对敌斗争的经验，提出了"撒开两手，诱敌深入，待机破敌"的作战方针，确定了"积极防御，诱敌深入"的战略，率领红军主力东渡赣江，向南转移，在根据地中部伺机歼敌。

11月上旬，张辉瓒指挥敌第十八师、第二十八师和第五十师，进犯我革命根据地，每到一处就烧杀抢掠，无恶不作。进入龙冈地区后，他自恃武器精良，根本没有把红军放在眼里，急于寻找红军主力"决一高低"。而我红军主力早已全部集结于宁都县的黄陂、小布地区，养精蓄锐，待机破敌。经过深思熟虑，毛泽东在标有龙冈的小圈圈外重重地画上了一个大红圈。一场集中兵力的大歼灭战即将开始了。

12月30日，雾锁龙冈。结局果然不出毛泽东所料，第十八师9000余人全部被歼，张辉瓒被活捉，敌第二十八师和第五十师扔下阵地，开始撤退。

在短短的5天时间里，红军连续打了两个大胜仗，歼敌一个半师，共13800人，获得了第一次反"围剿"的胜利。

公元1931年2月，蒋介石再次纠集20万杂牌军，向中央革命根据地发动第二次"围剿"，并疯狂地叫嚣，要"在三个月内消灭红军"。老蒋认为，第一次"围剿"的失败，是"兵力之不足，包围之严，而部队急进亦一主因也"，这次提出"稳扎稳打，步步为营，齐头并进，紧缩包围"的作战方针，并对我根据地实行严密的经济封锁。

毛泽东高瞻远瞩，在全面分析了敌军的具体情况后提出，先打富田地区的第五路军。因为第五路军虽然人数众多，但士兵来自北方，不习惯爬山，加之惧怕红军，杯弓蛇影，所以，军心不稳。将这支部队吃掉以后，红军再由西向东横扫，将来犯之敌各个歼灭。

公元1931年4月23日，红军主力集结于东固。东固正处于三面敌军包围的"牛角"之中，环境险恶。但红军在老根据地人民群众的掩护下，建立起一道"铜墙铁壁"，待敌入瓮。在苦苦等待了25天之后，敌人终于按捺不住，像蛇一样爬出洞来。隐蔽在白云山的红三军似天兵天将，以势不可挡之势，向敌人发起袭击。当即，敌人吓得魂飞魄散。至下午3时左右，战斗结束，我军共缴枪5000多支，迫击炮30多门。

首战告捷后，红军又趁胜出击。从5月16日到30日，15天中，红军从赣江边上的富田、固陂圩打起，由西向东横扫，走了700里路，5战5捷，一直打到福建的建宁，酣畅淋漓地粉碎了敌人的第二次"围剿"。

反革命"围剿"的连连失利，使蒋介石恼羞成怒。在仅距第二次"围剿"失败不到一个月，蒋介石就再次集结30万人马，并亲任"剿匪"军总司令，向我根据地发起第三次"围剿"。此次"围剿"，蒋介石改变了战略方针，一反"步步为营"的蚕食战法，而为"厚集兵力，分路围剿"，即采取集中兵力，"长驱直入""分进合击"的快速突进。

中国工农红军面临着极为严峻的挑战。敌军不仅来势迅猛，而且敌我力量悬殊。刚刚打退了敌人第二次"围剿"的红军，还没有来得及休整，就要投入新的战斗。要以疲劳的3万军队打败装备先进的30万军队，着实不是一件容易的事情。但我工农红军不畏强敌。毛泽东、朱德根据敌人急于找红军主力决战的情况，毅然决定：红军千里回师，采取"避敌主力，打其虚弱，乘退追歼"的方针和红军牵着敌人的鼻子盘旋式打圈子的打法，击破敌人新的围攻。

公元1931年7月，红军冒着南方的酷暑炎热，迈开两只铁脚，跋山涉水，风雨兼程。累了，就在路边睡觉；醒了，拔起腿来继续赶路。仅仅10天时间，红军就靠双腿从福建的建宁，绕道千里走回赣南根据地的兴国。

一开始，红军准备进攻富田的敌军，但情况有变。红军改向莲塘一带突破。入夜，红军神速潜行，秘密地跳出了敌人的包围圈，然后，像一把钢刀，直插敌后。逗引得敌人草木皆兵，疲于奔命，最后"不知红军几多万，不知红军在哪方？肥的拖瘦瘦拖死，未曾打仗损一半。"红军6天之内三战三捷，胜利地完成了第一阶段的任务。

随后，红军再次派出一支2000多人组成的"二足高度机动部队"，佯装红军主力，虚张声势，声东击西，带着敌军在崇山峻岭中来回转圈子。将不擅于爬山吃苦的敌军害得苦不堪言。当他们发现自己上当时，已经没有力气追赶红军主力了。而我红军主力早已严阵以待，80天内歼敌17个团，毙伤和俘敌3万多人。

公元1932年5月，蒋介石发动第四次"围剿"之时，正是日本帝国主义悍然入侵中国之际。但是，蒋介石以"攘外必先安内"为由，任日本帝国主义的铁蹄蹂躏中华大地，并鼓吹"这回围剿的成败，是国家生死存亡的关键……此时若不能立即肃清，中国惟有灭亡而已"，调动30万军队，向我根据地猛扑而来。

由于王明在我党、我军推行"左倾"机会主义路线，撤销了毛泽东在红军中的领导职务，并对坚持正确路线的邓小平、罗明等人进行"残酷斗争，无情打击"，致使红军在第四次反"围剿"中受挫。先是鄂豫皖革命根据地反"围剿"失败，然后是湘鄂西红军被迫转移。蒋介石为此得意扬扬，集结50万人马，分3路纵队，气势汹汹地向中央革命根据地扑来。他们上有飞机保驾护航，下有大炮鸣锣开道，准备一举将红军"歼灭"于建宁地区。

中央红军在周恩来和朱德的领导下，创造性地运用毛泽东同志的战略思想，先将敌人吸引到南丰一带，然后，再日夜兼程西进到东韶。敌人果然上当，孤军深入宜黄地区。2月26日，国民党进入黄陂红军伏击圈。红军出其不意，集中优势兵力发动攻击，经过28日和3月1日两次激战，歼敌第五十二师和第五十九师，俘敌两师师长，创造了红军战争史上前所未有的大兵团伏击歼敌的范例。3月21日，红军在草台岗、东陂地区又歼敌近一个师。

黄陂、草台岗两战共歼敌近3个师，俘敌1万余人，缴枪1万余支。从而取得第四次反"围剿"的胜利。这次反"围剿"胜利后，中央根据地已经地跨湘赣闽粤4省，人口约有300万，红一方面军发展到10万人左右。

红军血战湘江

公元 1933 年 9 月，在王明"左"倾错误继续发展的时候，"屡战屡败，屡败屡战"的蒋介石纠集 100 万军队、200 多架飞机，向我革命根据地发起了规模空前的第五次"围剿"。吸取前几次"围剿"红军失败的教训，蒋介石这次采用的是"三分军事，七分政治"的方针。在政治上，在根据地周围实行保甲制度和"连坐法"；在经济上，对根据地进行经济封锁；在军事上，采取"堡垒推进、步步为营"的战略，还聘请了一批德国顾问。

面对敌人的疯狂进攻，掌握中国共产党领导权的王明、博古和这次反"围剿"战争的最高军事指挥者李德，提出"硬碰硬与敌人干到底，将敌人挡于国门之外"，采取"不丧失根据地一寸土，不打烂根据地人民的坛坛罐罐"的战略方针，将毛泽东倡导的"诱敌深入，积极防御"的正确思想束之高阁。结果，反围剿一开始就陷于被动。

9 月 28 日，黎川失守后，中共临时中央强令装备极差的红军主力与装备精良的国民党军队打正规战、堡垒战，同敌人拼消耗，犯了冒险主义错误，结果一场胜仗未打。继而，中共临时中央又由军事冒险主义转变为军事保守主义，采取消极防御的战略方针。眼见国民党一步步地缩小包围圈，红军总参谋长刘伯承忧心忡忡，他向"左"倾领导人建议：仗不能再这样打下去了，否则红军的处境将十分危险。"左"倾领导人一听，勃然大怒，"战术还不如一个参谋，还当什么参谋长！"当即撤销了刘伯承的总参谋长之职。

翌年 10 月，国民党军队推进到中央革命根据地的腹地，兴国、宁都、石城相继失守。10 月 10 日晚，中共中央率红军主力 5 个军团及中央、军委机关和直属部队 8.6 万人，被迫实行战略大转移，开始了艰难的二万五千里长征。

为了阻截中央红军转移，蒋介石构筑了四道封锁线。经过浴血奋战，红军指战员接连突破敌人三道封锁线，分左右两路继续向湖南、广西边境前进。此时，在红军前进的道路上，横亘着潇水和湘江两条大河。敌人企图利用这一天然障碍，先歼红军于潇水之滨，再歼红军于湘江之畔，同时又命令广西军阀李宗仁、白崇禧部一起布防堵截，使红军腹背受敌。这就是蒋介石利用湘江设下的第四道封锁线。

此时此刻的蒋介石一副成竹在胸的样子，在红军向湘江挺进时，他命飞机撒下传单，不可一世地叫嚣："我们奉总司令的命令等你们好久了，请你们快来！来！来！来！来进我们安排好了的天罗地网！"红军指战员们气愤地将传单撕得粉碎。望着在头顶盘旋的敌机，大家焦急地相互询问："咱们该往哪儿去呀？可不能总让敌人追在屁股后面打咱们呀！"面对波涛滚滚的湘江的阻挡，背对几十万敌军的围追堵截，"左倾"机会主义者们一筹莫展，只好发出"突破湘江，到湘西和红二、六军团会合"的指令。如果中央红军轻装前进，一天即可到达湘江，不但可以减轻掩护部队的负担，更重要的是可以赢得宝贵的时间，而时间就是生命。但是，"左"倾教条主义者舍不得扔下印刷机、宣传品及纸张等"坛坛罐罐"，像大搬家似地拉着庞杂的队伍行军。埃德加·斯诺在《西行漫记》中曾这样描述："兵工厂拆迁一空，工厂都卸走机器，凡是能够搬走的值钱的东西都装在骡子的背上带走，组成了一支奇怪的队伍。"结果，带着沉重的辎重，中央红军只能以每天 20 公里左右的常规速度行军，70 多公里的"乡道"整整走了 4 天。等红军赶到湘江边上时，敌人已从四面压了过来。从 11 月 29 日到 12 月 1 日，中央红军不得不同敌人在湘江两岸展开了一场浴血奋战。

在湘江两岸，有一个住着 20 多户人家的小山村——脚山铺。山前是一片开阔的平地，山上长满了茂密的松树和灌木丛。在松树和灌木丛后面，潜伏着一支红军部队。为掩护大部队渡江，红一军团二师与4倍于自己的敌军展开了一场殊死之战。红军战士虽然已有三四天没有睡觉，一天多没有吃东西，但他们以气壮山河之势打退了敌人一次又一次的强攻。阵地上硝烟滚滚，刀光闪闪，喊杀之声震天动地。刺刀捅弯了，战士们就用枪托砸，枪托砸坏了，就用石头摔。敌人见正面强攻不成，就从侧面迂回。我军有两个营被敌军包围。这两个营分别从左右冲出，准备越过阵地周围浓密的树林，在路上集结。不料，迎头撞上了敌军主力。营长发现情况不对，立即镇定地组织战士们转移，大声地说："同志们不要着急。政治委员告诉过我，如有紧急情况，就向左边的大山靠。"在营长的带领下，红军很快跳出了敌人的包围圈。

正当红一军团与敌人展开血战的同时，红三军团在彭德怀的指挥下，在新墟一带与广西敌人也开展了一场激烈的搏杀。新墟是通往湘江岸边的必经之路，如果此地失守，敌军就可长驱直入，从下面阻截我红军主力。为此，红军战士发扬"只要还有一个人，就不能让敌人进到新墟"的精神，与数倍于自己的敌人奋战了3天3夜。在这3天3夜中，师指挥部不断接到报告：第五师参谋长牺牲，第十四团政委负伤，第十五团团长、政委负伤，2个营长牺牲，全团伤亡500余人……但是，红军主力还没有渡过湘江，这意味着红三军团还必须咬牙挺住、挺住、再挺住。几个小山头相继失守了，因为奋战在那里的指战员已全部阵亡。直到第三天下午4时，中央红军主力才突破湘江。军团命令他们火速过江，掩护任务由红六师第十八团担任。

红一军团和红三军团分别在脚山铺和新墟阻截敌军，为掩护红军主力前进，"象两个轿夫，抬起中央纵队这顶大轿子"，付出了惨重的代价。

红八军团和红九军团的伤亡也很大，他们在敌机的狂轰滥炸中，艰难前行，指战员们都极度疲劳，不少人边走打瞌睡，两天两夜急行军200多里。李宗仁、白崇禧的队伍也在向湘江集结。沿途，敌机从头顶盘旋而过，扔下一串串炸弹，战士们赶紧卧倒隐蔽；不断有敌军从侧面迂回企图将部队拦腰截断，战士们一次又一次地奋勇杀敌……就这样，边走边打，待渡过湘江后只剩下 2000 余人。

红五军团是自长征以来一直担任后卫任务的部队。在此次强渡湘江的战斗中，他们仍然肩负总掩护的重任。面对敌人的疯狂进攻，他们发扬大无畏的革命精神，在指挥员的沉着指挥下，夜以继日地阻击敌人。在大部队过江后，他们赶了 100 多里山路，在半夜时分到达江边。此时，正值隆冬，寒风凛冽，江水冰冷刺骨，水流湍急。战士们虽然疲惫至极，但依然兴高采烈地脱掉鞋袜，一个接一个地跳入江中。"好冷呀！"战士们打着寒战，一个扶一个地向对岸走去。星光掩映下的湘江上，只听见"哗哗"的水声，伴随着水声，一群衣着褴褛但气势昂扬的红军战士在水中缓缓前移。

此刻，麻子渡口只剩下红五军团第三十四师了。"做好准备，开始渡江！"一声令下，战士们动作麻利地将枪横架在肩头，挽起了裤腿了。"不好！有情况！敌人从后面围上来了！""立即抢占有利地形，准备战斗！"又是一声令下，战士们再次进入阵地，阻击敌军。敌人像潮水般涌来，我英勇的红军战士一直战斗到弹尽粮绝。最后，除师长率一二百人突出重围外，其余全部壮烈牺牲。12 月 1 日，当太阳跃上山头时，中央红军主力终于渡过了湘江。蒋介石精心布置的第四道封锁线被红军冲垮了。

然而，湘江之役也是中央红军离开苏区后打得最为惨烈、损失最大的一仗。红军牺牲极大，人员折损过半，由开始长征时的 8 万多人锐减到 3 万多人。部队半数不是牺牲就是负重伤，一些伤员无法运走，只好留下来。

湘江战役大批红军战士无谓的伤亡，深深震撼着人们的心。随着湘江战役的惨败，广大指战员开始进一步思索党的路线、党的领导问题。王明"左"倾教条主义路线也始告破产，中国工农红军需要那些支撑起中国革命向前发展的英明的领导者。

遵义会议

公元 1934 年 12 月，红军经浴血奋战后渡过湘江。由于连续苦战，红军锐减。12 月中旬，抵达湘黔边界时，毛泽东力主放弃原定进入湘西与红二、六军团会师的计划。28 日，中央政治局召开会议，接受了毛泽东的建议，决定向以遵义为中心的川黔边地区前进。同月，红军主力以迅雷不及掩耳之势突破乌江天险。敌人魂飞胆战，匆忙逃往遵义，并扬言死守遵义，决不给红军以任何可乘之机。

遵义，北靠娄山，南临乌江，位于贵州到重庆的交通要道之上。中共中央政治局决定：攻打遵义，建立以遵义为中心的黔北根据地，继而向川南发展。红一军团第二师六团担起了夺取遵义的重任。团政委王集成在总参谋长刘伯承的启发下，为减少伤亡，想办法、动脑筋对付顽敌。

公元 1935 年 1 月 6 日，天下起了大雨，地面泥泞不堪。战士们深一脚浅一脚地冒雨赶往遵义。"报告，距遵义 30 公里处发现有敌人一个据点，大约有 1 个营以上的兵力。"侦察员报告说。"全歼这股敌人，不准一个漏网。"刘伯承指示说："否则攻打遵义的计划就会被敌人察觉。"当即，部队冒着大雨，迅速出击，很快就结束了战斗，全营除了被打死的，凡是有口气的，都乖乖地当了红军的俘虏，红六团圆满地完成了战斗任务。

"我们准备利用这批俘虏，来个以假乱真，化装成敌人，智取遵义城。"王集成政委将攻打遵义的计划报告刘伯承。"很好！"刘伯承微笑着说："这就是多动脑子，运用智慧嘛。不过，装敌人一定要装得象，不要露出马脚，让敌人看出破绽。"

夜里 11 点多钟，化装成敌军的红六团抵达遵义。"干什么的？"守城的敌人恶狠狠地断喝。"自己人！自己人！"俘虏用贵州话答道。"哪一部分的？"敌军还不放心，继续问道。"我们是外围营的，叫共军包围了，只有我们逃了出来，红军还在后面追赶我们呢，快救救我们吧！"这时，城楼上射下几束手电光，在战士们脸上扫来扫去，战士们装作一脸疲惫的样子，无精打采地聚集在城门前。守城的敌人确认这些都是"自己人"，于是派人将城门打开。"不许动，我们是中国工农红军！"战士们用枪顶住开门的敌人，敌人当时吓得瘫倒在地。1月7日凌晨，遵义获得了解放。

红军攻占遵义后，中央决定召开政治局扩大会议。事实上，这个会议的召开已酝酿了相当长的一段时间。

长征开始后，广大干部和指战员眼睁睁地看着自第五次反"围剿"以来，红军迭次失利，部队不断受到损失，被敌人追在屁股后面猛打，几乎濒于绝境，这与前四次反"围剿"形成了鲜明的对照。第五次反"围剿"的失败和长征初期"血"的教训，使广大指战员对"左"倾教条主义由怀疑发展到不满与愤怒。

与此同时，高级领导层内也酝酿着要求纠正错误、改变领导的意见。张闻天较早地对李德的错误军事路线产生怀疑，不止一次地说："这样打下去，

我们能有胜利的前途吗？"王稼祥也渐渐地对李德表示不满。长征途中，他经常和毛泽东在一起商讨军事路线问题，逐渐接受了毛泽东的正确主张。在这种形势下，召开一次政治局会议，总结经验教训、纠正领导上的错误的条件已经成熟。在王稼祥、张闻天等人的积极倡导下，公元 1935 年 1 月 15 日至 17 日，在遵义旧城一个军阀公馆的小楼上，中共中央召开了政治局扩大会议。这就是历史上著名的遵义会议。

出席遵义会议的政治局委员有：毛泽东、张闻天、周恩来、朱德、陈云、博古，候补委员有王稼祥、刘少奇、邓发、何克全，还有红军总部和各军团负责人刘伯承、李富春、林彪、聂荣臻、彭德怀、杨尚昆、李卓然，以及中央秘书长邓小平。共产国际驻中国的军事顾问李德及担任翻译工作的伍修权，列席了会议。

会议首先由中共中央负责人博古作了《关于反对敌人第五次"围剿"的报告》。博古在报告中过分强调客观困难，将红军失败的原因完全归咎于反动力量的过于强大等，并没有承认自己与李德在军事指挥上犯了严重错误。然后，周恩来作了副《报告》。周恩来实事求是，指出造成第五次反"围剿"失败的主要原因是军事领导方面的战略战术的错误。

稍后，毛泽东作了重要发言。他站起身，神情严肃又略为激动地讲了大约 1 个多小时，明确指出，正是由于在军事上执行了"左"倾冒险主义的错误主张，才导致了第五次反"围剿"的失败，造成了红军在长征中的重大牺牲，并一针见血地批评李德只知道纸上谈兵。紧接着，王稼祥、张闻天、朱德、陈云、刘少奇、刘伯承、李富春、聂荣臻等先后发言，批评错误的军事领导，明确表明支持毛泽东指挥红军。

此次会议的重点批评对象是博古，共产国际驻中国代表李德的处境也非常狼狈。大家都是围着长桌子坐下，只有他坐在会议室的门口。当大家你一言我一语地指责他的军事指挥有误时，他一边听着伍修权的翻译，一边一个劲地抽烟，神情十分沮丧。

会议最后指定张闻天起草了中共中央《反对敌人第五次"围剿"的总结决议》。这个决议充分肯定了毛泽东等指挥红军取得多次反"围剿"胜利的战略战术的基本原则。《决议》还指出，在战略转变与实行突围的问题上，博古、李德"同样犯了原则上的错误"。他们没有及时转变内线作战的战略方针，实行战略上的退却，以保持主力红军的有生力量，从而贻误了战机。在突围中，"基本上不是坚决地战斗的，而是一种惊慌失措的逃跑的以及搬家式的行动。"

《决议》还总结了与国民党第十九路军建立抗日统一战线的经验教训，指出党中央采取同第十九路军订立停战协定推动其抗日反蒋是正确的，但博古、李德等根本不了解在政治上军事上同时利用第十九路军事变是粉碎第五次"围剿"的关键点之一，没有在军事上采取与之直接配合的方针，从而失去了宝贵的机会。

会议最后改组了中央领导机构，推选毛泽东同志为政治局常委，取消博古和李德的最高军事指挥权，决定仍由中央军委主要负责人周恩来、朱德指挥军事。随后，根据会议精神，常委又进行了分工，决定由张闻天代替博古总负责，毛泽东、周恩来负责军事。在撤离遵义以后的行军途中，又组成了毛泽东、周恩来、王稼祥参加的3人军事指挥小组。

遵义会议闭幕后，党中央将会议精神传达给红军指战员。大家听罢，激动不已，许多年轻的战士高兴得连蹦带跳，使劲地拍着巴掌说："这下可好了，我们又有盼头了！""以后我们又可以连连打胜仗了！"遵义会议是中国共产党历史上一个生死攸关的转折点，标志着中国共产党在政治上开始走向成熟，结束了"左"倾教条主义在党中央的统治，实际确立了毛泽东在党中央的领导地位。在极端危急的历史关头，挽救了中国共产党，挽救了红军，挽救了中国革命。从此，中国共产党得以在以毛泽东为代表的马克思主义正确路线的领导下，克服重重困难，一步步地引导中国革命走向胜利。

三大主力会师陕甘宁

紧急战争形势下举行的遵义会议，没能全面地讨论政治路线方面的问题。但是，解决了当时党内所面临的最迫切的军事问题，改组了中央的领导，结束了"左"倾教条主义在中共中央的统治，实际上确立了毛泽东在中共中央的领导地位。而这些成果，又是在中国共产党同共产国际中断联系的情况下，独立自主地取得的。

1月19日，红军离开遵义，移师北上，采取高度灵活的运动战方针，一渡赤水河，进入川滇边扎西。2月中下旬又挥师东进，二渡赤水，重入遵义。3月，红军迅速跳出敌合围圈，三渡赤水，再入川南。随后，又出敌不意地四渡赤水，南渡乌江，佯攻贵阳，乘滇军援贵之际，直插云南，作威胁昆明态势。接着红军又向西北方向急进，于5月初巧渡金沙江。至此，中央红军摆脱了数十万敌军的围追堵截，取得战略转移中具有决定意义的胜利。

中央红军渡过金沙江后，继续北上。红军严格执行民族政策，尊重少数民族的风俗习惯，得到少数民族的支持和帮助。在进入大凉山彝族地区时，红军总参谋长刘伯承同彝族"沽基"部首领小叶丹歃血为盟，实现了民族团结，红军顺利通过这一地区。5月下旬，红军强渡大渡河，飞夺泸定桥，翻越终年积雪的夹金山。

公元1935年6月14日，红一、四方面军在懋功地区会师。6月26日，中共中央在两河口召开政治局会议，通过了《关于一、四方面军会师后战略方针的决定》，否定了张国焘向川康边退却的错误主张，明确指出两军会师后的战略方针是："集中主力向北进攻，在运动战中大量消灭敌人，首先取得甘肃南部，以创造川陕甘苏区根据地。"7月，红军连续翻越几座大雪山，到达毛儿盖。8月3日，红军总部决定把一、四方面军混合编成右路军和左路军。中共中央随右路军行动。左路军由张国焘率领，朱德、刘伯承随左路军行动。随后，左、右路军分别从卓克基、毛儿盖等地出发，跨过荒无人烟的茫茫草地，于8月下旬先后到达阿坝和巴西地区。

9月，张国焘拒绝执行中央北上方针，自恃枪多势众，要挟右路军和中共中央南下，甚至企图危害中央。毛泽东、周恩来、张闻天、博古等在巴西紧急磋商，决定迅速脱离险区，率右路军中的红一、三军和军委纵队先行北上。9月12日中央政治局在川甘边界俄界召开扩大会议，通过了关于张国焘同志错误的决定，并再次电告张国焘改正错误，率部北上。但张国焘却顽固坚持其错误主张，命令左路军和右路军中的原四方面军、三十军南下，并于10月间在卓木碉公然另立中共中央。朱德、刘伯承等在艰难的处境下与张国焘的分裂主义错误进行了不懈的斗争。

俄界会议后，中共中央率领红一、三军和军委纵队，攻克甘南天险腊子口，越过岷山，到达哈达铺，部队改编为中国工农红军陕甘支队。9月27日占领榜罗镇。中央政治局召开会议，正式决定以陕北作为领导中国革命的大本营。

此前不久，从鄂豫皖根据地出发的红二十五军，经10个月转战，已于公元1935年9月16日到达陕北，与陕甘红军会师，成为红军长征中到达陕北的第一支队伍。随后，红二十五军同陕甘红军合编为红十五军团。

榜罗镇会议后，中共中央率部越过六盘山，于10月19日抵达陕北吴起镇，与红十五军团胜利会师，结束了红一方面军的长征。11月17日，中共中央机关到达陕甘根据地中心瓦窑堡，及时释放了刘志丹等被迫害的干部，纠正了陕北肃反扩大化的错误，使陕甘根据地转危为安。11月20日至24日，红军在直罗镇全歼国民党军一个师又一个团，为中共中央把全国革命大本营放在西北举行了奠基礼。

在中共中央到达陕北时，公元 1935 年 11 月红二、六军团从湘鄂川黔根据地出发开始转移。公元 1936 年 7 月 2 日在西康甘孜与红四方面军会师。此时，红四方面军由于张国焘的错误领导，损失严重，只剩下 4 万余人，同南下时相比已减员过半，张国焘不得不于 6 月 6 日宣布取消他的第二"中央"。两支部队会合以后，红二、六军团奉中共中央电令编为红二方面军，贺龙任总指挥，任弼时任政委。在朱德、刘伯承、任弼时、贺龙、关向应等的力争下，红二、四方面军决定共同北上同中央会合。公元 1936 年 10 月，二、四方面军到达甘肃会宁，分别与一方面军会师。至此红军主力长征结束。

三大主力红军会师后，红四方面军主力部队和红五军共 2 万余人，奉命于 10 月下旬西渡黄河，随后组成西路军深入甘肃河西走廊。西路军广大指战员浴血奋战，虽毙伤俘敌约 2 万余，但由于无根据地作依托，又无兵员、物资的补充，在敌众我寡的情况下终于遭到失败。曾发展到 30 万人的红军，至此只剩下不到 3 万人。

中国工农红军第一、二、四方面军，以坚忍不拔的革命精神，克服无数艰难险阻，先后在两年左右的时间，胜利完成跨越赣、闽、粤、湘、桂、黔、滇、康、甘、宁、陕等 12 省，经过汉、苗、壮、彝、藏、回约 2 亿人口的不同民族地区，总行程达 2.5 万里以上的长征。虽然失去了原有的根据地，损失了相当大的力量，但是保存和锻炼了中国共产党和红军的骨干，沿途播下了革命的火种。革命的中心由江西移到陕甘，迎接着中国革命的新曙光。

红军三大主力的胜利会师，宣告了国民党反动派妄图聚歼红军阴谋的彻底破产，为全国人民展示了一个光辉灿烂的前景，极大地推动了正在蓬勃发展的抗日救亡运动。

左联文化的发展

公元 1927 年至公元 1937 年，是中国思想文化界比较活跃的时期。这个时期，国统区的思想文化呈现多元化趋势，包括国民党的党化教育，左翼文化运动的兴起，文化思想界的论争，国民党的文化"围剿"，左翼文艺的成就，文化教育事业的建设，文艺界的抗日救亡运动以及科技的进步等等。

30 年代兴起的左翼文化运动，发轫于无产阶级革命文学运动。以成仿吾、郭沫若、蒋光慈、钱杏邨等为中坚的创造社、太阳社两个文学团体举起了"无产阶级革命文学运动"的旗帜。公元 1930 年 2 月，创造社、太阳社的代表与鲁迅共同参加了"清算过去和确定目前文学运动底任务"的讨论会，决定成立左翼作家联盟。同年年 3 月 2 日，"左联"召开成立大会，推选鲁迅、田汉、夏衍、钱杏邨、郑伯奇、洪灵菲、冯乃超等为"左联"执行委员，周全平、蒋光慈为候补委员。"左联"成立不久，又相继成立了"中国社会科学家联盟"（简称"社联"）、"左翼戏剧家联盟"（简称"剧联"）、"中国左翼美术家联盟"（简称"美联"）。在上述 4 个联盟的基础上，组织了一个联合机构——"左翼文化总同盟"（简称"文总"）。从此，革命文艺事业就成了有组织有领导的中国革命事业的一个组成部分。

国民党统治初期，"有两种反革命的'围剿'：军事'围剿'和文化'围剿'"。国民政府对红军和革命根据地加紧军事"围剿"的同时，在国民党统治区，则又加紧对进步文化的"围剿"，企图将中国共产党的武装及其思想文化"剿尽杀绝"。

中国共产党在领导革命根据地军民不断粉碎国民党军事"围剿"的同时，也积极领导国民党统治区左翼文化战士，进行了卓有成郊的文化反"围剿"

斗争。左翼文化工作者在中国共产党的领导下，对各种反动文化流派进行了有力的揭露和批判。鲁迅形象生动地批判所谓"民族主义文学"是为买办阶级服务而充当统治阶级的鹰犬。瞿秋白一针见血地揭露"自由人"及"第三种人"不过是"帮助统治阶级来实行攻击无产阶级的阶级文艺"。

经过许多左翼文化工作者的共同斗争，这些反动文学流派接连败北，"左联"成立以后，先后创办了《萌芽》《拓荒者》《现代小说》《北斗》《文化月报》《大众文艺》《文艺新闻》等许多进步刊物，成为宣传左翼文化的阵地。

以鲁迅为主将和旗手，以左翼文化运动为核心的中国进步革命文学艺术在30年代取得了辉煌的成就。杂文、长篇小说、现代诗和话剧、电影所取得的丰硕成果，特别引人注目。这个时期，鲁迅写下的杂文，计有《三闲集》《二心集》等9部之多。他的杂文像匕首，似投枪，成为打击敌人、教育人民、鼓舞人民的有力思想武器。

茅盾先后完成了《蚀》三部曲、《虹》以及他的代表作《子夜》等长篇小说。老舍发表了著名小说《骆驼祥子》。巴金创作了长篇小说——"爱情"三部曲和"激流"三部曲。此外像沈从文、张天翼、吴组缃、叶紫、丁玲、沙汀、艾芜、萧军、萧红等都在小说中把笔触深入到半殖民地半封建中国广阔的农村，深入到边缘的山区，深入到社会底层的人际关系和人性的冲突。他们对故土的热爱，和他们小说中充满危机、倍受西方帝国主义蹂躏的农村情景，形成了鲜明对照，从而使他们的小说充满了现实主义的批判力量。殷夫、臧克家、艾青、田间等努力倡导诗歌的简朴与大众化，创作了一批反映现实社会生活的有力度的诗作，其中臧克家的《烙印》《罪恶的黑手》受到广泛的赞赏。公元1934年，曹禺发表了他的第一个剧本《雷雨》，次年由著名戏剧家洪深、欧阳予倩指导复旦大学学生上演。公元1936年曹禺的第二个剧本《日出》也获得成功。他以强烈感人的艺术力量和深刻的思想主题，使中国现代戏剧在创作和演出两个方面趋向成熟。30年代，中国的电影事业也迈进了一个新阶段。

在新闻、出版业方面，也取得一些进展。30 年代中国原有的一些著名大报，如《申报》《大公报》《新闻报》《世界日报》等纷纷起用新人，扩版改版，不断创新，销路大增。另外，公元 1927 年上海《时报》首创套色印刷，公元 1929 年 9 月《新民报》于南京创刊，公元 1933 年上海《大美晚报》率先试行中文横排，公元 1935 年上海《立报》日销售量创 20 万份最高纪录，都为中国新闻事业发展作了见证。图书、期刊的出版同样成倍地增长。30 年代除了商务印书馆、中华书局、世界书局、开明书店等主要出版机构外，还先后新创或重建了一批如现代书局、良友图书印刷公司、上海杂志公司、神州国光社、文化生活出版社、生活书店、读书出版社、新知书店等出版社，出版了一批工具书和不少有学术价值的专著、译著，也出版了一批进步书刊。

随着全国抗日救亡运动的继续高涨，文化界的抗日救亡活动，也迅速地开展起来。公元 1935 年 12 月 27 日，上海文化界救国会正式成立，提出一系列抗日主张，如：开放民众组织，保护爱国运动，迅速建立起民族统一战线；停止一切内战；武装全国民众；释放一切政治犯，共赴国难及保障集会、结社、言论、出版的绝对自由等。公元 1936 年 1 月，北平文化界救国会正式成立，紧接着全国各地救亡团体成立，各种救亡刊物也纷纷地涌现出来，仅上海一地就有百余种。

在抗日救亡运动的新高潮中，文艺界的左翼队伍里，产生了"国防文学"与"民族革命战争的大众文学"两个口号的论争。主要代表性文章有：周扬的《关于国防文学》《现阶段的文学》、郭沫若的《国防·污地·炼狱》、鲁迅的《论现在我们的文学运动》、《答徐懋庸并关于抗日统一战线问题》，茅盾的《关于引起纠纷的两个口号》，冯雪峰的《对文学运动几个问题的意见》。

鲁迅、茅盾、冯雪峰指出"民族革命战争的大众文学"应该是一个总的口号，在这个总的口号下，作家在抗日的旗帜下团结起来，但是他们可以写国防文学，也可以写救亡文学，可以在创作上有更大的自由，只有这样，才可避免因为狭隘的口号造成的文艺界新的关门主义和宗派主义。经过一番激烈争论，文艺界逐步在抗日民族统一战线的旗帜下团结起来。公元 1936 年 9 月，各派作家代表巴金、王统照、包天笑、林语堂、陈望道、郭沫若、叶绍钧、鲁迅等 21 人联名发表了《文艺界同人为团结御侮与言论自由宣言》，主张文艺界同人应不分新旧派别，为抗日救国联合。宣言的发表标志着文艺界抗日民族统一战线的初步形成，给文学艺术各部门注入了新的血液，进一步推动了文化界抗日救亡运动的开展。

在文艺界联合宣言发表不久，文化战线、思想战线上的伟大战士鲁迅，于公元 1936 年 10 月 19 日在上海寓所病逝。当时追悼鲁迅的活动，更广泛地把人们吸引到抗日救亡的行列中来。

西安事变

"九一八"事变后，日本帝国主义肆意践踏我国东北领土，张学良义愤填膺，但蒋介石却不许他打回东北去。张学良多次痛哭流涕地劝蒋抗日，但屡屡遭到蒋介石的蛮横拒绝。张学良不得不含羞忍辱，背着"不抵抗"的罪名，遭到全国人民的唾骂。公元 1935 年 10 月，红军长征到达陕北。不久，"一二·九"运动爆发，全国人民抗日救亡运动出现新的高潮，蒋介石的"攘外必先安内"的政策更加不得人心。此时，在西北地区担任围剿红军任务的东北军和西北军更加厌恶内战，在全国人民抗日热情的推动和中国共产党抗日民族统一战线政策的影响下，东北军、西北军领导人张学良、杨虎城开始与共产党发生联系，初步形成三方团结抗日的政治基础。

蒋介石对张、杨二人极不放心，于公元 1936 年 12 月 4 日飞往西安，向驻扎在西安的张、杨二人及所部施加压力，如不出动军队"剿共"，即将东北军、西北军分别调往安徽、福建。当西安 1 万多名学生举行要求抗日的示威游行时，蒋介石竟命令张学良以武力镇压手无寸铁、一心爱国的学生。张学良、杨虎城两位爱国将领经商议后毅然决定以兵谏的形式劝蒋介石抗日。

这一天是公元 1936 年 12 月 12 日凌晨 2 点钟，西安城外暮霭沉沉，夜色中，50 名全副武装的士兵在营长孙铭九的带领下，分乘两辆军用卡车，奔驰在西安通往临潼的公路上。凌晨 4 点多钟，卡车准时抵达华清池外。此时，担负外围警戒任务的东北军已将华清池秘密包围了。卡车一路向院内开去。院门口的哨兵举手示意卡车接受检查。"冲过去！"孙铭九果断地下达命令。于是，司机猛地一踩油门，卡车直奔院内。哨兵立即鸣枪报警。蒋介石的亲信侍卫听到枪声后，马上用手提机枪封锁了正面进入内院的通道。孙铭九眼见强攻不成，急中生智，带人悄悄地摸到假山后的小路，直接冲入五间厅。

冲进五间厅后，孙铭九直奔蒋介石的卧室。"砰"的一声，他踹开房门冲了进去，但卧室内空无一人，根本没有蒋介石的影子。孙铭九一愣，只见房间的衣架上挂着蒋介石的衣服和帽子，桌上放着他的假牙和公文包，被子零乱地摊在床上。孙铭九伸手一试，被子尚有余温。"他会不会已经跑了？赶紧打电话报告司令。"张学良一听，不禁也暗暗地吃了一惊，"检查委员长的座车，看他的座车还在不在。"张学良命令道。士兵检查了车库，报告说，"车库内的车一辆都不少。""那好，这说明他不可能逃远，继续搜！"

不久，一名士兵报告说，在后墙下发现一只拖鞋。看来蒋介石是往骊山方向逃走的。于是，孙铭九带人直奔骊山。此时，天空已泛起了鱼肚白。顺着山坡，孙铭九一行搜行至半山腰。此时，天已大亮。突然，一名士兵看到石头后有个人影晃了一下，随手就是一枪。卫队营长正想过去看个究竟，忽然听到有人喊："我在这里！我在这里！""报告营长，是委员长！委员长在这里！"孙铭九赶紧飞奔至此，只见蒋介石光着头，赤着脚，穿着一件古铜色的睡袍，裹在一条白色的被单里，冻得上牙直打下牙。原来，当已经就寝的蒋介石听到枪声后，急忙爬墙逃到院外。紧张中，他跑丢了一只鞋，还摔痛了脊梁，跌破了脚，一路狼狈地往骊山爬，躲在一块卧鳖石后，被东北军抓个正着。

"你们是哪个部分的？"蒋介石不明底细，小心翼翼地问。"东北军。"孙铭九简单地答道。蒋介石一听是东北军，立即神气活现起来。"我是国家的一个领袖。我不去，叫你们副司令来！"孙铭九没有搭理他，强压怒火，示意几名战士架起蒋介石，不由分说地走下骊山。上午9点，汽车载着蒋介石驰向西安。这就是震惊中外的西安事变。

扣押蒋介石后，张、杨两人立即通电全国："东北沦亡，时逾五载，国权凌夷，疆土日蹙，'淞沪协定'，屈辱于前，'塘沽''何梅'协定，继之于后。凡属国人，无不痛心。近来国际形势突变，相互勾结，以我国民族为牺牲。绥东战起，群情鼎沸，士气激昂。于此时机，我中枢领袖，应如何激励军民，发动全国之整个抗战。乃前方之守士将士，浴血杀战，后主之外交当局力谋妥协。……爱国获罪，令人发指。蒋委员长介公受群小包围，弃绝民众，误国咎深。学良等涕泣进谏，累遭重斥。昨日西安学生举行救国运动，竟嗾使警察，枪杀爱国幼童，稍具人心，孰忍出此，学良等多年胞泽，不忍坐视，因对介公系最后之净谏，保其安全，促其反省。"并提出"停止一切内战"等8项主张。

在蒋被扣期间，张学良与杨虎城给予了他相当的礼遇。蒋后来回忆说："侍者每小时必进茶点一次，意极殷勤，见余不食，辄忧形于色，此种诚意出自内心诚挚之流露，亦殊令人感动。"

西安事变的突然爆发，在全国引起了强烈的反响。爱国人士"捧读文电，雀跃无比"，百姓欣喜若狂，群情激昂。南京政府却指责张、杨"犯上作乱，不忠不孝"。心怀鬼胎的何应钦欲取蒋而代之，所以，他根本不顾蒋介石的死活，力主讨伐。亲英美派的宋子文、宋美龄等人为营救蒋介石，寻求和平解决事变的途径。在这紧要的历史关头，中国共产党提出和平解决西安事变的正确方针，向困境中的张学良、杨虎城伸出了援助之手。公元1936年12

月 17 日，周恩来肩负着中共中央的使命来到西安。张学良高兴地说："你来了，一切就有办法了。"晚饭后，周恩来与张学良彻夜长谈。周恩来诚恳地说，这次事变符合全国人民的意愿，是正义的，并且必将产生巨大的影响。但是，以武力扣留蒋介石，如果解决不好，会引起新的内战。"噢？此话怎讲？"张学良闻听此言，心里一沉，急切地询问道。于是，周恩来仔细地分析说，西安事变的前景存在两种可能性：一种是使中国变好，一种是使中国变坏。如果能够说服蒋介石停止内战，枪口对外，一致抗日，中国就会免于被日寇吞并，这是我们应当尽力争取的好的前景。如果宣布蒋介石的罪状，把他杀了，不仅不能停止内战，反而会引起更大规模的内战；不仅不能抗日，反而给日本帝国主义以可乘之机，这是我们不愿看到的坏的前景。所以，我们主张和平解决西安事变，并同意你的意见，只要蒋介石答应停止内战、一致抗日的条件，就可以放他回南京。一席话，深深地打动了张学良的心。两人很快拟定了一份致南京方面书，并研究了东北军、十七路军、红军三军联合抵抗"讨逆军"的军事措施。

第二天下午，周恩来会见了杨虎城，向他陈述了此间的种种利害关系。但是杨虎城对于释放蒋介石，疑虑重重。"据我的经验，蒋为人气量小、阴险，放了他，他将来必定会大肆报复！"周恩来耐心地开导说，逼蒋抗日不是不可能的，特别是现在，他是抗日则生，不抗日则死。至于他将来是否会报复的问题，不完全取决于他。只要我们促成抗日统一战线，蒋想报复也报复不成。杨虎城被周恩来以民族利益为重的气量与胆识折服了，接受了中国共产党和平解决西安事变的主张。

12 月 23 日，宋子文、宋美龄、端纳飞抵西安。在张学良公馆西楼的会客室里，国民党与中国共产党和红军举行了具有重大意义的和平解决西安事变的谈判。周恩来作为我党的全权代表，与宋子文等人耐心斡旋，最后双方达成六项协定。为巩固谈判成果，次日晚上，周恩来在张学良及宋子文、宋美龄的陪同下，来到蒋下榻的高桂滋公馆。蒋介石最怕会见中共代表，因为他深知自己"攘外必先安内"的主张使无数共产党人血洒疆场，所以，他使劲地摆手说："不见！不见！"但是，周恩来不计前嫌，从容地握住蒋介石的手说："蒋先生，10年没见，你显得苍老多了。"接着，周恩来神色凝重地说："你违背孙中山先生的遗嘱，牺牲了千百万中国革命者的性命。"蒋介石低下头去，"是啊，我杀人太多了，现在，我也后悔了。"接着，周恩来明确地向蒋介石阐述了中国共产党和平解决西安事变的方针，并指出："如果蒋先生能够改变'攘外必先安内'的政策，停止内战，一致抗日，不但我个人可以听蒋先生的话，就连我们红军都可以听蒋先生指挥。"最后，蒋介石表示："恩来，我们再也不打内战了。我接受你们提出的六项协定。有关红军的事，今后你可以找汉卿商量，定出一个适当的解决办法。我回去后，你可直接到南京找我谈。"

12月25日下午4时许，张学良亲自护送蒋介石到达机场，准备一同返回南京。周恩来得知后，急忙赶去劝阻张学良不可莽撞行事，但是，为时已晚。看着蒋、张乘坐的飞机渐渐飞远，周恩来痛心疾首："唉！张学良就是《连环套》那些旧戏看坏了。现在他不仅要摆队送天霸，还要负荆请罪！"结果，蒋介石一到南京，就扣留了张学良。随即开始实行在西安允诺的条件。

至此，西安事变和平解决。它的和平解决，成为扭转时局的枢纽。它标志着10年内战的基本结束和国内和平局面的开始实现，并为国共两党的重新合作创造了前提。

卢沟桥事变

日本帝国主义在"九一八"事变后，得寸进尺，逐步向中国华北扩展其侵略势力。公元1933年日寇侵占热河，公元1935年又策动汉奸成立伪"冀东防共自治政府"，蚕食了华北北部的广大地区。当时，北平的丰台至山海关铁路沿线，有日本在华北驻军；北平东面是日本羽翼下的伪冀东防共自治政府；北面和西北面，有日本豢养的察北伪蒙军，北平几乎已完全处于日伪军的包围之中。位于北平西南的卢沟桥已成为北平与内地交通联系的唯一门户。日军如果占领卢沟桥，就可以孤立平津。于是，日军就以卢沟桥为突破口，策划全面侵华战争。

卢沟桥位于北京西南约15公里丰台区永定河上。该桥始建于金代大定二十九年（公元1189年），自该桥建成之日起，便成为华北西南部以至中原地区进出北京的咽喉要道。因其地理位置重要，自古以来为兵家必争之地。进入近代之后，在卢沟桥附近又修建了铁路桥，于是这里又成为京汉铁路和北宁铁路的交汇点，其地位愈加重要。在卢沟桥东端约200米处，耸立着一座古老的城池——宛平城，是当时宛平县政府的所在地，守卫卢沟桥的中国军队也驻扎在城中。该部队属第二十九军第三十七师110旅。

公元1933年，110旅旅长何基沣曾率全旅官兵在长城喜峰口英勇抗击日

军进犯，是著名的长城抗战英雄。该部官兵在进驻卢沟桥地区后，深受当时抗日救亡运动的影响，抗日激情高昂。何基沣旅驻扎卢沟桥地区后，经常遭遇日本军队的骚扰挑衅，他始终据理力争、针锋相对、寸土不让。

公元 1936 年，日本帝国主义策划华北 5 省自治，企图将华北从中国分裂出去。阴谋未能得逞，便大举增兵华北北部，企图以武力攻占北平、天津，进而侵占整个华北。自公元 1937 年 4 月起，驻丰台地区的日军开始在卢沟桥附近频繁地举行挑衅性军事演习，以期挑起事端，为发动侵略战争制造借口。

面对日军的疯狂挑衅，第二十九军增派军力加强了卢沟桥一线的防务，将 110 旅中战斗力较强的 219 团主力部署在宛平城及相邻的长辛店一带。同时在日军频繁演习的地区增设岗哨，加强警戒，以防日军发动突然袭击。

驻防宛平城并负责守卫卢沟桥的是 219 团 3 营。营长金振中当年曾参加过长城抗战，作战英勇，屡立战功。他接防卢沟桥后，对士兵们说："若日军硬攻时，必抱定与城桥共存亡之决心，以维护本军荣誉，以报答全国同胞。"金振中派精锐部队重点把守卢沟桥重要位置和宛平城主要地段，并不断激励全营官兵斗志。官兵们士气高昂，每当饭前和入睡前都齐声高呼："宁为战死鬼，不做亡国奴。"官兵们同仇敌忾，日夜保持着高度警惕。

同年 7 月 7 日下午，驻扎丰台的日军河边旅团第一联队第三大队第八中队，由中队长清水带领，在宛平城西北约 1 公里处的龙王庙附近进行军事"演习"。夜幕降临后，日军并未像往常那样撤退，却在演习地点修筑工事，并出动 600 余名士兵向龙王庙以东移动。这一异常情况引起了驻守龙王庙中国军队的密切关注，宛平城墙上的中国哨兵也在苍茫的夜色中高度警惕着。

当晚 10 时 40 分左右，突然从日军演习方向传来一阵尖利的枪声。这枪声划破了寂静的夜空，惊起宛平城内和附近村庄一片犬吠。片刻过后，数名日军来至宛平城下，声称一名士兵在演习中走失，要求进城搜查。入夜之后，宛平城门即已关闭，日本军队在城外演习，丢失的士兵不可能在城内。守城中国军队据理予以坚决拒绝。日军当即包围宛平城，并鸣枪示威。

不久，日本驻北平特务机关长松井开始向北平当局施加压力，声称"今晚有一中队日军在卢沟桥演习时，仿佛听到宛平城内军队发出的枪声，造成演习部队一时混乱，致使1名士兵丢失，今是日军要入城搜查。"并威胁说："如不允许，将以武力进城。"北平当局据理坚决拒绝，但为避免事态扩大，同意由中日双方派人调查此事，并指派宛平县长王冷斋负责与日方交涉。

次日凌晨4时，中日双方代表进入宛平城，日方代表却又突然提出将驻守宛平城东门的中国军队撤走，由日军占据东门后再行调查等无理要求，遭到王冷斋拒绝。双方正交涉间，城外骤然响起密集的枪声，日军出动大批兵力悍然向中国守军发起了进攻。在日军侵略军的疯狂进攻面前，中国守军忍无可忍，奋起反击日军进攻，震惊中外的卢沟桥事变由此爆发。

日本侵略军兵分二路，一路直扑龙王庙，另一路从东面进攻宛平城，日军企图迅速攻占两地，进而占领卢沟桥和铁路桥。进攻龙王庙的日军排成四路纵队，手持上了刺刀的步枪，杀气腾腾地直扑龙王庙。龙王庙的中国守军约两个排，1排排长申仲明挺身而出，迎着日军的枪口走上前去，以理阻止前进。日军突然开枪，申排长当即重伤倒地。中国士兵们早已对日军恨之入骨，日军的突然袭击激起了士兵们的极大义愤，在另一位排长的指挥下，士兵们拿起武器，向敌人射出一排排仇恨的子弹。不久，敌人冲上了阵地，士兵们挥起大刀，与敌人展开了激烈的拼杀。阵地上刀枪相撞，杀声连天，血肉横飞。士兵们虽拼死战斗，但由于寡不敌众，大部分壮烈牺牲。龙王庙遂落入日军手中。

另一路日军，先以大炮猛烈轰击宛平城，随后在炮火的掩护下，向宛平城发起冲击。城上中国守军以城垣为依托，待日军进入有效射程后，再以猛烈的火力在短距离内消灭敌人，一次次击退了日军的进攻。傍晚时分，日军再次向宛平城发起进攻。在猛烈炮火的轰击后，日军以9辆坦克为先导，掩护步兵向中国守军猛攻。此时，宛平城内早已被炸成一片废墟，城内守军仅有 1 个连的兵力，但士兵们人人斗志旺盛，个个抱定誓与城共存亡的决心，依靠手中的手榴弹、步枪等简陋武器，激战 3 个多小时，终于击退了敌人的进攻。

入夜之后，219 团团长吉星文为夺回白天被敌人占领的阵地，组织了大刀突击队，用绳梯悄悄坠出城墙，以庄稼地做掩护，沿永定河岸无声无息地逼近日军占领的铁路桥。午夜 12 时，大刀队突然冲向敌人阵地，士兵们齐声呐喊，举刀砍杀，铁路桥上霎时杀声震天，刀光飞舞。日军遭此突袭，顿时张皇失措，东逃西窜。大刀队则越战越勇，一个年仅 19 岁的年轻士兵，挥舞大刀，连续砍杀 13 名侵略军，还生擒一人，自己也壮烈牺牲。战斗一直持续到次日凌晨，侵占铁路桥的日军几乎被全歼于桥上，铁路桥阵地再次回到中国军队手中。

激烈的战斗时断时续，一直持续到 7 月 10 日。7 月 11 日，中日双方在北平达成 3 项停战撤军协议。中国军队开始遵协议撤退。

日军方面一边以和谈为缓兵之计，一边将关东军 2 个旅团、驻朝鲜的 1 个师团、国内的 3 个师团派往华北，又将 18 个中队战斗机编为临时航空兵团，从国内派往山海关、锦州、大连。到 7 月中旬，日军在平津一带的兵力已达 10 万人，并完成了对平津的战斗部署。7 月 25 日，日军连续在北平西郊发动攻击。26 日，日军强占廊坊，切断了北平与天津的联系，并企图派兵进入北平城，与中国守军发生战斗。当日日军向第二十九军发出最后通牒，限第二十九军第三十七师于 28 日正午前退出北平附近地区。未等中国方面答复，日军便于 28 日早晨对北平发动总攻。第二十九军奋起反击，在南苑等地与日军激战，副军长佟麟阁和 132 师师长赵登禹在激战中殉国，成为抗战以来最先殉国的高级将领。

为配合第二十九军保卫北平，卢沟桥守军在何基沣、吉星文等将领的率领下，主动向驻守在丰台车站的日军出击。他们设计将日军引出车站阵地，然后集中优势兵力加以包围歼灭，并夺回丰台车站。然而局部的胜利已无法扭转整个战局的失败。29 日，北平沦陷。北平失守后，坚守卢沟桥已毫无意义。30 日深夜，卢沟桥的保卫者眼含热泪，离开了浴血奋战 20 多天的卢沟桥，怀着满腔的悲愤，与第二十九军余部一同撤出了北平地区。30 日，天津也落入日军的铁蹄之下。

卢沟桥事变的第二天，中共中央向全国发布通电，揭露了日本帝国主义妄图用武力侵占平津和华北的阴谋，指出中华民族已到危急关头，疾呼全国同胞实行全民族抗战，号召全国人民武装保卫平津、保卫华北，不让日本帝国主义占领中国寸土。国民党爱国将领及地方人士也纷纷发表通电，主张坚决抗战。许多民众团体及文化界人士也积极支援前方抗战部队。7 月 17 日，国民党军事委员会主席蒋介石发表"庐山谈话"："地无分南北，年无分老幼，无论何人，皆有守土抗战之责任。"表明了南京政府的抗战立场。中国历史从此进入了 8 年抗战的艰苦岁月。

卢沟桥事变是日本帝国主义大举进攻中国的开始，也是中国全民族抗战的开端。

八路军平型关大捷

面对日本侵略军的猖狂进攻，国民党政府确立了进行抗日的方针，这就为抗日民族统一战线的建立提供了有利的条件。在这种情况下，国共两党谈判进展迅速。公元 1937 年 8 月 22 日，国民政府正式发布了改编红军为国民革命军第八路军。

9 月 23 日，刚刚誓师抗日的八路军——五师得到情报：日军精锐部队板垣师团大队人马将向平型关进犯。平型关是长城要隘之一，是通往山西省会太原的必经之路。师部当即做出决定，以全师主力伏击敌军，地点选在平型关东侧的老爷庙。

一一五师六八六团团长李天佑接到命令，立即带着他的队伍连夜奔赴目的地。天上没有星星，四周黑漆漆的，天又下起了大雨，部队行进在山沟小道上，深一脚浅一脚地走着，但却丝毫不敢放慢速度。

战士们抖擞精神，加快步伐，奔向目的地。天蒙蒙亮时，部队终于赶在日军到达前，来到老爷庙山脚下。

老爷庙建在公路北一座300米高的大山腰上，孤零零的，非常显眼，是控制公路两端的制高点。这时，平型关方向的炮声一阵紧似一阵。李天佑觉得要爬上老爷庙，占领制高点恐怕已经来不及了，即下令部队隐蔽起来，分散在公路两侧的几块麦田里和树林坡间。果然不出所料，队伍刚埋伏下来，前边山沟里就传来了汽车的马达声。

先过来的是敌人的汽车队，每辆车都装满了军用物资，足足有100多辆。汽车过后是200多辆马车，接着是少数骑兵。队伍长长的，车声隆隆，马蹄得得，声势十分浩大。因为下了半夜的雨，公路上有的地方泥浆很深，不好走，日军前面几十辆汽车停了下来。后面的日军还在往前挤，人马和车辆挤作一起。李天佑听到哨兵肯定敌人全进了伏击圈的回答，他兴奋地撂下话筒，命令参谋马上向师部报告。不一会儿，参谋就奔了回来，兴奋地传达师部关于立即攻击的命令。

李天佑紧紧抓住话筒，大声命令1营道："攻击开始，给我狠狠地打！"刹那间，公路南山摇地动起来。子弹、炮弹、手榴弹带着战士们满腔仇恨飞向敌群。聪明的八路军战士首先用手榴弹炸毁了敌人最后一辆汽车，使他们不能从原路逃回。敌人猝不及防，突遭袭击，几千人的部队在短狭的山谷里乱作一团。他们只得慌忙躲在汽车后面或趴在地上负隅顽抗。此时，李天佑突然接到师部命令：冲过公路，把公路上的敌人分割开来，各个消灭。同时用一个营的兵力抢占老爷庙，居高临下，想把敌人干净、彻底地消灭在沟里。因为敌人有400多人，并不太容易全部消灭。

李天佑命令 3 营切断公路，向老爷庙出击。战士们像是突然从地里钻出来似地窜出坡地，跃上了公路。日本鬼子猜到了八路军的意图，一面用机枪向冲上公路的战士拼命扫射，一面却调拨人马占据老爷庙制高点。

有一小股日本鬼子抢先一步占领了老爷庙。子弹从上面横扫下来，公路上的敌人又不断开枪，在上下夹击之下，3 营战士仍奋力向上冲，伤亡很大，连营长也负了伤。李天佑看到这一切，马上派 2 营上去增援。3 营终于冲上制高点，占领了老爷庙。

3 营战士依托老爷庙的有利地形，居高临下，将复仇的子弹倾泻下去，打得沟里的日军四处逃窜。有个日本军官看到老爷庙地势险要，就组织日军开始进攻，妄图夺回制高点。可是，他们的骑兵用不上，步兵穿着笨重的皮鞋也很不方便。

敌人气喘吁吁地爬山，老爷庙上的八路军战士瞄准了一个打一个，弹无虚发，不一会儿就有不少敌人惨叫着滚下坡去。但是敌人仍不死心，接连组织了几次冲锋。

八路军战士的伤亡也很大，而且弹药快用完了，情势十分危险。仗越打越激烈，已经进入了白热化程度。下午 1 点多，李天佑突然发现敌人的后方出现了混乱。原来是自己人六八七团增援上来了。李天佑举起小红旗，命令部队全部反击。3 营战士从老爷庙冲下山去，其他营的战士呐喊着向敌人冲去。经过两面夹击，敌军绝大部分被消灭在山沟里。六八六团完全控制了山沟后，又配合国民党军队向日军发起进攻，又歼灭了大批日本鬼子。这就是震惊中外的平型关大捷！

平型关伏击战，给这股日军以歼灭性打击，共杀死敌人 1000 多人，烧毁敌人汽车 100 多辆、马车 200 余辆，缴获步枪 1000 多支、机枪 20 多挺、火炮 10 门、战马 50 余匹，以及其他大批军用物资。附近山村的老乡们听说我军打了大胜仗，都纷纷自动出来帮助搬战利品，抬伤员。几千名老乡，加上我军随营学校的全体人员搬了两天，战利品还没有搬完。

我八路军为此也付出极大的牺牲。——五师伤亡 1000 多人。有一个连有 150 名战士，战斗结束时只剩了 18 名，连长负伤，3 个排长都壮烈牺牲；另外有个连，伤亡人员达 2/3，连长和排长都阵亡！

平型关战役是八路军出师抗战的第一个胜利，也是全国抗战以来中国第一个胜利的伏击歼灭战。这一次胜利有力地打击了日寇的猖狂气焰，打破了"皇军不可战胜"的神话，迟滞了敌人的军事进攻，有力地支援了国民党军在平型关正面战场的作战。

正面战场的继续抗战

面对日军的局部战略进攻，国民党正面战场继续进行了部分抵抗。在武汉失守以后至太平洋战争爆发以前，国民党军主要进行了南昌、随枣、桂南、枣宜、豫南、上高、晋南及两次长沙会战。这些会战虽负多胜少，但对中国坚持抗战仍有一定作用。

南昌会战。南昌是江西省省会，相联湘赣、浙赣两大铁路，又有长江水运之方便，故为军事战略要地。早在武汉会战期间，日军就准备进攻并占领南昌。武汉会战后，日军为巩固已占领的武汉，维护并扩大长江下游水上交通，切断湘赣、浙赣铁路间的联络，于公元 1939 年 2 月中旬，以 4 个师团在冈村宁次的率领下进攻南昌。3 月 17 日，日陆军在海军的掩护下，由鄱阳湖、永修县、张家渡分别向吴城镇、涂家埠进攻，24 日攻陷吴城镇，其主力又乘夜强渡修水河南下，国民党军与敌激战，损伤大半，万家埠、安义、奉新等地先后失守，国民党军退守南昌。27 日，日军进攻南昌，国民党军与日军经过激烈巷战，因牺牲惨重，奉命撤退，南昌遂陷落。4 月下旬，国民党增援部队赶到后，开始反攻南昌，一度攻克奉新，逼近南昌，予日军以严重打击。

之后敌增援部队参战，飞机狂轰滥炸，加之施放毒气，国民党军受阻后，放弃反攻南昌，在锦江南与日军对峙。

随枣会战。武汉陷落后，国民党第五战区主力在李宗仁的率领下，在鄂西北随（县）枣（阳）地区不断发动消耗日军的进攻，破坏平汉路，迫近武汉外围。日军为巩固武汉，解除对豫南鄂北及平汉路的威胁，消灭这一地区的第五战区部队，于5月初，以3个师团以上的兵力，分由钟祥和应山地区出发，向随枣一带发动进攻。第五战区部队进行了一定程度的抵抗后，随枣被日军占领。5月中旬，李宗仁下令第五战区实行反攻，经激战后，日军向东南退却。国民党军先后收复枣阳、随县，此役给日军以严重打击，基本上达到了预期的作战目的。

枣宜会战。公元1939年冬，国民党在豫南、鄂北发动攻势，破坏敌铁路交通，袭击敌补给线，使武汉日军受到重大威胁。为扫荡中国游击部队，消灭中国第五战区的军事实力，确保武汉安全，日军于公元1940年5月集中了6个师团，由信阳、随县、钟祥三个方面，进攻枣阳等地。中国军队用一少部军队将日军牵制在中央地带，主力迂回敌军两侧，将其包围在平原地区，经激战予敌以重大杀伤。其时第三十三集团军总司令张自忠仅率所部两团一营抵御敌军，一直坚持到所部将士伤亡殆尽，自己重伤倒地，以身殉职。此战日军失利后，又调集援兵渡汉水继续进攻，于6月初攻陷襄阳。6月上、中旬，中、日军队在宜昌展开了激烈的争夺战。其间，由于中国军队进行全面反攻，宜昌曾失而复得，而日军为确保宜昌等地，以威胁重庆，又攻陷宜昌。

长沙地处中南地区，它南靠衡阳，西临常、桃，是扼两广之咽喉，控四川之门户的军事要地。武汉会战后，它成为中国战场的主体，聚集着50多个师的兵力，是第九战区的指挥中心。因此也成为日军主要进攻的战略目标。日军为消灭第九战区的中国军队，扫除对南进政策的威胁，并通过军事手段对中国政府施加压力，以便早日解决中国问题，故于公元1939年至公元1941年10月间，先后两次进攻长沙，挑起中日双方争夺长沙的两次大会战。

第一次长沙会战。日军占领武汉后，先后发动随枣、南昌战役，打击了鄂北中国第五战区、湘北第九战区军队，虽然巩固了其武汉占领区西北部，但未根本达到战略目的。为了消灭中国第五、第九战区的主力，解除中国军队从南部对日占领武汉的威胁，日军发动了第一次长沙战役。公元 1939 年初，日本设立了中国派遣军司令部，以西尾为总司令官，坂垣为总参谋长后，即着手发动第一次长沙战役。9 月中旬，日调集 12 万余人由赣北、鄂南、湘北 3 个方面向长沙发动进攻。赣北进犯日军在飞机的掩护下由奉新方向进攻，企图通过修水一带威逼济阳，与湘北之日军呼应。当地中国守军奋勇抵抗，致使日军不能前进，被阻于修水一带。鄂南、湘北之日军由通城、岳阳、营田三面南进。中国守军分别于新墙河、汨罗江一带英勇抵抗。9 月下旬，汨罗江防线被日军突破，日军占领了长沙外围地区，不再前进。中国军队除少数守卫长沙外，其主力大部撤至株洲、浏阳、衡阳地区。日军因兵力不足，交通运输不便，给养供应不足，于 10 月初开始撤退，中国军队乘势反攻，到 10 月中旬返回了新墙河一线阵地。

第二次长沙会战。公元 1941 年 6 月 22 日，苏德战争爆发，日本乘势放弃对苏作战计划，决定对英、美开战。为了加快南进速度，日军于 7 月下旬进兵占领越南南部，作为南进的根据地。与此同时，为压迫蒋介石政府屈服，扫除其南进的障碍，发动了旨在消灭中国军队主力的第二次长沙战役。9 月 17 日，日军调集了 4 个师团及部分海、空军 10 余万兵力，向岳阳南新墙河一线发动进攻。26 日，日军主力向长沙猛攻，接着在空降伞兵的配合下，于 28 日占领长沙。第九战区中国守军在薛岳司令长官的指挥下，对来犯日军进行逐次抵抗，并将其主力迂回至敌军侧翼，同前来增援的其他战区的中国军队，对长沙日军进行反攻。日军从 10 月 1 日开始向长沙以北浏阳一线撤退，10 月 7 日全部撤往新墙河以北地区。至此，第二次长沙会战结束。这次战役毙伤日军 1 万余人，中国军队则损伤及被打散约 10 万人。

血战台儿庄

公元 1937 年 12 月 13 日，日军占领南京，之后，为打通津浦线，沟通南北战场，进而切断陇海路，进窥武汉，制定了以夺取徐州为主要目标的作战计划。中国则采取集中优势兵力，进行机动防御，各个击破分进之敌的作战方针，组织徐州会战，以图将日军主力钳制在津浦线上。

徐州——江苏北部重镇，是东西、南北两大铁路干线的交汇点，历来是兵家必争之地。一心想吞并我国神圣领土的日本侵略者自然深知这一点。于是，公元 1937 年 12 月起，日军以华北方面军和华中派遣军联合向徐州发起南北夹击，企图打通津浦铁路，歼灭这一地区的中国军队主力。他们集中了号称"大日本皇军精华"的矶谷师团和板垣师团，沿铁路线南下，直奔徐州而来。

中国军队已经做好了应战的准备。指挥作战的是第五战区司令长官李宗仁。李宗仁带兵骁勇善战，在将士中有一定的威信。他知道敌军攻打徐州，必然要经过台儿庄。台儿庄在徐州东北 30 公里的大运河北岸、临城至赵墩的铁路支线上，战略地位十分重要。于是，李宗仁命令孙连仲的第二集团军在台儿庄迎战敌人，同时命令汤恩伯军团从侧面攻击日军，然后由两路大军共同把日军压到台儿庄附近的位于山东省南端的微山湖予以歼灭。

公元 1938 年 3 月 22 日，孙连仲部队渡过大运河，进驻台儿庄及其附近地区，池峰城师长率领的三十一师加炮兵一个营率先进入台儿庄布防。23 日，从峄县来的 1000 多日军，在 10 门重炮和 8 辆坦克的掩护下，向台儿庄进攻。

台儿庄一带的阵地上，配备有威力巨大的防御炮，可是眼看日军的坦克慢慢进入了射程，我军大炮却没有丝毫动静。性急的池师长连声责问炮兵营长为什么还不开炮。那位炮兵营长却冷静地答道："报告师长，打敌人的坦

克车，不能打带头的几辆，而要打中间的。中间的打坏了，前头的退不下，后面的不能前进，这样才能打退敌人的进攻。"师长听后，暗暗点头。

当日军坦克进到离大炮阵地仅四五百米时，营长连续下令对着当中的坦克开炮。炮声隆隆，硝烟滚滚，一下子击中了中间的 4 辆坦克，中了弹的坦克顿时趴在那儿动不了窝了，而领头的坦克也不知如何是好，在原地转来转去。后面的坦克见大事不妙，掉头就跑。靠坦克掩护的步兵也只得纷纷后退。

我军乘胜攻击，一下子歼灭 600 多敌人，剩下的鬼子逃窜到北洛，据险固守。其实这时日本鬼子并不知道我军的战略部署，因此并没有集中兵力来攻台儿庄。按原计划，汤恩伯军团这时应该抓住时机从侧面攻击日军主力，但是他们与日军打了三四天，非但没有完成原定计划，反而暴露了我军的意图。于是，日军大举向台儿庄发动进攻。24 日，矶谷师团开始猛轰台儿庄。台儿庄的城墙用砖石砌成，非常坚固，但是在日军炮火的猛烈轰击下，多处都已倒塌了。

日寇炮轰之后，以坦克为先导掩护步兵向前猛冲。第二集团军虽是杂牌军，装备落后，但将士们个个抱着拼死的想法，英勇地抵抗日军的进攻。

这一天，我军将士与敌人斗在一处，直杀得天昏地暗，常常为争夺一村一地，与日军反复肉搏一二十次，双方伤亡很大。25日晨，我军有援军及时赶到，将丢失的台儿庄北五六个村庄相继收复。日军伤亡惨重，一时无法集中全力攻城。但是，日军倚仗其大炮、飞机的威力，向我城周围阵地猛烈轰击。一天内，落在我阵地上的炮弹达6000多发。英勇的我军战士毫不畏惧，以血肉之躯与敌方炮火、坦克相抗衡。

部队久攻不下，日军矶谷师团长不禁恼羞成怒，于3月29日亲临台儿庄附近督战。30日，战斗进入了白热化状态。日军疯狂发动攻击，当晚占据了城内东半部。但是，城内守军并没有被敌人的嚣张气焰所吓倒，而是在大街小巷与敌人白刃拼搏，至死不退。他们组织了一支又一支突击队，机动有效地打击敌人。城外守军同时发起反击，截击了日军炮兵部队，在城周围与敌人激烈厮杀，以减轻城内守军的压力。

李宗仁非常清楚台儿庄的战况，他心急如焚，急忙命令汤恩伯军团迅速南下，以形成南北夹击之势，缓解台儿庄的紧张局面。汤恩伯却逡巡不前，消极避战。李宗仁对此非常气愤，严厉警告道："如再不听军令，致误战机，当照韩复榘的前例办。"然而台儿庄的战况越来越激烈，形势越来越严峻。

到4月1日，台儿庄守军第三十一师的4个团已经伤亡过半，第三十师调入城内的两个团伤亡也很严重。台儿庄城西北门、北门、东门、东南门均已陷入敌手，全城一半的地方被敌军占领。然而，守军并未败退，而是据守南关一隅，拼死坚守，城内各守备队利用断垣残壁，筑起一道道阵地工事，挨街逐巷与敌人周旋搏斗。他们还组织起一支200多人的奋勇队，偷袭敌人据点，不断打击敌人。

我军虽然英勇奋战，但伤亡实在太大，实力也越来越弱。4月4日深夜，孙连仲向李宗仁报告说："第二集团军已经伤亡惨重，敌人火力太强，攻势过猛，但是我们把敌人也消耗得差不多了，可否请长官答应暂时撤退到运河南岸，好让第二集团军留点种子，也是长官的大恩大德！"李宗仁没有作声。他深知前线的艰苦，但是他又考虑到汤恩伯的军团第二天中午就可到达台儿庄北部,此时撤出战斗,岂不前功尽弃?想到这里,他狠了狠心,斩钉截铁地说:"敌我在台儿庄已血战一周,胜负之数决定于最后5分钟。援军明日中午可到,我本人也将于明晨来台儿庄督战。你务必守到明天拂晓。这是我的命令,如违背命令,当军法从事!"在电话中,他还要求孙连仲组织夜袭,以打破敌军明晨拂晓攻击的计划。孙连仲听到此言,知军命不可违,立即部署战斗。他对池峰城师长命令说:"士兵打完了你就自己上前填进去。你填过了,我就进来填进去。有谁敢退过运河者杀无赦!"

池师长奉命,号召部下发扬连续作战的精神,拼死抵抗顽敌的进攻。

午夜,孙连仲组织起先锋敢死队数百人,分组向敌人发起突袭。本来,孙连仲的预备队已全部用完,部队伤亡过大,但是经过战前动员,轻伤员们自动组织起来,成为一支锐不可当的敢死队。队员们乘着夜色,冲入敌阵,奋勇异常。日军仓促应战,乱作一团。血战数日为敌所占领的台儿庄市街,竟被我军一举夺回3/4,敌人丢盔弃甲,死伤无数。

4月5日拂晓,汤恩伯军团终于到达台儿庄以北,对敌矶谷师团形成反包围。4月6日,我军全线出击,杀声震天。敌军血战10多天,筋疲力尽,弹尽粮绝,机动车辆多数被击毁,其余也因缺乏汽油而动不了窝。他们狼狈突围逃窜,溃不成军。我军乘胜追击,敌除濑谷支队数千人逃掉之外,其余全部被歼灭。

台儿庄战役前后近1个月,日军恃其兵器优越,炮火猛烈,不断发动进攻。中国守军在李宗仁的正确指挥下,浴血奋战,仅依靠步枪、手榴弹、机关枪和少量重武器,以伤亡近2万人的代价,击溃了日军精锐部队的疯狂进攻,歼敌1万多人,缴获了大量的战利品,获得了最终的胜利。

台儿庄大捷,是国民党战场自抗战以来取得的最大的一次胜利。这次胜利又一次打破了日军不可战胜的神话,一扫抗战以来失城失地的局面,极大地振奋了中华民族的抗战精神!

百团大战

公元 1940 年春天以后，日本侵略者将不少兵力移到后方，对抗日根据地不断进行"扫荡"。他们依靠交通线和据点扩张占领区，对抗日根据地实行"囚笼政策""三光政策"，从而迫使根据地缩小。到夏天，大片华北抗日根据地变成了游击区，很多县城被敌人夺了过去。华北形势危急。

在华中，日军攻占宜昌，窥视陪都，大肆轰炸重庆，以军事压力配合政治诱降。在华南、西南则封锁桂越、滇缅公路，断绝国际交通。这些军事、政治、经济攻势，给中国的抗战造成了极大困难。

当时德、意法西斯在欧洲战场接连取得暂时胜利，更给处于困难之中的中国各阶层人士的心头蒙上了一层阴影。一时间，国内一部分人的悲观失败情绪再度抬头，妥协投降空气再度弥漫，中国抗战面临空前的危机。

面对这种严酷的现实，公元 1940 年 7 月，中共中央在《为抗战三周年纪念对时局宣言》中指出："现在是中国空前投降危险与空前抗战困难的时刻，"表明了当时的国内形势。为克服投降危机，争取时局好转，八路军总部正在研究组织一次大规模的对敌作战行动。

此时，在华北前线指挥作战的彭德怀心急如焚。

怎样给敌人一个真正沉重的打击呢？这是彭德怀一直在考虑的。他与副参谋长左权不断地讨论着。

经过研究，最后选定在正太路上进行破袭。这条铁路从石家庄到太原，横穿太行山脉，连接平汉线和同蒲线，沿线有两个大煤矿，是日军的重要运输线。当时，日军在这条线上的守备力量也比较薄弱。

7 月 22 日，总部将破袭正太路的作战计划上报中央军委，同时将《战役预备命令》发给一二九、一二〇师和晋察冀军区。

各地部队接到总部命令后，立即开始行动。短短1个月之内，侦察敌情、部署兵力、储备粮草等工作都做好了。

8月20日，八路军各参战部队冒雨隐蔽在正太路两侧。晚上8时，战斗全面打响。正太路沿线各处，突然响起了密集的枪声。刹那间，一颗颗攻击的红色信号弹腾空而起，划破了夜空，各路突击部队简直像猛虎下山，扑向敌人的车站和据点，雷鸣般的爆炸声，一处接着一处，响彻正太路全线。

日军事先毫无准备，仓促应战，被打得落花流水。在东团堡歼灭战中，日军突围无望，中佐井田仰天长叹。他命令残存的27人投火自焚。

捷报不断传到总部：娘子关天险，被攻克了。在正太路战役中，八路军战士一夜之间把从榆次到石家庄的所有敌军据点，包括桥梁、隧道、车站等都加以摧毁，还破坏了井陉煤矿。冀南军民冲破敌人的严密封锁，把该区敌人的公路全部破坏。有的地区铁路桥梁被炸毁，铁轨被运走。敌人的交通陷入瘫痪。

总部原来计划调22个团参加战役，但实际上还不止这些，因为这样的兵力是无法取得这样大的成果的。总部马上了解到，战斗打响后，各地武装力量也自动参加了战斗。作战科长统计了数字后向彭德怀报告说，参战部队共有105个团。彭德怀听后高兴地笑了，他说："哦！你们算了这个数啦！好，零头不算，我们就把这次战役叫'百团大战'吧！"从此，"百团大战"的名称就传开了。

日军在受到沉重的打击后，急忙从各地调来3万多人，对根据地进行报复性的"扫荡"。因此，从10月上旬开始，八路军转入了反"扫荡"斗争。到12月5日，敌人的"扫荡"被粉碎，百团大战告一段落。这样，经过3个半月的战斗，百团大战取得了重大胜利。

在百团大战过程中，华北各根据地的人民群众给了八路军以有力的支援。他们配合部队破路、平沟、拆墙，并帮助部队运送弹药、给养伤员。在有些地方，以群众为主破坏了大量的铁路和公路。在支援八路军的作战中，涌现出了许多可歌可泣的英雄人物。如和顺县寺沟村的一位老大娘，在日军逼近本村的危急时刻，一连把7个伤员背进山沟隐蔽。广大人民群众的大力支援，是百团大战取得胜利的重要因素。

百团大战期间，八路军及民兵总计作战1800多次，歼敌3万人，破坏铁路474公里、公路1500余公里。在这次大战中，尽管八路军也付出了巨大牺牲。但这次大战是八路军在抗日战争中歼敌和缴获最多的一次战役。百团大战的胜利，提高了中国共产党领导下的抗日武装的军威，使得八路军"游而不击"的谎言不攻自破，表明了中国共产党领导的人民军队已经成为敌后抗战的主力，敌后战场成为抗日的重要阵地。

百团大战的胜利，增强了全国人民抗战必胜的信心。捷报传来，举国上下一片欢腾，百团大战的胜利还打乱了日本急于结束中日战争、以便抽出深陷于中国战场的日军主力北对苏联、南攻英美的战略计划，迟滞了日本准备南进的步伐，给英、美及东南亚各国带来了战略上的利益，因而在国际上引起了很大反响。

皖南事变

公元1939年冬至公元1940年春，国民党顽固派不顾民族存亡之危，掀起第一次反共高潮。公元1939年1月国民党五届五中全会虽然没有放弃抗日的旗帜，但却制定了"限共""防共""反共"的方针。同年11月，国民党五届六中全会进一步确定以"军事限共为主、政治限共为辅"的方针。

中国共产党坚持"人不犯我，我不犯人，人若犯我，我必犯人"的自卫立场，在军事上、政治上"有理、有利、有节"地迎击和打退了国民党的第一次反共高潮，并维护了抗日统一战线。同时，中共中央领导各地党组织继续着手发动群众，进一步独立自主地扩大军队，从而使自己的力量得到进一步的发展壮大。

公元 1940 年秋，蒋介石集团又掀起了第二次反共高潮。这次反共活动将重点由华北转向华中。在当时，新四军副军长项英和政治部主任袁国平思想右倾，对国民党只讲联合不讲斗争，也助长了国民党的反共气焰。

公元 1940 年 9 月中旬，国民党江苏省主席兼鲁苏战区副司令韩德勤故意制造摩擦，调动主力向位于江苏北部南端的新四军重要基地黄桥进逼，企图将在苏北的新四军歼灭于黄桥附近。新四军苏北指挥部出于自卫，在 10 月 4 日至 6 日进行反击韩德勤部队的进攻，消灭该部 11000 人。

10 月 19 日，蒋介石指使国民党参谋总长何应钦、副总长白崇禧，用国民政府军事委员会的名义，打电报给八路军总司令朱德、副总司令彭德怀和新四军军长叶挺、副军长项英，诬称八路军、新四军"不守战区范围，自由行动""不打敌人专事并吞友军"，并限令八路军、新四军于电到 1 月内，全部开到黄河以北的冀察地区。

10 月 25 日，毛泽东致电周恩来提出："我们应估计到最困难最危险最黑暗的可能性，并把这种情况当作一切布置的出发点。"11 月 9 日，朱、彭、叶、项发出答复何、白的电报。电文据实驳斥了何、白电报的各种诬蔑不实之词，同时表示，为顾全大局，相忍为国，决定新四军皖南部队将开赴长江以北，但须宽限时日。电报发出后，中共中央连电叶、项，要求皖南部队务必于 12 月底以前全部北移，并认清形势的严重性，提高警惕，做好北移的准备工作。

12 月 9 日，蒋介石发布命令，限长江以南的新四军于 12 月 30 日前全部开到长江以北地区，限黄河以南的八路军所有部队于 12 月 31 日前开到黄河以北地区。第二天，蒋又密令第三战区司令长官顾祝同，如新四军至 12 月 31 日仍不北渡，应立即将其解决。12 月下旬，顾祝同根据蒋的密令，调集 7 个师共 8 万多人的兵力，在皖南泾县、太平、宁国、旌德一带部署成口袋形阵地。12月31日前,完成了全歼转移中的新四军部队的一切准备。

公元1941年1月4日,新四军军部及其所属皖南部队9000余人分3个纵队,奉命北移。他们是按照国民党指定的路线转移的。

1月6日黄昏,当新四军走到泾县茂林地区丕岭脚下时,前卫部队突然遭到国民党两个师的阻击。军长叶挺果断地指挥3个纵队进行反击。激战到第二天拂晓,3个纵队分别占领了求岭、高岭、丕岭3个重要的制高点。叶挺认为,从眼前的情况来看,不论是从正面猛打猛冲,还是从两侧乘虚穿插,都有把握打出去,因此主张组织突围,先拿下星潭,然后往旌德、宁国方向进军,再转向苏南,和新四军江南部队会合。可是项英认为叶挺的方案太冒险,动摇不定。讨论了7个小时,最后项英实行个人专断,否定了进攻星潭的主张,命令部队改向西南方向行动,企图通过太平进入黄山。然而,就在这几个小时里,国民党军的7个师逐渐完成了对新四军的四面包围,这样,新四军丧失了突围的良机,陷入重围。

在沿途的山岭上,新四军各部队跟比自己多好几倍的敌人展开了激战。叶挺在前沿指挥作战。项英却带着几位军部指挥员及少数警卫员,离队去寻找小路突围。这样,顿时动摇了部队党的领导核心。叶挺几次派人去寻找他们,都没有找到。9日拂晓,叶挺只得向中央报告请示。

当天下午,中共中央中原局复电指示,一切军事行动由叶挺指挥,部队要想尽一切办法向苏南突围。根据中央指示,叶挺把全体高级干部都集合在军部指挥所——汪家祠堂里。他郑重地传达了中央的指示,最后流着热泪说:"为了党的事业,为了人民的解放事业,我们一定要战斗下去,从我到每个战士都应该下定这个决心,就是战斗到只剩下一个人,也要和卖国贼打到底!"

在叶军长忠于党、忠于革命的英雄气概的鼓舞下,新四军英勇拼杀,在双方兵力悬殊的情况下,血战7昼夜。13日黄昏,敌人向新四军发起总攻。形势越来越险恶,为了保存抗日火种,叶挺军长冒着生命危险,亲自到国民党第二十二集团军总部去谈判，结果被敌司令上官云相这个无耻的家伙扣押了。

到 14 日，持续了 7 天 7 夜的激战逐渐平息下来。新四军皖南部队 9000 多人，除了陆续突围出去 2000 多人以外，其余 6000 多人，一部分壮烈牺牲，一部分受伤后被捕。副军长项英突出重围后，被叛徒杀害。17 日，蒋介石令中央通讯社发布国民政府军事委员会的通令和发言人谈话，宣布新四军"抗命叛变""着将该军番号撤销，军长叶挺"革职""交军法审判，依法惩治"。

这就是国民党顽固派制造的震惊中外的皖南事变。

皖南事变发生后，党内外一些人感到，形势又将是四一二政变的重演，认为国共合作快要破裂，内战可能扩大。然而，这时的共产党已有了能够总结历史经验的成熟的领导。中共中央在认真分析了当时的严重形势后，从实际出发，决定仍然以抗日大局为重，坚持又联合又斗争、以斗争求团结的政策，在军事上严守自卫，在政治上坚决反击。

1 月 18 日，中共中央发言人发表谈话，揭露国民党当局制造皖南事变的罪行和 1 月 17 日通令的反动实质。20 日，中共中央军委发布重建新四军的命令，任命陈毅为代理军长。同时提出了解决皖南事变的 12 条办法。

在重庆，周恩来向国民党当局提出严重抗议，并在舆论方面展开了猛烈反击。1 月 17 日，周恩来打电话给何应钦，怒斥说："你们的行为，使亲者痛、仇者快。你们做了日寇想做而做不到的事。你何应钦是中华民族的千古罪人！"

共产党的正义自卫立场和妥善处理皖南事变的合理主张，得到了全国人民、各民主党派、海外侨胞的广泛同情和支持。国际上，苏联对国民党当局制造皖南事变表示严重不满。英、美等国因为要中国继续抗战，也不赞成蒋介石发动反共内战。美国发出正式声明：美国在国共纠纷未解决前，无法大量援华，中美间的经济、财政等各种问题不可能有任何进展。

事情的发展完全出乎国民党顽固派的意料之外。在极端孤立的狼狈处境下，他们的反共活动不得不有所收敛。3 月 8 日在第二届国民参政会上，蒋介石表示皖南事变不牵涉党派政治，"保证以后绝无剿共军事"。

蒋介石的反共政策，不但没有达到摧毁共产党的目的，反而教育了许多原来对他抱有幻想的人们，使蒋介石自己处于被动地位；并使更多的人看清中国共产党确实以民族利益为重，而不是只顾一党一派私利的，从而使国民党对中国共产党所做的种种诬蔑宣传不攻自破。中国共产党在全国的政治地位也由此大为提高。

解放区反"扫荡"斗争

太平洋战争爆发后，日本帝国主义为把中国变为它在太平洋战争中的后方基地，推行"以战养战"的方针，采取了军事、政治、经济、文化等相结合的"总力战"，加强了对解放区的进攻。

1941 年春，日寇将过去推行的"治安肃正运动"改为更凶残的"治安强化运动"，把华北划分为"治安区"（即敌占区）、"准治安区"（即游击区）、"非治安区"（即解放区）3 种地区。对"治安区"采取以"清乡"为主，强化保甲制度，严密控制，实行奴化教育，加强对人民的搜刮和镇压；对"准治安区"，以蚕食为主，恐怖与怀柔兼施，修筑封锁沟、墙和碉堡，强迫"集家并村"，制造无人区；对"非治安区"，以"扫荡"为主，实行杀光、烧光、抢光的"三光"政策，甚至施放毒气、病菌、鼠疫，企图摧毁敌后抗日根据地军民的生存条件。

公元 1941 年至公元 1942 年的两年中，日寇对华北抗日根据地的"扫荡"，千人以上的就达 174 次，使用兵力达 83 万余人，较前两年增加了一倍。日寇还大力加强其"囚笼政策"，新增碉堡 7800 余个，修封锁沟长达 11800 余公里。而且在"扫荡"中采取"铁壁合围""梳篦式清剿""反复奇袭""辗转抉剔"等更加残酷的办法，充分暴露了日本法西斯"三光"政策的极端残忍、毒辣和野蛮。公元 1941 年 8 月，日寇在晋察冀北岳区的"扫荡"中，烧毁房屋 15 万余间，抢去粮食 5800 万斤、牲畜 1 万多头，残杀人民 4500 多人，抓走 17000 多人。公元 1942 年 5 月，日寇在冀中的"扫荡"中，杀害和抓走的群众达 5 万多人，仅在定南北坦村的地道里，施放瓦斯就毒死 800 人。造成了广大平原地区"无村不带孝，到处闻哭声"的悲惨境地。

日寇对华东、华中、华南敌后解放区的"扫荡"也十分残酷。在华中地区，平均每半个月就有一次"扫荡"，有的地区一个星期就有一次"扫荡"。在江、浙、皖地区，日寇以公路、河道为依托，构成大面积的包围圈，在大包围圈中又设立许多据点，用铁丝网、竹篱笆进行分割，形成小的封锁圈，然后进行分区"清剿"和"清乡"。并通过编制保甲、清查户口，实行"联保连坐制"，老百姓稍有反抗，全村即遭屠杀。

日寇疯狂的"扫荡""蚕食"和"清乡"，使我敌后抗日根据地遭到了很大的破坏。为了坚持抗战，巩固解放区，中国共产党在政治、经济、思想上采取了一系列正确的方针和措施，领导解放区全体军民，对日寇展开了英勇顽强的军事斗争。

按照中共中央军事委员会的指示，各根据地广泛地开展了群众性游击战争，实行主力兵团、地方武装、民兵三位一体，密切配合，协同作战，并把发展地方游击队和民兵放在重要地位。针对日寇的残酷"扫荡"，解放区军民创造出了一系列适合于山地、平原作战的战法，用地雷战、地道战、麻雀战、交通迫击战、坚壁清野等战法，布下人民战争的天罗地网，灵活巧妙地杀伤敌人。针对敌人的"蚕食"政策，解放区采取"把敌人挤出去"的方针，由主力部队、地方游击队和民兵共同组织联防。当敌人一出动，就给以截击；当敌深入腹地时，就乘其立足未稳，给予坚决打击；当敌人扎下据点时，就实行围困，迫敌撤走，或集中兵力袭扰，或围点打援，使敌人顾此失彼，处于被动地位。针对日寇的"清乡"，采取"敌进我退的方针"，组织武工队，深入敌后之各地，开展军事、政治、经济、文化各方面的斗争，随机应变，出奇制胜，使敌人的"治安区"永远不安。

在反"扫荡"、反"蚕食"、反"清乡"的斗争中，根据地广大军民发挥了无穷的智慧，表现出了极大的顽强斗争精神，创下了惊天动地的奇迹。公元1941年8月，华北日军司令官冈村宁次亲自指挥13万人，对晋察冀北岳区的大"扫荡"中，采取"铁壁合围""梳篦式清剿""马蹄形堡垒战"，企图在4个月内消灭八路军于长城两侧。但是，晋察冀军民齐心协力，采取诱敌深入，空室清野，待机歼敌的方针，与敌作战800余次，毙伤日伪军8000多人，破坏道路800余里，毁敌3列火车。在反"扫荡"中还涌现出了"狼牙山五壮士"等英雄事迹。到11月间，敌人持续3个月的大"扫荡"，终于被粉碎了。冈村宁次也不得不承认"肃清八路军非短期所能奏效。"

从公元1941年到公元1943年，抗日根据地广大军民共作战4.2万多次，毙伤俘日伪军33万余人，缴获了大量武器弹药，胜利地粉碎了日寇残酷的"扫荡""蚕食"和"清乡"，使抗日根据地渡过了最困难的阶段，并培养和锻炼了大批革命骨干力量，为巩固解放区，坚持抗战，积累了丰富的斗争经验。

延安整风运动

自遵义会议之后，中国共产党在毛泽东同志的领导下，结合中国革命的具体实践，使党的工作取得了伟大成绩。但是，对于历次"左""右"倾机会主义错误，特别是对以王明为代表的"左"倾教条主义的错误，还没有来得及从思想上彻底清算，主观主义、宗派主义等不良风气在党内依然存在，妨碍着党的团结、统一和战斗力。

抗战以来，党的队伍从几万人发展到了80万人，其中大多数出身于农民和其他小资产阶级，他们的革命积极性是非常可贵的。但是，其中不少人仍然存在着浓厚的个人主义、英雄主义和自由主义等非无产阶级的思想，迫切需要加强党的建设，提高全党干部的思想理论水平，使党从主观主义，特别是从教条主义的束缚中解放出来。为此，中国共产党从公元1942年开始，在全党范围内开展了整风运动。

公元1941年5月，毛泽东在延安干部会议上作了《改造我们的学习》的报告；公元1942年2月，在中央党校作了《整顿党的作风》和《反对党八股》的报告。这两篇报告，中共中央成立了由毛泽东主持的总学习委员会，领导整风运动。在总学委的领导下，延安的中央机关和陕甘宁边区政府近万名干部参加整风学习。这样，整风学习就展开了。学习共分发动、学风学习、党风学习、文风学习、总结党的历史经验5个阶段。

整风运动的任务，是整顿"三风"，即：反对主观主义以整顿学风，使全党树立实事求是的思想路线；反对宗派主义以整顿党风，保证党的高度统一；反对党八股以整顿文风，清除无的放矢的形式主义。

这次整风的中心任务，是反对主观主义。坚定而又灵活地按照客观实际办事，制定并实行了符合客观实际的路线、方针和政策。要实事求是，就须不凭主观想象，不凭一时热情，不凭死的书本，而凭客观存在的事实，详细地占有材料，在马列主义一般原理的指导下，从这些材料中引出正确的结论。这就要求全党学会应用马列主义立场、观点和方法，认真研究中国的历史，研究中国的经济、政治、军事和文化，对每个问题要根据详细的材料加以具体的分析。

另外，对于主观主义在组织关系上的表现——宗派主义（如山头主义、小团体主义、不团结等），也要旗帜鲜明地加以反对。毛泽东指出，共产党是为人民、为民族谋利益的，绝不是为一部分人谋利益，它本身更无私利可图。它的党员应该站在民众之中，善于倾听各种不同意见，接受人民的监督。

党八股是主观主义和宗派主义的宣传工具和表现形式，因而也必须加以反对。然而即使在整顿主观主义作风、学习马列主义的这次整风运动中，却也曾一度出现了反马克思主义、主观主义的"抢救失足者运动"的错误。

公元1943年4月3日，中共中央发布《关于继续开展整风运动的决定》，要求在整顿党的作风的同时，对全党干部进行一次认真的组织审查。《决定》对敌情作了过分的估计。7月15日，总学习委员会副主任、中共中央社会部部长康生在延安干部会上作了《抢救失足者》的动员报告，大搞"逼、供、信"的过火斗争，用特务手段逼迫来自白区的党员干部和进步青年承认自己是打入根据地的"叛徒""特务""内奸"。当人们在威逼下违心地承认后，立即进而要求交代"组织"和"同党"。一时间，整个延安陷入了恐怖状态。在康生的高压下，许多人相互攀扯，"特务"比比皆是，人人自危。在短短的10余天中造成大批冤假错案。

中共中央秘书长任弼时发现了康生的错误做法，及时向毛泽东做了汇报。毛泽东听后非常吃惊，立即着手纠正反特扩大化的问题，中共中央发出了《关于审查干部的决定》，坚持实事求是，反对逼、供、信。接着，毛泽东提出"一个不杀，大部不抓"的原则，对受迫害的干部进行平反，从而迅速结束了康生发动的"抢救运动"，纠正了"左"倾扩大化的错误，保证了整风向着正确的方向发展。

在以整顿主观主义作风、学习马列主义为宗旨，系统批判和总结历史上的各种"左"、"右"倾错误的整风运动中，竟然出现以违背马列主义的、主观主义的方法开展整风运动的"左"倾错误，更加说明了主观主义在党内的深刻程度，更加说明了整顿主观主义作风、学习和运用马列主义的整风运动的必要性，同时也说明，要真正消除主观主义作风，真正理解、掌握并学会运用马列主义，是一项艰巨的、长期的任务。

公元1943年9月上旬至12月初，中共中央连续召开了3次政治局会议，认识、批判和总结王明错误的教训。会上，毛泽东明确强调，整风的方针是"惩前毖后，治病救人""既要弄清思想，又要团结同志"。

当时王明称病未参加会议，中共中央对王明进行了耐心细致的思想工作。毛泽东多次去看望他，并派人去听取他的意见。周恩来也曾去探望并和他促膝谈心，有时长达几小时。经过做工作，当时王明的思想发生了一定的变化。

在深入总结历史经验的基础上，公元 1945 年 4 月 20 日，党的六届七中全会通过《关于若干历史问题的决议》，对党内若干重大的历史问题做出结论，使全党尤其是党的高级干部对中国民主革命的基本问题的认识达到在马列主义基础上的一致。这样，中国共产党真正走上了一条独立自主的、把马列主义基本原理中国化的正确道路。《决议》促进了中国革命事业的发展。至此，整风运动胜利结束。

通过整风运动，在党内外展开了怎样使马列主义的基本原理和中国革命的实际相结合，以及怎样对待 30 年代前期党内两条路线斗争中的一些重大问题的大讨论。这是一次全党范围的马克思列宁主义的学习运动，也就是按照马克思列宁主义的思想原则整顿作风、提高马列主义掌握和运用水平的运动。

延安整风运动，巩固了马列主义思想在党内外的阵地。整风运动使干部在思想上大大地提高一步，使党达到了空前的团结，并进一步成熟起来，为战胜严重困难，争取抗日战争的胜利和民主革命在全国的胜利，奠定了坚实的思想基础。

中国远征军入缅作战

太平洋战争爆发后，日军向西南太平洋发动进攻，企图一举攻占当时英属殖民地缅甸，并切断盟国向中国运送作战物资的滇缅公路，进而由缅入滇，迫使中国屈服。因此缅甸的得失在战略上具有重要的地位。公元 1941 年底，

日军又开始向缅甸进攻。12月23日，54架日本轰炸机第一次空袭仰光，滇缅公路上战云密布。为阻止日军的疯狂进攻，中、英、美三国政府及军方首脑经过反复磋商，决定由中国派军队迅速入缅作战。

担任中国战区盟军统帅部最高统帅的蒋介石决定组建中国远征军，下设3个军，约10万人。由卫立煌、杜聿明分别担任远征军正副总司令，卫立煌未到任，由杜聿明代理，并兼任第五军军长。美国则委派史迪威将军任中国战区参谋长，参与指挥。

公元1942年2月16日，仰光告急，应英军请求，中国远征军入缅作战。挥师出征那天，空中有盟国的飞机掩护，地上则车轮滚滚、马达轰响。上千辆各式各样的车辆，坦克车、炮车、弹药车、步兵输送车、救护车、通讯车、辎重车，就像一条钢铁巨龙，浩浩荡荡，沿着滇缅公路向南挺进。

对中国远征军来说，缅甸是一个既陌生又充满危险的战场。这儿地形极其复杂，高山环列，河流交错，茂密的热带丛林遍于全境，交通对机械化部队运动作战极为不利。

公元1942年3月19日，战斗在同古外围打响。我军初露锋芒，打得非常漂亮，第一天就歼敌300人。然而日军马上增援，包围了同古，他们还出动飞机，摧毁了英国在缅甸的全部空军,掌握了制空权。守卫同古的是中国远征军第二〇〇师的官兵,师长是戴安澜将军。到3月24日,同古保卫战已打了整整5天。

日军的步兵虽然被挡在外围,但敌人凭借猛烈的炮火和制空权,已将同古城内炸得天翻地覆,瓦砾遍地。我军第一次在国外作战,地形不熟,联络不畅,加上天气酷热,饮水缺乏,战斗颇为艰难。当晚9时,戴师长召开各团长及直属营长会议。他坐在指挥所闷热的掩体里,仍是一副天不怕地不怕的英雄气概。他说:"今天的会,没有别的,就是4个字:'准备死战。'"给部队下达完战斗任务,他缓缓站起身来,用低沉的声音一字一句地说道:"余奉命固守同古,誓与城共存亡。余战死,以副师长代理;副师长战死,参谋长代理。"听到此言,军官们个个神情肃穆,纷纷当场留言,指定自己的代理人,做好了拼死沙场的准备。

第二天,全师官兵继续投入血战,与4倍于自己的日军展开殊死搏斗。日军不仅用飞机轰炸,用大炮轰击,更是丧失人性,施放糜烂性毒气弹数百发。中国军队伤亡惨重,但他们仍顽强坚守阵地,决不后退半步。经过多日血战,第二〇〇师在重围中孤军奋战,已经精疲力竭。到了3月28日,同古城已陷一半,眼看着第二〇〇师将与同古城同归于尽。

杜聿明和蒋介石不能眼睁睁地看着这支王牌部队遭到灭顶之灾,于是命令他们撤退。3月30日凌晨,戴安澜率领第二〇〇师数千名残兵,趁漫天浓雾,悄悄撤离同古城。同古一战,中国军队杀伤敌人三四千人,而第二〇〇师也付出了伤亡2500人的代价。

此后,中国远征军第三十八师在师长孙立人的指挥下又取得仁安羌战役的胜利。4月中旬,包括司令亚历山大上将在内的7000余英军,被日军围困于仁安羌。师长孙立人率领第三十八师兼程驰援,与日军激战2昼夜,歼敌1200余人,攻破了日军的包围圈,解救了处于困境中的英军。他们的英勇行为扬威异国,轰动世界。

中国远征军虽然作战勇敢顽强,而且在局部战斗中取得胜利,但整个战略态势却对远征军日趋不利。日军具有丰富的丛林作战经验，加之掌握了缅甸制空权，所以作战进展迅速。相反，盟军方面军事行动步调混乱，各行其是。英军毫无战斗力，一触即溃。而远征军内部高层指挥在作战方面也有严重错误。史迪威作为最高长官，在军事部署方面，常常失之于全盘考虑。在战局危险时，他也未能及时调整军力，致使中国军队被各个击破。中国军队入缅作战，一直处于被动，最后终遭失败。失败后的远征军分成两路撤退，一路撤入印度，另一路则撤回国内。部队在撤回国内的途中，不仅要抵御敌人的围追堵截，更要与恶劣的自然环境做斗争。他们历尽人迹罕至的崇山密林，行动困难，加之雨季来临，气候炎热，蚊虫成群，疫病流行，伤亡惨重。

中国远征军首次入缅作战历时半年，转战 1500 多公里，损兵折将，不仅未能完成作战任务，反而使我西南唯一的国际通道滇缅公路被敌完全切断，日军入侵云南境内。远征军由出征时的 10 万之众，到最后仅剩 4 万多人，军械也丢弃大半。第二〇〇师师长戴安澜、第九十三师副师长胡义宾、新三十八师副师长齐学启壮烈殉国，大批士兵的鲜血洒在撤退途中，令人扼腕叹息。

第一次缅甸战役的失败，不仅使中国损失了大量精锐部队，更造成滇缅公路的中断，从此美援华物资只能依靠飞越喜马拉雅山的驼峰空运，补给量十分微弱。

为配合盟军在太平洋战场的攻势，同时也为了改善中国战区军需物资的运输状况，从公元 1942 年 7 月起，中、美、英三国又开始磋商反攻缅甸问题。从公元 1942 年秋开始，中国在印度的军队及撤回云南的军队分别接受了美国教官的训练，装备及战斗力大大加强，为第二次缅甸作战做好了充分的准备。

公元 1943 年 10 月，中国驻印军队从印度阿萨姆省的雷多以南地区出发，向日军展开攻击。为了有效地打击敌人，部队毅然开入道路崎岖、人迹罕至的野人山。这儿蚊蚋遍地，自然条件十分恶劣，被称为"死亡之路"，又被称为"绝地"。有胆量走入"死亡之路"的中国驻印军，必然已经抱定了置之死地而后生的勇气和信念！他们英勇地在胡康河谷拉开了缅甸反攻的序幕。

驻印军作战英勇，连续顽战，接连攻取新平洋、于邦等地。12月28日，驻印军分兵左右两路向缅北进军，开始全面反攻。孟买、瓦鲁班、孟拱、密支那、南坎、八莫等地相继被我军收复。日军虽然负隅顽抗，但终究不是我军对手。

为了策应中国驻印军反攻缅北，1944年5月，中国远征军在滇西开始对怒江以西的日军发动猛烈进攻，拉开了滇西反攻的序幕。

龙陵、松山、腾冲、平戛是日军利用滇西高黎贡山的险要地形构筑的四个主要据点。经过两年多的苦心经营，日军在据点周围修筑了大量的半永久性工事，封锁了一切道路，储存了充足的粮食、弹药、饮水及所需器材。中国远征军面对易守难攻的敌军堡垒，视死如归，勇往直前，发动了一次又一次猛烈的攻击。

松山攻坚战是其中最激烈的一次战斗。松山扼滇缅公路之咽喉，是怒江之西的制高点。日军企图凭借天险，负隅顽抗。中国远征军连续发动5次攻击，将松山外围日军据点全部攻占。但是，其核心据点却屡攻不下，远征军伤亡很大。在此情况下，远征军秘密挖掘地道，安装炸药，终于炸毁了山上的碉堡。经过3个月的连续攻击，我军全歼守敌，攻克松山。

公元1945年1月收复畹町，1月27日，驻印军与远征军在芒友胜利会师，中国西南国际交通补给线完全打通，云南省领土完全收复。缅北、滇西作战，从公元1943年12月起到公元1945年3月止，历时1年多。中国军队在地理、气候条件恶劣的情况下艰苦奋斗，挺进2400余公里，收复缅北大小城镇50多座，歼灭日军2万多人，缴获步枪1万多支、轻重机枪600多挺、汽车600多辆。中国驻印军、远征军也损失4万多人。

中国军队的胜利，不仅歼灭和消耗了日军的重要力量，更为减轻盟国军队在其他战场上的压力创造了有利条件，是中国对世界反法西斯战争所做出的巨大贡献！中国远征军终于在胜利的日子里凯旋回国。

抗日战争的胜利

公元 1945 年，濒临绝境的日本帝国主义，仍然企图进行垂死挣扎。德国投降后，日本政府声明：欧洲战局的急剧变化，对日本的战争目的不会发生丝毫影响。决定集中主要战斗力量，进行"本土决战"。

7月中旬，美、英、苏三国首脑在波茨坦举行会议。7月26日，会议以中、美、英三国共同宣言的形式发表了敦促日本投降的《波茨坦公告》，遭到日本拒绝。为加速日本法西斯投降，美国于8月6日在日本广岛投下了第一颗原子弹。8月9日正当日本召开最高级战争指导会议、讨论停战问题时，美国又在长崎投下第二颗原子弹。原子弹的强大杀伤力对日本当局具有一定的威慑作用，是促使日本向同盟国投降的重要因素之一。8月8日，苏联政府对日宣战，出动150万大军，兵分4路，从中国东北的东部、北部、西部和朝鲜北部，同时向日本军队发动了大规模进攻。苏军迅速攻占长春、沈阳、哈尔滨，共击毙日军8万余人，迫使日军59万人缴械投降，对加速日本帝国主义的灭亡起到了重要的作用。

8月9日，中共中央主席毛泽东发表《对日寇的最后一战》的声明，号召全国一切抗日力量举行全国规模的反攻，密切而有效地配合苏联及其他同盟国作战。命令八路军、新四军及其他人民军队，在一切可能的条件下，对一切不愿投降的侵略者实行广泛的进攻，猛烈地扩大解放区，缩小沦陷区，为争取抗日战争的最后胜利而斗争。10日、11日，朱德总司令向全国各抗日根据地武装部队发布一至七号命令，命令人民军队分别向敌占城市及交通要道进军，接受日军投降，如遇敌军抵抗，立即予以坚决消灭。

但是，蒋介石集团在美国的支持下，企图抢占抗战胜利果实。11日，蒋介石连续发布三道命令：一是命令日伪军"切实维持地方治安"；二是命令人民抗日武装"就地驻防待命"，不得"擅自行动"；三是命令国民政府军"积极推进""勿稍松懈"。第二天，美国远东盟军总司令麦克阿瑟对日本政府和中国战区的日军下令，只能向中国国民政府及其军队投降，不得向中国人民的武装力量缴械。13日，朱德总司令致电蒋介石，明确表示："你给我们的这个命令，不但不公道，而且违背中华民族的民族利益，仅仅有利于日本侵略者和背叛祖国的汉奸们。"我们"坚决的拒绝这个命令"。

各根据地的抗日部队，根据延安总部的命令，展开了强大的反攻。冀热辽部队向平绥路东段、平汉路北段、津浦路北段反攻，解放了察哈尔，包围了北平、天津、保定。晋绥部队向同蒲路北段、平绥路西段进攻，解放了绥远、山西的广大国土。晋冀鲁豫部队向平汉路中段、陇海路中段进军，收复了黄河沿岸的广大国土。山东部队向津浦路中段、胶济路中段进军，解放了山东108个县中的100个县。华东部队向沪宁、沪杭甬、浙赣等路及津浦路南段、陇海路东段进攻。华南抗日游击纵队向广九、潮汕两路进攻，也都取得了不少胜利。各路大军从8月11日至10月10日两个月中，经过激烈的战斗，共

毙伤俘虏日伪军 23 万人，收复城市 197 座，光复国土 31.52 万平方华里，解放人口 1871.7 万人，取得了辉煌的胜利。

在中、苏、美军队的共同打击下，日本政府于 8 月 10 日宣告接受《波茨坦公告》，但由于主战派的反对，延迟到 14 日才做出最后决定。15 日，日本天皇向全国广播了《停战诏书》，宣布日本无条件投降。9 月 2 日，日本投降的签字仪式在停泊于东京湾的美国军舰"密苏里"号上举行。日本外相重光葵代表天皇和日本政府，参谋总长梅津美治郎代表大本营在投降书上签字。麦克阿瑟以盟军最高司令官的身份签字，各盟国代表也签字，接受日本投降。这标志着日本军国主义的彻底失败和世界反法西斯战争的最后胜利。中国战区的受降仪式于 9 月 9 日在南京举行。日本派遣军司令官冈村宁次，向中国战区最高统帅蒋介石的特派代表、中国陆军总司令何应钦缴出佩刀，以示侵华日军正式向中国缴械投降，并签署了投降书。至此，中国人民长达 14 年之久的抗日民族解放战争胜利结束。

此后，国民政府军分别在越南河内，中国广州、上海、北平、济南、太原、台湾等地，接受 128 万多日军投降。10 月 25 日，中国受降官、台湾省行政长官兼警备总司令陈仪，在台北公会堂（现更名中山堂）主持受降仪式。台湾总督兼日军第十方面军司令官安藤利吉率部缴械投降，并代表日本政府在投降书上签字。这宣告了日本侵略者在台湾 50 年殖民统治的正式结束，宝岛台湾重新回到祖国的怀抱。

中国的抗日战争取得了辉煌的战果。共产党领导的敌后战场对敌作战 125165 次，歼灭日伪军 171 万多人，缴获各种火炮 1952 门、各种枪支 68 万多支。国民党正面战场，据何应钦的报告，共进行会战 20 余次，重要战斗 900 多次，小战斗和游击战斗 36400 余次，毙伤敌军 228 万多人。日本战败后，在中国战区接受 128.3 万日军投降。中国人民为夺取抗日战争的胜利，做出了重大民族牺牲，军民伤亡 3500 多万人，直接和间接经济损失共计 6000 亿美元。

中国的抗日战争是世界反法西斯战争的重要组成部分，对日本帝国主义的彻底覆灭起到了决定性的作用，为赢得世界反法西斯战争的胜利和促进人类文明进步事业，做出了彪炳千古的历史贡献。中国的持久抗战，抗击和牵制了日本的大部分兵力，迫使其"北进"计划不能付诸实施，从而使苏联避免了东西两线同时作战的危险；同时也削弱了其"南进"的实力，从而减轻了英、美盟军在太平洋和东南亚战场上的压力。

伟大的抗日战争，是中国人民近百年来反对外国侵略者的斗争中第一次取得完全胜利的民族解放战争，它雪洗了鸦片战争以来的民族耻辱，成为中华民族由衰败到重新振兴的转折点，它为争取新民主主义革命在全国的胜利奠定了基础，创造了殖民地半殖民地弱国战胜帝国主义强国的奇迹，对于推动被压迫民族和人民争取国家独立和民族解放的斗争，具有深远的影响。

国共重庆谈判

抗日战争结束后，蒋介石就想发动内战，消灭中国共产党及其领导下的人民武装力量，建立国民党一党专政的独裁统治。但是，遭受8年战乱的中国各阶层人民、各民主党派，要求和平、民主的愿望强烈，呼声很高。蒋介石为避免遭到全国人民的强烈反对和国内外舆论的谴责，企图把发动内战的责任推卸到共产党身上；又由于蒋介石的军队还远在西南、西北大后方，有的嫡系部队还远在缅甸、印度等国，要把全部军队调到打内战的前线，尚需一段时间。于是，蒋介石在加紧准备内战的同时，又摆出一副"和平协商"的姿态，连续三次电请中共中央主席毛泽东到重庆举行和平谈判。

国民党蒋介石一面邀请毛泽东赴重庆和平谈判，一面又不顾共产党所提制止内战的各项主张，在美国的帮助和日伪军的接应下，迅速调动大量兵力，驰运华北、华东、东北地区，以受降为名，抢占大城市和交通要道，阻止人民军队的受降与接管，以部署其对解放区的分割包围，待机发动内战。国民党还发动宣传攻势，诋毁共产党的和平诚意，制造毛泽东不肯去重庆谈判的舆论，企图把内战的责任嫁祸于共产党。

公元 1945 年 8 月 27 日，美国驻华大使赫尔利、国民党政府军事委员会政治部部长张治中，由重庆飞抵延安，专程迎接毛泽东、周恩来赴重庆谈判。

8 月 28 日下午 1 点半，九龙坡机场已经很热闹了。3 点 30 分，两架飞机渐渐地接近了机场，在低空盘旋了两周后平稳降落。在一片热烈的掌声中赫尔利大使陪同毛主席走下飞机，接着是张治中将军和周恩来、王若飞等。

毛泽东亲临重庆进行和谈，出乎蒋介石的意料，震惊了全国和世界。毛泽东的专机降临重庆机场时，蒋介石正召集各院院长会议，应急讨论国共和谈事宜。

国内外记者纷纷发出专电，报道毛泽东抵达重庆的盛况，称颂毛泽东的伟大气魄与胆略，赞扬共产党努力谋求和平、民主、团结的诚意。山城人民奔走相告，欢欣鼓舞，社会舆论同声期望国共两党会谈成功。

毛泽东到达重庆的当天晚间，蒋介石在他的林园官邸设宴，欢迎毛泽东。这是自 1927 年蒋介石叛变革命，事隔 18 年后，毛泽东与蒋介石的再次见面。

重庆谈判从 8 月 29 日开始，到 10 月 10 日结束。毛泽东与蒋介石就国共两党关系重大问题多次进行直接商谈，具体问题由中国共产党方面的代表周恩来、王若飞，国民党方面的代表外交部长王世杰、张群、张治中、国民参政会秘书长邵力子进行谈判。

蒋介石对谈判毫无准备，因他没料到毛泽东能亲赴重庆，临到谈判，国民党方面竟拿不出任何谈判方案。邵力子辩解说，"国民党没提出具体方案"是"希望听取中共的意见，倘若政府先提具体方案，也许使中共方面认为政府已有一种定见，而有碍于会谈的进行。"

9 月 3 日下午，本着和平、民主、团结的原则，从国内时局的实际情况出发，中共代表周恩来、王若飞，对需要谈判的各种问题，提出了一个完整的方案，即《谈话要点》，提出了 11 条建议，并将其交付国民党政府代表，主要内容是：确定和平建国方针，以和平、团结、民主为统一的基础；拥护蒋介石的领导地位；承认各党派合法平等地位，并长期合作和平建国；承认解放区的政权及抗日部队；严惩汉奸，解散伪军；重划受降区，中国共产党参加受降工作；停止一切武装冲突，令各部队暂留原地待命；迅速采取各项必要措施，实行政治民主化、军队国家化、党派平等合作；党派平等合作之必要办法：释放政治犯，保障自由，取消不合理的禁令，取消特务机关。方案还就政治民主化，军队国家化问题提出了必要办法。同日，毛泽东与蒋介石二人也单独进行了会谈，对军队、解放区、政治、国民大会等重要问题交换了意见。

9 月 4 日，国共两党开始实质性的会谈。蒋介石拟出的《对中共谈判要点》的主要内容是：

（一）中共军队之编组，以 12 个师为最高限额。

（二）承认解放区的问题绝对行不通。

（三）拟将国防委员会改组为政治会议，由各党派人士参加。

（四）原当选之国民大会代表，仍然有效。

蒋介石对谈判的方针是：对人民军队和解放区，一定要在"军令、政令统一"的名义下，限制并取消其存在，政治方面则可以作一些空头许诺，以争取舆论。

9 月 12 日与 17 日，蒋介石两次约见毛泽东会谈，主要目的仍是减缩人民军队整编的数量。19 日，中共代表首先提出方案，做出让步。关于中国共产党所领导的军队缩编的比例，赫尔利提议中共军队占 1/5，中共再让步到 1/7，如国民党缩编到 120 个师，中共军队缩编为 20 个师。这些充分表明了中共和谈的诚意。

毛泽东和周恩来除了同蒋介石、国民党进行针锋相对的谈判之外，还抽出时间同各界人士进行了广泛接触和会晤，多方阐明中国共产党的政治主张，团结一切可以团结的力量。

毛泽东在应邀出席中苏文化协会为签订中苏友好同盟条约举行的庆祝大会和在国民参政会、中国民主同盟以及张治中将军等人举行的盛大宴会时，发表了演说与致辞，阐明了中国共产党和平、民主、团结的方针。许多旧朋新友握手言欢，称赞中共争取和平的诚意，赞扬毛泽东的政治风度。

毛泽东和周恩来几度拜会宋庆龄，对她忠实信守孙中山先生联俄联共扶助农工的三大政策，反对蒋介石的独裁统治，与中国共产党长期合作的革命精神，表示了由衷的敬意。此外，多次与中国民主同盟领导人张澜、沈钧儒、黄炎培等进行会谈，听取他们对国事的建议与意见，得到了民盟的支持与帮助。

为了争取国民党人士对中国共产党方针、政策的理解，最大限度地减少谈判的阻力，毛泽东与周恩来还同国民党的党政军要人进行了互访、宴请与会晤。会见的主要有孙科、于右任、居正、戴季陶、陈诚、何应钦、白崇禧、陈立夫、吴稚晖、吴铁城等，分别向他们介绍了中国共产党对时局的看法及和平建国的主张，提醒国民党人认清形势，顺应时代潮流，以人民利益为重，接受历史的教训，勿再重蹈过去 10 年内的覆辙。国民党一些顽固分子，也不得不惺惺作态，表示愿为两党谈判的成功"尽心效力"。

重庆谈判，是国共两党的一场尖锐的政治斗争，是抗战胜利后国共两党在事关中国前途、命运这个大问题上的政治较量。共产党为了使谈判顺利进行，避免内战爆发，一再提出积极建议，在许多方面做出了重大让步，得到社会各界和广大人民群众的热烈支持。

毛泽东率中共代表团，在风紧云沉的时局下，同国民党蒋介石进行了 43 天的艰苦谈判。10 月 10 日下午，在张治中家的客厅里，中共代表周恩来、王若飞与国民政府代表王世杰、张群、张治中、邵力子共同签署了《政府与中共代表会谈纪要》，即《双十协定》。签字时毛泽东在场，签字后蒋介石才姗姗来迟，他穿军装，佩特级上将领章，挂着佩剑，与毛泽东握手，坐了大约 10 分钟。

《双十协定》于 10 月 12 日公开发表。这个协定的内容共 12 条，对全国人民关注的几个重大方面的内容都有所涉及，但没有解决实质性的问题。在这个协定中，国民党被迫承认了我党提出的和平建国方针、避免内战、实施宪政、实现政治民主化等。

中央军委为调整华中地区的战略部署，迅速实行国共重庆谈判中中国共产党所允诺的让步，促进和谈成功，命令新四军江南部队撤至长江以北。重庆谈判期间，刘、邓指挥的晋冀鲁豫军区部队取得了上党战役的胜利，加重了和谈的分量。

10 月 11 日，毛泽东、王若飞在张治中的陪同下由重庆飞返延安，在机场受到 2 万多党政军民的盛大欢迎。毛泽东在机场作简短讲话，说明这次谈判取得初步成果，存在的困难是可以克服的，中国的前途是无限光明的。次日，王若飞返回重庆，与留驻重庆的周恩来就尚未解决的问题继续同国民党会谈。

毛泽东从重庆回到延安后，10 月 17 日，在延安干部会上作了《关于重庆谈判》的报告，向全党汇报了谈判的情况，总结了谈判的意义。毛泽东说："谈判的结果，国民党承认了和平团结的方针。这样很好，国民党再发动内战，他们就在全国和全世界输了理，我们就更有理由采取自卫战争，粉碎他们的进攻。"他对上党战役给予了高度评价，他还指出，我们的方针也是老早定的，就是针锋相对，寸土必争。

中原部队胜利突围

国共两党签订《双十协定》后不久，蒋介石便公然毁约，发动了全国规模的内战。在公元 1946 年 6 月 26 日，蒋介石以 30 万大军围攻我中原解放区，国民党发动的全面内战由此爆发。

蒋介石早就把我中原解放区视为心腹之患。日本投降后，我军雄踞中原，直接威胁着蒋军出川的大门，阻滞国民党军进军华东、华北、东北等各个战场。这样重要的战略地位，对蒋介石发动全面内战，战略上极为不利。蒋介石处心积虑要拔掉这个眼中钉，以实现他全面内战的战略意图。

蒋介石仗着他的部队军备优良，欲置我军于死地。蒋介石密令郑州"绥靖公署"主任刘峙统一指挥这场"围歼"，定于7月1日发起总攻。从6月22日起，国民党再次缩小对我之包围圈；26日，又在边缘地带向我开炮。敌人还估计，"聚歼"不成我必突围，并判断我军会向东（苏皖边区）突围，因而他们将11万余兵力摆在东线，准备堵击。蒋介石认为有了这一套"神机妙算"，就可以在48小时内"全歼"中原解放军。

中共中央在敌人发动大规模进攻之前，接连发出电报指示，要求中原解放军"须求自救之道""团结内部，准备艰苦斗争""巧妙避开敌人打击，分途突出包围圈"，突围要"愈快愈好，不要有任何顾虑，生存第一，胜利第二"。按照党中央的指示和要求，我中原军区作了思想动员和物质准备。

6月26日晚，我中原军开始了突围，揭开了解放战争的序幕。和敌人的估计正好相反，我军主力向西突围，留部分兵力向东佯进以掩护西进主力。具体突围方向是：李先念、郑位三等率领的中原局、中原军区机关和第二纵队十三旅、十五旅为第一路，王震、王首道等率领的三五九旅和干部旅为第二路，这两路部队约15000余人向北突进，在信阳和广水之间越过平汉铁路，然后西进至陕南地区；王树声等率领的第一纵队的二旅、三旅和第二纵队的十五旅为第三路，约1万余人，往南突进，在广水至花园之间闯过平汉铁路后，西进鄂西地区；皮定军、徐子荣等率领第一纵队一旅共5000余人，为第四路，向东突围，以掩护向西突围的主力。

6月29日下午，李先念等率领的第一路突围部队到达了平汉铁路东侧的长冲。狭长的长冲蜷伏在大别山西麓的尽头。连绵的山峦和葱郁的丛林成为掩护部队的天然屏障。李先念亲自到靠铁路不远的仙石岩去观察。下山后，李先念和其他同志一起研究突围作战计划，决定从柳林车站与何家店之间突破。预先派一个营攻打何家店，一个营攻打柳林车站。李先念要求几个指挥员拿下何家店与柳林车站，掩护中原局和军区领导机关部队突围。

晚上9点多钟，掩护突围的两个营接近了敌人。经过1个多小时的混战，何家店与柳林车站的敌人基本上被消灭了。可是，附近的敌人听到枪声，急忙从南北两面来增援，战斗更加激烈，一直进行到拂晓。由于我掩护部队的英勇顽强，第一路突围部队冲过了敌人的火力封锁，继续前进。

7月17日，当我军到达南化塘一带时，国民党号称"天下第一军"的胡宗南部第一军第一师堵住了我们的去路。两边有敌人的重兵，后面又有追兵，敌人企图在南化塘一带的山谷消灭我军。军区首长们研究决定，从正面突破，杀开一条血路！

攻击的命令下达了，我军开始向正面的敌人全面发起第一次冲锋。敌人凭着有利的地形和工事拼命顽抗，我军没有成功。接着，组织了第二次、第三次冲锋，连续五六次冲锋，也只攻到山腰。眼看两边和后面的敌人快围过来了，情况十分紧急。李先念让人把夏世厚找来，严肃地对他说："你迅速组织你们团的队伍，拿下玉皇山山顶敌人的主要阵地，杀开一条血路！……"夏团长向李先念行了个军礼，说："坚决完成任务！"然后迅速走向队伍，部署具体的战斗任务。战士们立即行动起来，每个人的腰里都插上手榴弹，冲锋号一响，战士们旋风般地扑了上去，山腰里像是刮起了大风，大家一齐配合，向敌人展开了激烈的冲杀。

我军正面进攻的战士们离玉皇山的山顶越来越近了，上百颗手榴弹在敌人阵地上开了花。战士们举着寒光闪闪的刺刀刺向敌人的胸膛。守在玉皇山山顶的敌人被我们打垮了，我军控制了玉皇山山顶及两旁的山头阵地，英勇顽强地抗击着敌人，中间形成了一条突围的巷道。我军机关、部队沿着这条杀开的血路继续前进。

7月20日，我军大队人马抵达东赵川时，和敌第二十师打了一仗，这一仗持续了 16 个小时，敌人先后发起 17 次冲锋，但都被我军打垮了。此后，在梁家坟、漫川关又粉碎了敌人的堵击。7 月 28 日，李先念等率领的突围部队终于到达了陕西南部的商南，与当地的我军会合了。此次突围，历时一个月零一天，行程 3000 余里。

其他各路突围部队也与敌人进行了顽强激烈的较量。第二路突围部队于 8 月 29 日到达陕甘宁边区的屯子镇，和我西北军胜利会师。第三路突围部队的主力于 8 月下旬胜利到达鄂西北地区，还有一部分经过极其艰苦的考验，后来到达陕南根据地。第四路突围部队于 7 月 20 日到达华中军区所在地淮安地区，完成了掩护主力向西突进和本部东进的任务。

解放战争开始后的 4 个月内，人民解放军先后取得中原突围作战的胜利、华中野战军在苏中地区的 7 战 7 捷、晋冀鲁豫野战军在陇海路和鲁西南地区连续作战的胜利，有力地打击了国民党军事进攻的气焰，极大地增强了人民解放军自卫作战的必胜信心。

刘、邓发起豫北攻势

解放军在陕北、山东两战场积极挫败蒋介石的重点进攻、断蒋两拳的同时，我军依据豫北、晋南、晋察冀、东北等战场各区的具体情况，相继举行战略性反攻，大量歼灭了敌人，逐步收复了失地，从而有力地配合陕北、山东我军彻底粉碎了敌人的重点进攻。

刘伯承、邓小平指挥的晋冀鲁豫军区部队，经过 8 个月的英勇奋战，至公元 1947 年 2 月底共歼灭蒋军 25 个旅，连同地方团队共 23 万余人，不仅粉碎了蒋军控制鲁西南和打通平汉路、同蒲路的计划，反而粉碎了蒋军对整个晋冀豫解放区的进攻。

3月，蒋介石从晋冀鲁豫战场抽调17个旅去参加对山东和陕北的重点进攻，在该区仅剩下31个旅，连同地方团队共有30余万人。在这些部队中，大部遭我军歼灭过或遭过我军歼灭性打击，战斗力较弱，兵源补充、物资供应特别是粮食供应困难，官兵生活水平受通货膨胀影响而下降，士气低落。在晋冀鲁豫战场，蒋军由于兵力不足被迫转入守势，新的作战方针是依托所谓"黄河防线"、交通要道和城镇据点组织防御。

由于连续作战，刘、邓部队已相当疲劳，弹药供给困难，俘虏占连队人数的比重很大，且有些没有经过很好改造，需要休整和补充。为恢复元气，以利再战，二三月间，晋冀鲁豫军区野战军和地方部队一部，用1个月左右时间进行了休整补充。经过休整后，部队兵员更加充实，组织更加健全，体力得以恢复，士气高涨，战斗力有了新的提高。

豫北原系蒋军打通平汉路的前进基地，在蒋介石发动重点进攻后，则成为其联系陕北、山东战场的枢纽地带，因而部署了较多的防御兵力，并修筑了大量的坚固工事。敌人将防御重点放在平汉路和道清路交叉点的新乡及其以北地区。同时，蒋介石为保障他的重点进攻，对晋冀鲁豫解放区实行了蓄谋已久的"黄河战略"，在花园口堵口使黄河回归故道，构成从晋南风陵渡至山东济南1000余公里的黄河防线，并得意地声称黄河水能顶替40万大军，妄图阻止刘、邓南渡支援陕北和山东作战。

部队休整基本完成，为减轻陕北、山东我军压力，就在胡宗南部侵占延安的当日，即3月19日，刘、邓下达了举行豫北攻势的命令，重点打击王仲廉部，打乱敌人联系陕北和山东两战场的枢纽地带的部署，吸引蒋军增援豫北，策应陕北、山东解放军作战。

针对蒋军在新乡以北防御工事坚固、回避野战、惧怕黄河南北交通被切断的特点，刘、邓决定，先集中优势兵力进攻新乡、黄河铁桥之间地带，尔后视情况向敌军纵深地带进攻，力求在野战中歼灭王仲廉部，并相机夺取敌军守备薄弱的城镇、据点。

4月1日夜，刘、邓主力围攻整三十二师。至4月2日夜，攻占了汲县城外围多处据点，并攻占了东关。在关键时刻，刘荣宗叛变，原计划受挫，仅王启明率少数人员起义进入解放区，整三十二师退至汲县城内。此时，王仲廉已将黄河南岸的整六十六师3个旅、整九师的第二旅和汲县地区的整四十一师1个旅调至新乡附近，焦作地区敌整三师2个旅已向新乡地区集结。这样，敌人在新乡地区就有5个整编师10个旅的兵力（含在新乡的第二快速纵队），并有向汲县前进的迹象。因此，刘、邓决心结束汲县作战，另寻战机。

在这一阶段作战中，刘、邓共歼灭蒋军5000余人，解放了黄河以北平汉路以东，东西100余公里、南北70余公里的地区，摧毁并控制了平汉路、道清路50余公里，打乱了蒋军的部署，迫使蒋介石将原拟山东战场的整六十六师和整九师转调豫北战场。

4月3日，蒋军陆军总司令部郑州指挥部为消灭刘、邓大军，以整二十六军组成打击兵团，计划先肃清在卫河两岸新乡、汲县、辉县地区的刘、邓部队，尔后以主力尾追歼灭刘、邓主力。

刘、邓以小部兵力，运动防御，诱敌前进，至15日，将敌诱至宜沟以东的屯子山地区后转为坚守。16日夜，刘、邓集中主力向敌援军第一梯队侧后兜击，将其第一、第二梯队割裂，并将第一梯队包围于卫河以北淇河以东的河套地区。17日晚，集中主力开始攻击，战至18日，将其第二快速纵队全歼于大小湖营，余敌溃逃。刘、邓乘势攻取汤阴、崔桥，继续消灭分散的蒋军，并孤立安阳。

汤阴是豫北重镇之一。公元1945年日本投降后，该城曾一度被刘、邓部队攻克，并平毁城墙。蒋军攻占后又重修其城墙。但蒋军的防御工事主要设置于外围据点，均筑有以麦秸与泥土为原料的围墙和碉堡，其壁厚约2米，并设有3层射击孔。围墙附近还设有暗堡，各村庄的火力可以互相支援。蒋军非常重视守备汤阴城的外围据点。

4月下旬，我军扫清了汤阴外围敌军据点，并进行了周密的攻城准备。5

月1日黄昏，战军对汤阴守军发起总攻。各部采用了炮兵射击和挖坑道爆破相结合的战法，为步兵冲击打开了突破口。步兵乘势突入城内，与孙殿英等部展开激烈巷战。至5月2日上午，全歼守军近万人，俘虏第三纵队司令孙殿英部7000余人。

汤阴解放后，王仲廉与孙震集团将主力收缩至新乡、汲县附近，转入防御。为加强安阳的守备力量，王仲廉将整四十师留在新乡的1个团空运到安阳。为乘胜扩大战果，刘、邓于5月5日决定，向安阳地区的蒋军发起进攻。首先歼灭安阳城外围各据点的蒋军，尔后相机夺取安阳城。

在安阳外围作战中，刘、邓在军事打击敌军的同时，广泛地开展了瓦解敌军的工作，尤以第二纵队表现突出。第二纵队采用俘虏军官写信、军官家属喊话、写标语牌等办法，收到了良好的瓦解敌军的效果。在第二纵队攻入楚旺城后，即有不少成建制的连排停止抵抗，自动放下武器，加快了结束战斗的进程。

由于安阳城工事坚固，短时间难以攻取，王仲廉又不敢北上增援，没有围城打援的战机，加之刘、邓为了争取时间进行战略进攻的准备，决心停攻安阳城，改以太行、冀南军区部队围困安阳之敌，野战军转入休整。至此，豫北攻势胜利结束。

豫北攻势历时2个月，刘、邓部队共歼灭蒋军4.5万余人，解放了南自原武、封丘，北至安阳以北、楚旺，长150余公里、东自濮阳西至淇县宽100余公里的地区，控制了平汉路150余公里，缴获了大批粮食和军用物资。

通过豫北攻势，刘、邓完全掌握了作战的主动权，赢得了战局的反转，迫使豫北蒋军处于被动地位。打乱了蒋军联系东西两战场枢纽地带的防御部署，基本切断了蒋军山东、陕北两战场的联系，在战略上有力地配合了陕北、山东战场我军的作战，并为晋冀鲁豫野战军主力尔后转入战略进攻创造了有利条件。

自公元1945年9月上党一战，至公元1947年3月的这次豫北反攻，在刘伯承、邓小平的指挥下，晋冀鲁豫野战军越战越强，取得了上党、平汉、陇海、定陶、巨野、郓城、滑县、巨金鱼、豫皖边和豫北战役的胜利，十战十捷。

公元 1947 年 7、8 月间，刘邓大军先后越过陇海线，横过汝河、淮河，向大别山地区挺进。进入大别山后，迅速创建、巩固了大别山根据地，并与友邻军团配合，对武汉和南京之敌造成直接的威胁。

沙家店大捷

公元 1947 年，蒋介石在其向解放区的全面进攻失败之后，将全面进攻改为重点进攻。他调动胡宗南军主力 25 万人向陕甘宁解放区发起进攻，企图歼灭我西北野战军并消灭中共中央领导机关。西北野战军为了创造战机歼灭敌人，配合太岳兵团出击豫西，于 8 月 6 日围攻长城要塞榆林。榆林是晋陕绥边境的反革命重要据点，聚集了陕北、晋西的逃亡地主，西与宁夏马鸿逵集团，南与延安胡宗南集团构成犄角之势，北与傅作义集团相依，是陕绥的重要门户。蒋介石深恐榆林丢失，宁夏孤立，影响西北整个战局，命令胡宗南抽出 10 个半旅，共 6300 多人，迅速分路北上，以解榆林之围。同时，敌人还想趁我军主力攻榆林之际，寻找我党中央和西北野战军主力决战，企图将我军消灭于榆林、葭县和米脂一带，或将我军赶到黄河以东的晋西山区。

我西北人民解放军决定寻找机会，给敌人以打击。当时，我刘邓大军，已转入外线作战，开始了对敌人进行战略反攻的总形势。我军坚持内线作战的各个部队，正在各战区整训待命，积极准备配合外线进攻的大好形势。我西北人民解放军发动攻势的突破口选在何处，是由当时陕北敌军的情况决定的。刘邓大军向中原挺进以后，胡宗南集团的整编第十师、整编第七十九师、骑兵等 10 个半旅增援陕北，使西北敌人兵力分散、战线延长，后方空虚。这为我西北人民解放军发动攻势创造了条件。我军如果在陕北选择适当的地点，抓住战机，歼灭敌人主力，必能对陕北乃至全国各战场发生重大影响。沙家店就是这样一种很适当的歼敌战场。但沙家店紧靠黄河，西面和北面都是沙漠地区，回旋面积小，粮食少，在此发动歼敌的战斗，是比较冒风险的。

敌人希望我军东渡黄河，我军就利用敌人的这个心理特点，诱敌上当。于是我军小部队东渡黄河，而主力则隐蔽在沙家店一带，等敌人送上门来。为了便于指挥沙家店的这次战役，中央机关也向前线靠拢，来到离沙家店 10 公里的梁家岔。这个地方只有六七户人家，几百人的队伍来到这里，除了中央几个领导人住进窑洞外，其他人只能在露天过夜。刚安顿下来，不久通讯兵和西北野战军司令部联系上，清脆的电话铃声响了起来。毛泽东拿起话筒就说："我是毛泽东！"听见这样的答话，周围的人先是吃了一惊，随后才明白过来。原来，自从离开延安以后，毛泽东一直用代号李德胜，现在他不用代号，说明形势大有改观。话筒里传来了好消息：敌第三十六师已经被包围了。原来，当我西北野战军一小部分开始向黄河方向出动时，敌人用飞机和电台侦察我军的行迹，发现我军有东渡黄河的倾向，因而欣喜若狂。敌人认为我军"败走晋西，必定惊慌失措"，想趁我军过河时打垮我西北野战军。胡宗南下定"迅速追击，勿失此千载良机"的决心，急忙命令各路敌军迅速追击。

刘戡亲自带领整编的二十九军由绥德北进，敌三十六师从榆林南下追赶我军，敌人南北对进，企图对我军实行南北夹击。但敌三十六师距离主力较远，形成了孤军冒进的态势。我军以一部分兵力阻击第二十九军等部，以6个旅集中于沙家店一带，把敌三十六师包围起来。

毛泽东给西北野战军司令部下令："要坚决、彻底、干净、地消灭敌人，不让一个敌人跑掉！"放下电话后，毛泽东与周恩来等人研究了下一步的行动。这时，工作人员早在墙上、炕上、桌上安置好了地图。电话机不时地发出清晰的铃声，毛泽东总是迅速地接听前方战场打来的电话。一发现有新情况，就和周恩来等一起伏在地图中商量，做着标记，随即发出指示。

当敌三十六师第一二三旅前进到刘家沟时，敌军的三十六师师长钟松顿时觉得一二三旅离他太远，急忙电令一二三旅撤回沙家店。但因天黑，山路崎岖，敌一二三旅害怕被歼，只让一个团后撤，主力仍在刘家沟不敢移动。8月20日凌晨两点，我军对钟松发起攻击。敌人不敢跳出阵地，钟松一面指挥部下凭构筑的工事抵抗，一面急命一二三旅回援。在师长的严令下，一二三旅于8月20日清晨4点由刘家沟急驰沙家店。但他们不敢走大路，绕道常高山而来，正好遭到我在常高山的教导旅和新编第四旅的拦截。两个小时内，敌三十六师第一二三旅就被全歼，旅长当了俘虏。

南面的刘戡得知钟松被包围，也赶紧前来救援，但我军早有准备，派出部队在葭县一带阻击。钟松见援兵不是被歼就是被阻，便急着要突围。胡宗南气坏了，打电话把钟松大骂了一顿，还命令他"固守待援"。钟松只得服从，留在原地硬撑。可"待援"必须有援兵，这一带哪里有援兵？胡宗南还是找到刘戡头上。他打电话训斥刘戡"救援不力"，命令他星夜救援钟松。刘戡倒不是不救，而是因为受到阻击，怕被解放军消灭，所以行动迟疑。胡宗南更火了，下令要把刘戡撤职查办。

就在敌人乱作一团的时候，西北野战军司令员彭德怀发出总动员令。总动员令说：彻底消灭敌三十六师是西北战场我军由战略防御转为战略进攻的开始，是收复延安解放大西北的开始，全体指战员务必在本日黄昏以前全部歼灭敌人。我军协同作战，英勇顽强地和敌军展开了激战。当日下午6点，就多处突破敌人的阵地。除钟松带领少数几个人逃跑外，其余敌军全部被歼。

当毛泽东在窑洞里得知这一消息，微笑着说："好，这回看胡宗南怎么交代！"门外的警卫员们知道这一消息后，立刻欢呼雀跃。

第二天刚亮，就有伤员的队伍从沙家店战场下来。军医一齐出动，给伤员换药，包扎伤口；中央机关工作人员也全体总动员，组织临时救护队，连机关的牲口也全都去拉伤员。

接着，毛泽东、周恩来等人到西北野战军司令部驻地去祝贺。毛泽东说："这一仗确实打得好！这是西北野战军由内线防御到内线反攻的转折点，是陕甘宁收复失地的开始。从此，全国战争的主动权已完全为我掌握。打了这一仗，就过坳了！"意思是走过了山坳，渡过了最困难的阶段，爬上山坡了。

由于胡宗南机动兵力被拖在北线，后方空虚，晋冀鲁豫野战军太岳兵团顺利地渡过了黄河。胡宗南着了慌，十万火急命令刘戡南下。刘戡南逃时，西北野战军又来一个追击。这样，就把敌人挤出了陕北。

沙家店之战的胜利，标志着西北野战军反攻的开始和国民党对陕甘宁解放区重点进攻的失败。

西北野战军自公元1947年8月沙家店战役后，随即进入内线反攻。10月上旬连续发动攻势，收复延长、延川、清涧三地，歼敌8000余人。生俘敌76师师长廖昂。10月26日至11月10日，又两次围攻榆林，歼敌2400余人。之后转入外线作战。

孟良崮战役

在内战初期，蒋介石依仗其优势的兵力，对各解放区发动全面进攻，但在各战场上均遭到惨败。他经过一番准备，于公元1947年3月起，由全面进攻改为重点进攻。重点进攻的地区之一是山东地区。4月上旬，蒋介石纠集了5万兵力，向山东解放区杀奔而来，想要把解放军挤出鲁南地区。

新泰、蒙阴、青驼寺以东地区，是鲁中解放区的腹地，群众条件好，民兵组织坚强，在蒋军可能进攻的方向上已实行了彻底的空舍清野，并严密封锁消息。该地区多为岩石山地，构筑工事困难，但地形复杂，便于部队隐蔽集结和穿插。

华野主力按军委部署向莱芜、新泰、蒙阴以东地区转移后，敌军果然乘机前行。敌人吸取过去失败的教训，不敢冒失前进，将部队组成3个机动兵团，稳扎稳打，齐头并进，寻找华东野战军决战。他们转悠了1个多月，也找不到解放军的一兵一卒，于是不费力气就占领了解放区内的莱芜、蒙阴、河阳等城镇。这时，敌人一改"稳扎稳打"的方针，在敌第一兵团司令汤恩伯的指挥下，敌人4个整编师和1个军，不等其他兵团统一行动，冒冒失失向北推行。其中推进最快的是整编七十四师，差不多进到了坦埠。

在国民党军队中七十四师是很有名气的，是国民党军队的五大主力之一，受过美国军事顾问的特种训练，全部用美国武器装备，战斗力比较强，被国民党称为"王牌军"。国民党吹嘘说："有10个74师就可以统一全国。"七十四师在国民党军队中的地位这么重要，解放军华东野战军指挥陈毅、粟裕决定，在粉碎敌人这次进犯中，要适时集中全力去消灭这个师。时间紧迫，华野由5个纵队担任围攻任务。

5月11日，七十四师在向北进攻时，受到解放军的阻击。张灵甫发现解放军各路大军向自己压来，不敢停留，迅速指挥部队向后撤退。但解放军紧紧地咬住不放，同时派出一支部队迅速绕到七十四师后面，插在它与二十五师中间。张灵甫知道，如和其他部队的联系被切断，会陷入被包围的困境，因此在5月14日清晨指挥全师向南推进，企图向二十五师靠拢。如果能突破临蒙公路，就可以逃走。

解放军前卫部队2连接受了堵住七十四师去路的任务。经过一夜急行军，2连抢占了公路南面的285高地。七十四师赶到这里时，2连火力已封锁了公路。张灵甫指挥部队发动了13次冲锋，仍没有成功。就在2连死守住山头时，解放军大部队已压了过来。张灵甫无路可走，只得下令逃进孟良崮大山。

孟良崮群山连绵，溪流纵横，72崮装点其间，具有"引无数英雄竞折腰"的奇观。这里也是古战场，为兵家必争之地。

南京方面得到七十四师被围的消息，大为吃惊。参谋长陈诚立即打电报给张灵甫，要他坚持3个小时，以等待援兵。接着，蒋介石亲自飞到徐州督战，下了死命令，要各路援军在3小时内与七十四师会合。然而，解放军已在各通道上布置了阻击部队，国民党的增援部队一个也不能接近孟良崮。张灵甫守了3天还是不见援兵的踪影。解放军一刻不停地进攻，迫使张灵甫的部队压缩起来，而且七十四师2万多人的吃喝也成了问题，敌士兵们惊慌失措。

时机成熟了，5月15日13时，解放军发起总攻，一场大规模的围歼战开始了。各主攻部队集中各种大炮、山炮、野炮，一齐向敌人阵地猛轰。整编七十四师的火力是很强的，也集中炮火还击。只见一串串炮弹从空中呼啸而过，到处响起山崩地裂似的爆炸声。

华野全体指挥员发扬了猛冲猛打的战斗作风，奋勇作战。15日下午1时，解放军发起总攻，从四面八方多路向整编七十四师突击，整编七十四师则竭力顽抗。双方对大碾、雕窝孟良崮东北高地等重要阵地进行反复争夺。战至16日晨，华野攻占大碾、雕窝、520和540高地，将整编七十四师压缩至孟良崮、芦山、600高地一线狭小地区内。华野抓住战机，集中强大炮火猛烈射击，山上弹片碎石齐飞，整编七十四师人马乱成一团，互相践踏，战斗队形混乱。解放军战士乘机突入整编七十四师阵地，以白刃格斗消灭顽抗之敌。

整编七十四师在援兵迟迟不到、抵抗无效后，于当日下午倾全力分两路突围，被第七纵队打回，向西突围，被第一纵队击回。华野突击部队在猛烈炮火的掩护下，乘胜向整编七十四师连续突击。

到了 16 日下午，孟良崮上的敌军已经溃不成军，解放军已经控制了孟良崮所有的制高点。敌整编七十四师官兵被打伤一大半。解放军的一个特务团首先突破了孟良崮两侧，直取整编七十四师指挥部所在的山洞。张灵甫急忙命令他的参谋长带着警卫营冲上山腰，用猛烈的炮火阻止特务团前进。经过一阵激烈的拼杀，特务团把敌人打死了一部分，俘虏了大部分。特务团乘胜向整编七十四师指挥部的山洞逼近。1 营 3 连指导员邵至汉首先冲到洞口，张灵甫的卫队长领着 100 多名士兵冲了出来，占据洞口附近的洞穴、石岩、石缝，拼命抵抗，邵至汉英勇牺牲。3 连战士用复仇的子弹和刺刀消灭了敌人，控制了洞口。后续部队赶到以后，我军集中火力向洞内猛烈射击，接着战士们冲进了敌人指挥所，敌军官兵纷纷就擒，猖狂的张灵甫及副师长蔡仁杰均被击毙。此次战役歼敌 3.2 万余人，其中俘虏 1.9 万人。

孟良崮战役，华东野战军彻底粉碎了蒋军统帅部部署的鲁中会战计划，沉重地打击了蒋介石对山东解放区的重点进攻，极大地震动了蒋军内部。和孟良崮胜利的同时，东北、豫北、晋南等地的强大反攻正在展开。

伟大的战略决战

解放战争进入第三年，敌我力量的对比及战争形势出现了重大变化。到公元 1948 年秋，解放军已发展到 280 万人，其中野战军 149 万人。全军经过战争的锻炼，新式整军运动和政治、经济、军事民主运动，军事技术和政治觉悟大大提高；改善了装备，组成了炮兵和工兵，提高了攻坚能力，取得了打阵地战的经验。解放区相继连成一片，面积达 235.5 万平方公里，占全国总面积的 25%。人口 16800 万，占全国总人口的 37%，解放区可以联合作战，形成对国民党军的包围；解放区内基本完成了土地改革，后方巩固，翻身农民革命积极性空前高涨，努力生产，支援前线，为战略决战奠定了良好的基础。在这种形势下，公元 1948 年 7 月 14 日，中共中央军委规定解放战争第三年歼敌正规军 128 个旅（师）左右，把战争继续扩大和深入到国民党统治区，为此，要求全军在第三年准备打更大规模的歼灭战，仍然全部在长江以北和华北、东北作战。

而这时，国民党军已下降到 365 万人，由于大批部队担任守备任务，可用于第一线的兵力仅有 170 万，虽然还统治着全国的四分之三地区和三分之二的人口，但是由于四面楚歌，在政治上已经极端的孤立。国民党军队不得不放弃"全面防御"而进行所谓的"重点防御"。

解放军与国民党军队进行战略决战的时机已经成熟。就在这个时候，国民党于公元 1948 年 8 月，在南京召开军事会议，确定了"撤退东北，巩固华北，确保华中，经营华南"，坚持沈阳到 10 月底，以观时局发展，原则上不放弃沈阳，同时亦作撤退准备的作战方针。

公元 1948 年 8 月，国民党军被迫采取重点防御后，以第二绥靖区部队 11 万余人守备战略要地济南，并准备以徐州地区 17 万兵力随时北援。

解放军华东野战军，采取"攻济打援"的方针，以 7 个纵队和 14 万地方武装攻打济南，以 8 个纵队（含中原野战军 1 个纵队）共 18 万人，准备阻击徐州援敌。9 月 16 日晚，解放军发起对济南的总攻击，激战 8 昼夜，于 24 日攻克济南，除国民党政府整编第九十六军军长吴化文率部起义外，全歼守敌 10 万余人，俘第二绥靖区司令官王耀武、副司令牟仲珩。济南战役揭开了战略决战的序幕。

辽沈战役

中共中央对战争的形势做了科学的分析，决战的方向首先指向东北战场。东北战场解放军主力有 70 万人，国民党军卫立煌集团共有 55 万人（其中正规军 48 万人），分别收缩在长春、沈阳和锦州 3 个孤立的地区。中共中央和毛泽东从全国战局出发，为辽沈战役制定了主力部队南下北宁线（今京沈铁路），攻克锦州，封闭国民党在东北，"关门打狗"的战略方针。公元 1948年 9 月 12 日，东北野战军先头部队到达北宁线，会同南线部队，开始包围绥中、光城、义县，辽沈战役正式打响。10 月 1 日，全歼义县、兴城、绥中之敌，主力部队包围锦州。蒋介石急忙从华北、山东海运来 7 个师，加上锦西、葫芦岛守敌 4 个师，组成东进兵团，10 月 10 日，攻打解放军的塔山阵地。

解放军阻击部队经过 6 昼夜的浴血奋战，胜利完成了塔山阻击战的任务；蒋介石又急令驻沈阳的廖耀湘第九兵团 11 个师及 3 个旅兵力，组成西进兵团，驰援锦州，被阻击于黑山、大虎山地区不得前进。14 日，东北野战军对锦州发起总攻，激战 31 小时，全歼守敌，俘东北"剿总"副司令范汉杰、第六兵团司令卢浚泉以下 10 万余人。17 日，被围困在长春的国民党第六十军的 2.6万人，在军长曾泽生的率领下起义。19 日，东北"剿总"副司令郑洞国率领其余守军投诚，长春宣告解放，辽沈战役第一阶段结束。东北野战军攻克锦州后，回师北上，于 10 月 26 日，在黑山、大虎山、新民等地包围了廖耀湘兵团，激战 2 天 1 夜，全歼国民党军 10 万余人，俘兵团司令廖耀湘、军长李涛、白凤武、郑廷笈等。辽沈战役第二阶段结束。东北野战军乘胜前进，于 11 月 2 日，解放沈阳，第八兵团司令周福成被迫投降，国民党军 24.9 万余人被歼。营口第五十二军残敌 1 万余人入海逃跑，11 月 2 日，解放营口，辽沈战役第三阶段胜利结束。

辽沈战役前后历时 52 天，歼敌 47 万余人，解放了东北全境，并取得了大规模歼敌的经验；获得了具有一定工农业基础的大后方；为解放华北、全中国准备了条件。辽沈战役的胜利，使人民解放军的发展进入了一个新的转折点。为了适应战略决战的形势，11月1日，中共中央军委根据"九月会议"的决定，把原各大战略区的部队划分为野战部队、地方部队和游击队3类。随后，西北、中原、华东、东北野战军，分别改为第一、第二、第三、第四野战军，华北野战军直属总部。

淮海战役

英勇的解放军为了消灭国民党南线主力军，造成进军江南的条件，继辽沈战役之后，立即进行淮海战役。战役前，集结在淮海地区的国民党军队有徐州"剿总"司令官刘峙、副司令杜聿明指挥下的4个兵团和3个绥靖区部队，以后又由华中调来增援的1个兵团，共80万人。解放军华东野战军16个纵队、中原野战军7个纵队及中原、华东、华北一部分地方武装60余万人。中共中央决定由邓小平、刘伯承、陈毅、粟裕、谭震林组成总前委，邓小平为书记，统筹和领导淮海战役。淮海战役是在以徐州为中心，东起海州，西以商丘，北起临城（今枣庄市薛城区），南达淮河的广大地区展开的。遵照中共中央和毛泽东的指示，在广大人民的支援下，于公元1948年11月6日，发起一次具有决定性的决战。

整个战役分3个阶段进行。第一阶段，从11月6日至22日，人民解放军在徐州以东新安镇、碾庄地区围歼黄百韬兵团。战役开始，华东野战军在中原野战军的配合下，兵分3路南下，对黄百韬兵团采取战略包抄。8日，国民党第三绥靖区副司令何基沣、张克侠率领2个军部、3个半师共2.3万人，在台儿庄、枣庄地区起义；徐州北大门洞开，解放军乘机插入，切断黄百韬兵团的退路，黄百韬兵团1个师在曹八集，第六十三军在窑湾被歼；兵团司令部和4个军被包围在纵横不到20华里的碾庄地区。12日，解放军发起总攻，22 日，全歼黄百韬兵团 10 万人，黄百韬本人自杀毙命。第一阶段共歼敌 17.8 万人，并切断敌人从海上的逃路，形成对徐州之包围，兵临江淮之势。

淮海战役第二阶段，从 11 月 23 日至 12 月 15 日，主要目标是歼灭比较突出的孤立的黄维兵团。中原野战军主力在华东野战军的配合下，于 11 月 24 日，将黄维兵团包围在宿县以南的双堆集地区。杜聿明率邱清泉、李弥、孙元良等弃守徐州援黄维，12 月 4 日，被包围在徐州西南陈官庄。12 月 6 日至 15 日，中原野战军及华东野战军一部发动对黄维兵团的总攻击，全歼该兵团 11.5 万人，并生俘黄维。杜聿明部则由此陷入了彻底孤立。第三阶段，从公元 1949 年 1 月 6 日，人民解放军向青龙集、陈官庄被围的国民党军发起总攻，至 10 日上午 10 时，全歼邱清泉、李弥两兵团 25 万人，生俘杜聿明，击毙邱清泉，李弥只身逃走。

淮海战役历时 65 天，共歼敌 65.5 万人，基本解放了长江以北的华东、中原地区，为渡江作战，直捣国民党的统治中心南京，解放大上海创造了有利条件。

平津战役

当辽沈战役刚结束，淮海战役方酣之际，从公元 1948 年 11 月 29 日至 1949 年 1 月 31 日，解放军在华北地区发动了一场重要的战略决战。战前，华北战场傅作义集团 60 万兵力，摆在北平为中心的张家口、新保安、天津、塘沽，从西到东形成 "一" 字长蛇阵，在辽沈、淮海战役震动之下，已成惊弓之鸟。

按中共中央的部署，由林彪、罗荣桓、聂荣臻组成总前委，领导这一战役。第一阶段，从 1948 年 11 月 29 日至 12 月 21 日，华北野战军 2 个兵团及东北野战军一部，将国民党 7 个师、2 个骑兵旅分别包围于张家口、新保安两地，采取 "围而不打" 的方针。东北野战军秘密入关进至平津之间，采取 "隔而不围" 的方针。11 月 29 日，东北军攻打张家口，揭开平津战役的序幕。并以 "声西掩东" 的作战方式，直到 12 月 22 日，东北野战军 80 万人全部入关准备完毕。

平津战役第二阶段，从 12 月 22 日至公元 1949 年 1 月 15 日，采取"先打两头，后取中间"的作战方针。第一步，于 12 月 22 日攻克新保安；24 日，解放张家口，解决包头；第二步，于公元 1949 年 1 月 14 日，向坚固设防、拒不投降的天津之敌，展开攻坚战，经 29 小时的激战，全歼守敌 13 万人，生俘天津警备司令陈长捷，宣告天津解放。第三阶段，从 1 月 22 日至 31 日，和平解放北平。北平守敌 20 万人，处于 90 万人民解放军的包围之下，完全陷入欲战不能、欲逃无路的绝境。傅作义虽与我方已开始谈判，但仍犹豫观望。1 月 16 日，平津前线司令部向傅作义提出和平解放北平的最后通牒。在此期间，北平地下党亦进行了有力的配合。由于中共和平政策的感召和兵临城下形势所迫，傅作义接受和平改编。1 月 31 日，解放军接管北平，北平实现和平解放，至此，平津战役胜利结束。

平津战役历时 58 天，共歼灭和改编国民党军 52 万人。华北地区除太原、大同、归绥、新乡、安阳几个孤立据点外，全部解放。使东北、华北解放区连成一片，成为全国解放战争的战略后方。9 月 15 日，绥远国民党军在董其武的率领下，通电起义，接受改编。

据不完全统计，三大战役，参战的民工 539 万人，出动的担架 10 万多副，大小车 80 多万辆，支援粮食 10 亿斤等。三大战役历时一共 4 个月 19 天，歼敌 154 万人，国民党赖以生存的军事力量几乎丧失殆尽，国民党政府无法摆脱灭顶之灾，新民主主义革命的胜利已在眼前。

国民党溃退台湾

三大战役后，国民党仍不甘心失败。一方面妄图凭借残余的军事力量与其他地方势力，在长江南岸、边远省份继续抵抗；一面又设法玩弄"和平"

阴谋，争取喘息时间，以求得逞。

公元1948年10月，美国大使司徒雷登向美国国务卿马歇尔提出建议，劝告蒋委员长退休，让位给李宗仁或者国民党内其他较有前途的政治领袖。11月9日，蒋介石致函美国总统杜鲁门，要求美国"给予增加军事援助，并发表关于美国政策之坚定的声明"，并派宋美龄赴美活动，但遭到冷遇，一无所获。此时，司徒雷登在中国公开进行倒蒋活动，桂系军阀也乘机逼宫。在这种内外夹攻的形势下，蒋介石被迫于公元1949年元旦发表《新年文告》，声称在保存"宪法""法统"和军队的条件下，愿意与共产党"商讨停止战争、恢复和平的具体办法"。

蒋介石于1月21日发表文告，声称由李宗仁代行总统职权，与共产党周旋，自己则溜回老家奉化溪口，在幕后策划反革命部署。计划用3至6个月时间，在江南重新组编训练200万军队，以图东山再起。

李宗仁代行总统职权后，继续进行"和平攻势"。1月24日，命令行政院实行"七大和平措施"：将各地"剿总"改为军政长官公署；取消全国戒严令；裁撤戡乱建国总队；释放政治犯；启封被封的报纸杂志；废止特种刑事条例，撤销特种刑事法庭；停止特务活动等。1月27日，李宗仁致电毛泽东，表示愿意"进行和谈"，并两次派代表前往北平与石家庄同中共领导人磋商。

李宗仁及其桂系"主和"，其意在逼蒋下台，使人民解放军停止军事进攻，以便划江而治，由桂系掌握半壁江山，与共产党平分秋色。但蒋介石在"引退"前，已采取措施控制实权，"引退"后仍坐镇溪口，牢牢握住党、政、军、特各要害部门，使李宗仁陷入既不能战，又不能和的困境。

3月8日，李宗仁迫使亲蒋的孙科下台，由何应钦接替行政院长职位。24日，行政院指定张治中、邵力子、黄绍竑、章士钊、李蒸为和谈代表（后加派刘斐为代表），以张治中为首席代表，组成南京政府的和谈代表团。李宗仁、何应钦就和谈问题，拟定了"和谈腹案"，国防部也拟定了"对国共停战协定最低限度之要求"，作为和谈的基础。其要旨在于"划江而治"，实现体面的和平。

4月1日，国共和谈在北平举行。双方代表经过11天交换意见后，于4月12日举行了第一次正式谈判。中共代表团提出《国内和平协定草案》，南京代表团提出40多条修改意见。15日举行第二次谈判，中共和谈代表团提出《国内和平协定》8条24款作为定稿，其中接受了南京代表团修改意见的大半，特别是对战犯问题、国民党军政人员对处理问题作了较大的有原则的让步。规定以4月20日为最后签字日期。

对于这个协定，南京代表团表示愿意接受，并派黄绍竑和屈武携协定飞回南京，劝告李宗仁签字。李宗仁不敢做主，立即派人送至溪口请示蒋介石。在蒋的掣肘下，李宗仁于20日夜致电张治中，要他们向中共提出"临时停战协定"，并拒绝在和谈协定上签字。这样，国民党政府的"和平"阴谋宣布破产。

国民党在发动"和平"攻势的同时，调集了115个师，加紧布置长江防线，企图凭借长江天险阻止人民解放军南进。1月25日，蒋介石在溪口密谋，决定把江防划为两个战区，从湖北宜昌至江西湖口以西，由白崇禧指挥华中军政长官公署所属15个军20万人防守；湖口至上海的长江防线及浙赣地区，由汤恩伯指挥京、沪、杭警备司令部所属25个军45万人防守。此外，还以第二海军舰队和280架飞机分属白、汤，配合江防。

人民解放军第二、三两大野战军7个兵团分为西、中、东3个作战集团，齐集长江北岸，四野一个兵团与地方部队10万人在武汉、宜昌、沙市等地展开正面攻击，牵制白崇禧，掩护渡江部队。4月21日晨，百万雄师，横渡长江。中路大军首先突破了安庆、芜湖间的防线，24小时内即强渡长江30万人。当日下午，两路大军突破贵池、湖口间防线。与此同时，东路大军也在镇江至江阴间发动了渡江攻势。国民党苦心经营的长江防线全线崩溃，南京城内一片混乱，总统府与行政院逃往广州。22日夜，国民党第二舰队司令林遵率艇25艘在南京东北江面起义。23日，人民解放军渡过长江，解放南京，统治中国22年的国民党南京政府宣告覆灭。

　　江防失陷后，国民党军向杭州、浙赣线与上海等地败退，解放军乘胜追歼。5月初，三野主力连克无锡、苏州、杭州，歼敌14万余人。二野主力向浙赣线推进，歼敌10万。5月12日，三野主力发起淞沪战役，歼灭守敌汤恩伯部15万人。27日，上海解放。当日成立了上海军管会与上海市政府，由陈毅兼任主任、市长。5月14日，四野第十二兵团和江汉、鄂豫军区地方部队在武汉以东突破防线，渡过长江，白崇禧部队败退湖南。16日，解放武汉，22日，解放南昌。

　　渡江作战，先后解放城市120余座及苏、浙、皖、闽、赣、鄂等省的大部地区或部分地区，歼敌40万，为解放华南、西南创造了有利条件。在此期间，华北解放军先后肃清了太原、大同、安阳、新乡等敌人据点，解放了华北全境。5月20日，西北解放军攻克西安。

　　渡江战役后，各路大军向西北、西南、华南进军。

　　在西北地区的第一野战军（包括改归一野建制的原华北十八、十九兵团）与西北军区部队，在彭德怀、贺龙的领导下，以"牵马打胡、先胡后马"的方针，打破了胡（宗南）马（马步芳、马鸿逵）联合。6月再克宝鸡，8月发动秦岭战役，打开南进大门。此后，贺龙率部入川，彭德怀率主力西进。8月26日解放兰州，9月5日解放西宁，23日解放银川，全歼二马部队。9月19日，国民党西北军政长官公署副长官兼绥远省主席董其武率部5万人通电起义。25至26日，新疆省警备司令陶峙岳、省主席鲍尔汉也先后通电，率部10万人起义。10月20日，一野王震兵团进驻迪化（今乌鲁木齐）。至此，西北全境解放。

　　在华东地区，第三野战军于8月17日攻克福州。10月17日攻克厦门，除台湾与沿海岛屿外，华东全境解放。

　　华南地区，集结着国民党军白崇禧集团，根据毛泽东制定的大迂回、大穿插、断其后路、包围聚歼的作战方针，从7月份起，第四野战军发起进攻。8月4日，国民党湖南省主席程潜和第一兵团司令陈明仁宣布起义，长沙和平解放。9 月发起衡宝战役，白崇禧部败退广西。解放军自赣粤边南下，10 月 14 日解放广州。11 月初，四野主力及二野四兵团分 3 路进攻广西。22 日攻克桂林，12 月 4 日攻克南宁。至此，除海南岛外，华南全境解放。

在西南地区，敌军防守的主力是胡宗南部与川康地方残军。从 11 月 1 日起，第四、二、一野战军联合发动了围歼战。15 日攻克贵阳，兵临川东南，11 月 30 日解放重庆。12 月 9 日，国民党云南省主席卢汉，西南军政长官公署副长官邓锡侯、潘文华，西康省主席刘文辉分别在昆明、彭县通电起义，云南、西康和平解放。27 日攻克成都。至此，除西藏外，中国大陆全部解放，国民党残余政权退据台湾。

开国大典

南京国民党政府被逐出大陆之后，中国人民解放战争已取得基本的胜利，这时候成立中华人民共和国的时机完全成熟了。

公元 1949 年 9 月 21 日，中国人民政治协商会议在北平中南海怀仁堂隆重开幕。出席会议的各方面代表 662 人。代表着中国共产党、各民主党派、各界民主人士、人民团体、人民解放军、各地区、各民族以及海外华侨。毛泽东主持会议并致开幕词，庄严地宣告："占人类总数四分之一的中国人民从此站立起来了。"

中国人民政治协商会议是工人阶级领导下的以工农联盟为基础的人民民主统一战线的组织形式，是实现中国人民大团结的一种最重要的具体方式。会议通过了《中国人民政治协商会议组织法》，选举毛泽东为主席，并由 180 人组成中国人民政治协商会议全国委员会，作为中国人民政治协商会议闭幕期间人民民主统一战线的全国领导机关。在全国人民代表大会召开以前，中国人民政治协商会议的全体会议将代行全国人民代表大会的职权。

会议通过了《中国人民政治协商会议共同纲领》，规定了中华人民共和国的性质，"中华人民共和国为新民主主义即人民民主主义的国家，实行工人阶级领导的、以工农联盟为基础、团结各民主阶级和国内各民族的人民民主专政"；规定国家政权机关，"国家政权属于人民。人民行使国家政权的机关为各级人民代表大会和各级人民政府""各级政权机关一律实行民主集中制"；规定经济政策，"中华人民共和国经济建设的根本方针，是以公私兼顾、劳资两利、城乡互助、内外交流的政策，达到发展生产、繁荣经济之目的"；规定民族政策，"中华人民共和国境内各民族一律平等，实行团结互助，反对帝国主义和各民族内部的人民公敌，使中华人民共和国成为各民族友爱合作的大家庭""各少数民族聚居的地区，应实行区域自治"；规定外交政策，"中华人民共和国的外交政策的原则，为保障国际的持久和平和各国人民间的友好合作，反对帝国主义的侵略政策和战争政策"；规定文化教育政策，"中华人民共和国的文化教育为新民主主义的，即民族的，科学的，大众的文化教育"；规定军事制度，"中华人民共和国建立统一的军队，即人民解放军和公安部队，受中央人民政府革命军事委员会统率，实行统一的指挥，统一的制度，统一的编制，统一的纪律""中华人民共和国实行民兵制度"。总之，《共同纲领》是一个极其重要的历史文献，是中国人民的大宪章，在我国正式宪法尚未颁布前，起着临时宪法的作用。

会议通过了《中华人民共和国中央人民政府组织法》，选举毛泽东为中华人民共和国中央人民政府主席，朱德、刘少奇、宋庆龄、李济深、张澜、高岗6人为副主席，选举周恩来、董必武、陈毅等56人为中央人民政府委员。

会议还通过了：中华人民共和国首都定于北平，并改名为北京；中华人民共和国采用公元纪年；以《义勇军进行曲》为代国歌；中华人民共和国旗为五星红旗，象征全国人民大团结。

会议还决定：在天安门广场建立人民英雄纪念碑。在奠基典礼时，毛泽东率领代表铲土，还亲笔题写了"人民英雄永垂不朽"的碑文。

9月30日，大会闭幕并发表了《宣言》，庄严地宣告："中国的历史，从此开辟了一个新的时代。"

中国人民政治协商会议闭幕之后，于公元1949年10月1日下午2时，中央人民政府委员会在北京天安门城楼上举行第一次会议，中央人民政府委员会推选林伯渠为秘书长，任命周恩来为中央人民政府政务院总理兼外交部长、毛泽东为中央人民政府革命军事委员会主席、朱德为中国人民解放军总司令、沈钧儒为中央人民政府最高法院院长、罗荣桓为中央人民政府最高检察署检察长，并责成他们迅速组成政府各机关，施行各项政府工作。会议一致决议：宣布中华人民共和国中央人民政府的正式成立，接受《中国人民政治协商会议共同纲领》为中央人民政府施政方针。同时发表公告，向全世界各国政府宣布：中华人民共和国中央人民政府为中国人民的唯一合法政府，愿与遵守平等、互利及互相尊重领土主权等项原则的任何国家政府建立外交关系。

同日下午3时，首都30万群众齐集天安门广场，隆重举行开国大典。中国人民的伟大领袖、中央人民政府主席毛泽东在天安门城楼上宣读中央人民政府公告，向全世界庄严宣告伟大的中华人民共和国成立。在国歌、礼炮和30万群众的欢呼声中，第一面五星红旗在广场上升起。

随后，举行了阅兵式。朱德总司令驱车检阅了陆、海、空三军的受阅部队后，回到主席台上宣读了人民解放军总部的命令。命令中国人民解放军迅速肃清国民党残余的反动军队和一切反革命匪徒，解放一切尚未解放的国土。阅兵式历经3个小时，在场的群众目睹了自己军队的强大阵容，无不兴高采烈，掌声像波浪一样，一个高潮接着一个高潮。

晚上，毛主席和其他领导人与群众一起参加了庆祝开国大典的游行晚会。举着红灯和火炬的群众队伍像望不到尽头的火龙，通过设在天安门城楼的主席台前，分向东西两路穿向全城，数以百计的秧歌队和许多彩车在游行队伍中载歌载舞，数十幅1丈多长的红色大旗迎风招展，3尺多直径的红鼓和数百个腰鼓同时敲起快乐的鼓点。人们欢呼跳跃，放声歌唱，整个广场、整个北京城都沉浸在欢乐的海洋里。

宋庆龄副主席见到此情景，眼睛闪烁着泪花，想着孙中山先生的革命理想今天在中国共产党领导下实现了，看到自己一生为之奋斗的新中国诞生了，她内心的喜悦无法控制。

陈嘉庚是海外华侨领袖之一，代表华侨回国参加政治协商会议和开国大典。他在天安门城楼上激动地说："今天我第一次体会到作为中国人的自豪。"

在同一天，周恩来总理将中华人民共和国中央人民政府的公告送达各国政府，建议与世界各国建立正常的外交关系。10月2日，苏联政府首先承认中华人民共和国，并且同中国建立了外交关系。接着，朝鲜、保加利亚、罗马尼亚、匈牙利、捷克斯洛伐克、波兰、蒙古人民共和国、德意志民主共和国、阿尔巴尼亚、缅甸、印度、越南、丹麦、瑞士、印度尼西亚等国先后承认中华人民共和国并建立了外交关系。此外，还与许多国家恢复和发展了商贸关系，发展了与世界各国人民的友好往来。

各国党、政府和人民团体纷纷来电祝贺中华人民共和国诞生。苏联莫斯科各报都刊载了毛泽东当选为中华人民共和国中央人民政府主席的喜讯，塔斯社还转播了中国人民政治协商会议宣言的全文。美国共产党全国委员会主席福斯特在给中国共产党的贺电中说：中华人民共和国的诞生，是十月社会主义革命以来世界上最重大的事件之一。

中华人民共和国的成立，结束了中国几千年来的剥削制度，结束了国民党22年的反动统治，开创了中国历史的新纪元。它标志着中国新民主主义革命的伟大胜利和社会主义革命与建设的开始，中国人民从此成为国家的主人。我国将从一个落后的、受奴役的旧中国，逐步走向安定、统一、繁荣和昌盛的伟大的社会主义强国。

本书大事年表

公元前

约 170 万年前	最早发现的原始人类——云南元谋人
约 70—20 万年前	北京人生活在北京周口店一带
约 18000 年前	山顶洞人开始氏族公社的生活
约 4000 多年前	传说中的黄帝、尧、舜、禹时期
前 21 世纪	禹传位于启，夏朝建立
前 16 世纪	商汤灭夏，商朝建立
前 11 世纪	周武王灭商，建西周
前 841 年	国人暴动
前 770 年	周平王迁都洛邑，东周开始
前 651 年	齐桓公称霸
前 636 年	重耳当上晋国国君
前 597 年	楚军重创晋军，楚庄王称霸
前 551 年	大思想家、教育家孔子诞生
前 473 年	越王勾践灭吴，成为春秋时期最后一个霸主
前 403 年	晋国被分为韩、赵、魏 3 个诸侯国
前 356 年	商鞅在秦变法
前 279 年	田单智摆火牛阵，收复齐国失地
前 278	诗人屈原投汨罗江殉国

前 260 年	长平之战，秦白起大败赵括
前 257 年	魏信陵君解围救赵，大破秦军
前 256 年	秦灭周
前 230—前 221 年	秦灭六国
前 227 年	荆轲刺秦王失败
前 221 年	秦王政称始皇帝
前 213 年、前 212 年	焚书坑儒
前 212 年	兴建"阿房宫"
前 210 年	秦始皇死，胡亥继位
前 209 年	陈胜、吴广起义
前 207 年	巨鹿之战
前 206 年	刘邦攻入咸阳，秦亡
前 206—前 202 年	楚汉之争
前 202 年	刘邦建立西汉
前 196 年	汉高祖杀韩信、彭越
前 188 年	吕太后临朝
前 154 年	吴楚七国之乱
前 138 年、前 119 年	张骞两次出使西域
前 119 年	卫青、霍去病大败匈奴
前 100 年	苏武出使匈奴，被扣留长达 19 年
前 91 年	司马迁著成《史记》
前 87 年	汉昭帝继位

公　元

| 8 年 | 西汉灭亡，王莽建立新朝 |

18 年	绿林、赤眉起义
25 年	刘秀建立东汉
117 年	张衡制成浑天仪
132 年	张衡制成地动仪
2 世纪初	蔡伦发明新的造纸术
184 年	张角领导黄巾军起义
196 年	曹操挟汉献帝以令诸侯
200 年	官渡之战
208 年	赤壁之战
220 年	曹丕称帝，建魏
221 年	刘备称帝，史称蜀汉
249 年	司马懿杀曹爽
263 年	钟会、邓艾攻蜀，蜀亡
265 年	司马炎废魏帝，建西晋
280 年	西晋灭吴
291—306 年	八王之乱
316 年	匈奴刘曜攻占长安，西晋亡
317 年	司马睿建立东晋
376 年	前秦苻坚统一北方
383 年	淝水之战
462 年	祖冲之完成大明历
581 年	隋朝建立
589 年	杨坚统一全国
605 年	隋炀帝命令开凿大运河
611 年	隋炀帝发动对高丽的战争
617 年	李渊在太原起兵反隋

618 年	李渊称帝建立唐朝
626 年	玄武门之变，唐太宗李世民登基
627—649 年	贞观之治
629 年	唐僧玄奘离开长安到印度取经
641 年	文成公主入藏
690 年	武则天称帝，改国号为周
705 年	唐中宗李显继位复唐
712 年	唐玄宗继位，次年任姚崇为相
713—741 年	开元盛世
742—753 年	鉴真 6 次东渡日本，最后成功
755—763 年	安史之乱
756 年	马嵬坡兵变，唐肃宗继位
762 年	诗人李白去世
764 年	唐大将李光弼被诬害冤死
770 年	诗人杜甫去世
819 年	唐宋八大家之一柳宗元去世
846 年	诗人白居易去世
874 年	王仙芝起义
880 年	黄巢率义军进长安，建大齐政权
907 年	朱温称帝，建后梁，唐亡
916 年	契丹耶律阿保机称帝
960 年	赵匡胤称帝，建立北宋
975 年	大将曹彬攻破金陵，宋灭南唐
993 年	王小波、李顺起义
1004 年	寇准促宋真宗亲征
1005 年	宋、辽缔结澶渊之盟

1038 年	元昊建立西夏
1043 年	范仲淹实行新政
11 世纪中期	毕昇发明活字印刷术
1069 年	王安石开始变法
1072 年	大文学家欧阳修去世
1084 年	司马光完成《资治通鉴》
1115 年	女真族完颜阿骨打建金
1120 年	方腊起义
1125 年	李纲抗金，保卫京城，金灭辽
1127 年	金灭北宋，赵构称帝，南宋开始
1130 年	钟相起义。韩世忠在黄天荡阻击金军
1140 年	郾城大战，岳飞大破金军
1141 年	宋金"绍兴和议"
1142 年	岳飞被秦桧诬陷杀害
1206 年	成吉思汗建立蒙古政权
1210 年	南宋诗人陆游去世
1234	蒙古灭金
1271 年	忽必烈称帝，定国号为元
1276 年	元灭南宋
1282 年	民族英雄文天祥就义
1351 年	河南韩山童、刘福通发动红巾军起义
1368 年	明朝建立
1405—1433 年	郑和七次下西洋
1407 年	《永乐大典》编纂完成
1407—1420 年	修建紫禁城
1449 年	土木堡之变；于谦保卫北京

1457 年	夺门之变，于谦被杀害
1565 年	戚继光、俞大猷基本肃清倭寇
1572 年	张居正开始辅政
1582 年	《西游记》作者吴承恩去世
1588 年	民族英雄戚继光病逝
1593 年	李时珍去世
1616 年	努尔哈赤建立后金
1636 年	皇太极称帝，改国号为清
1644 年	李自成入京建"大顺"政权，明亡
1662 年	郑成功收复台湾
1673 年	三藩叛乱开始
1681 年	康熙帝平定三藩之乱
1684 年	清朝设置台湾府
1689 年	中俄签订《尼布楚条约》
1771 年	土尔扈特部重返祖国
1750—1764 年	兴建清漪园（颐和园）
1796—1805 年	白莲教大起义
1787 年	天地会起义
1813 年	天理教起义
1839 年	林则徐禁烟
1840—1842 年	第一次鸦片战争
1842 年	中英《南京条约》签订
1851 年	洪秀全金田起义，太平天国建立
1856—1860 年	第二次鸦片战争
1858 年	签订《中俄瑷珲条约》《天津条约》
1860 年	签订中英、中法《北京条约》

19 世纪 60 到 90 年代	洋务运动
1864 年	太平天国运动失败
1869 年	张汶祥刺杀两江总督马新贻
1877 年	左宗棠率兵收复新疆
1881 年	中俄签订《伊犁条约》
1883—1885 年	中法战争
1888 年	北洋海军正式成立
1894 年	中国第一个革命团体兴中会成立
1894—1895 年	甲午中日战争
1895 年	签订中日《马关条约》
1898 年	戊戌变法
1900 年	义和团运动高潮。八国联军侵略中国
1901 年	《辛丑条约》签订
1904 年	宋教仁、黄兴等人创建华兴会
1905 年	中国同盟会成立
1907 年	秋瑾就义
1908 年	宣统登基
1911 年	黄花岗起义、武昌起义
1912 年	中华民国建立
1916 年	袁世凯的洪宪帝制破灭
1917 年	孙中山领导护法运动
1919 年	五四新文化运动
1921 年	中国共产党成立
1924 年	国共第一次合作
1925 年	孙中山逝世
1926 年	国民革命军北伐

1927 年	"八一"南昌起义
1928 年	毛泽东与朱德在井冈山会师
1931 年	"九一八"事变。后日本侵占了东北三省
1934 年	红军开始长征
1936 年	西安事变
1937 年	卢沟桥事变，中国开始全面抗战
1941 年	皖南事变
1945 年	抗日战争胜利结束
1948—1949 年	辽沈、淮海、平津三大战役
1949 年	中华人民共和国诞生

Quae magnientiam quodit omnitaq uaspelita si ut lisquam rehendae nimus earcillupid escitiae volorpo reptiori sed quaturiam hit recusam fugitiant harum voles exerum reperrovit aut rem cone niscil mos et apitaspid es dit enda pelest, sum arumqui nos sequati occus, volo essequis di ne re cuptatur mos si cus eumque volo beaquae natqui dem est, consed quiatemporem re niet, ute eat latemodit odita quis re cuptaeptatur ab inistrum harum inus, optae omnitatium autem rem nulpa nam non plaut aboriat atemporem nis con eos prerum fugit es reprovid quistem es sunt qui doluptias reris vid enditio nsequi nis excestis exerfer rovit, utem fugitae ditatemped que conestia porum nusam cuptatem labo. Abo. Nam, ut endaest aut que saepudae perempo rporestia debit faciur aliquia ecepudam sint latem repro et dolum